初級
沖縄語

花薗 悟〔著〕

国吉朝政〔協力〕

西岡 敏・仲原 穣〔監修〕

研究社

本書各課の練習問題の解答は研究社ウェブサイト（http://www.kenkyusha.co.jp）の本書の書籍紹介ページからダウンロードできます。

各課の会話音声（MP3）は、研究社ウェブサイトから以下の手順でダウンロードできます。

① 研究社ウェブサイトのトップページより「音声・各種資料ダウンロード」にアクセスし、一覧の中から「初級沖縄語」を選んでください。

② 上記から開いたページで「ファイルを一括でダウンロード」をクリックすると、ユーザー名とパスワードが求められますので、以下のように入力してください。

ID：guest

パスワード：ShokyuOkinawago

③ ユーザー名とパスワードが正しく入力されると、ファイルのダウンロードが始まります。ダウンロード完了後、解凍してご利用ください。

※ スマートフォンやタブレット端末で直接ダウンロードする場合は、解凍ツールと十分な容量が必要です。Android端末ではご自身で解凍用アプリなどをご用意いただく必要があります。

監修者まえがき

　東シナ海から流れる黒潮の流れがヤマト（日本）との境界となっていたかつての琉球列島では、現在、奄美語、国頭語、沖縄語、宮古語、八重山語、与那国語と分類されるようなさまざまな言語が話されていました。本書で扱われている沖縄語は「おもろさうし」や琉歌などの文学、組踊・沖縄芝居などの芸能をも有し、またかつては琉球の"共通語"としての役割も果たしていた言語でした。

　しかし、現在（21世紀初頭）の沖縄では、明治期以降の言語政策（「標準語」の強要）やテレビなどマスメディアの影響もあり、沖縄語しか話さない人はほとんどいなくなってしまいました（現在は方言を残そうという意図で放送されているラジオ沖縄の「方言ニュース」も、かつては方言しかわからない人のために放送されていたものです）。今でも沖縄語を話せる人は高齢者を中心に存在するものの、特に那覇周辺などでは急速な都市化の影響で日本語しか話せない人が多くなったため、かつての琉球列島の有力な言語だった沖縄語も今や危機言語となっているというのが現状のようです。

　そのような事情から各地でシマクトゥバ（島の言葉）保存のための団体が立ち上がったり、沖縄県も2006年に9月18日をシマクトゥバの日と制定し、その後、"しまくとぅば普及センター"が設置されるなど沖縄語をふくめた琉球諸語の保存・復興のためのさまざまな取り組みがなされています。

　本書をそのような流れの中に位置づけることも可能でしょう。この本は日本語学を専門とする著者がウチナーンチュ（沖縄の人）の協力者の教えを受けながら執筆し、また数年間大学の授業で試用・改訂してきたものです。随所に著者の日本語教育での経験が生かされており、また豊富な練習問題も付されています。読者はこの本を学ぶことによって、沖縄語の初歩（日常生活の沖縄語が話せるレベル）を習得することができるでしょう。

　この書物が危機に瀕する沖縄語の保持・活性化に役立つことを願ってやみません。

2020年3月
西岡敏・仲原穣

目　次

5

各課の目標

第1課： 自己紹介ができる。

第2課： 身近な人や物についてごく簡単に描写し、説明ができる。

第3課： 日常生活の行動についてごく簡単に描写し、説明ができる。

第4課： 旅行の行き先や手段について簡単に話せる。

第5課： 旅行の思い出について、時間的な順序に沿って話せる。

第6課： 自分の住んでいる場所や環境についてごく簡単に描写し、説明ができる。

第7課： 身近な人や物の特徴について簡単に説明できる。

第8課： 休暇の予定について簡単に説明できる。

第9課： 身近な人や物についての推測を伝えることができる。

第10課： 願望や好みを伝えることができる。

第11課： 病気の友人にアドバイスをすることができる。

第12課： 今いる状況の中の中でできること、できないことについて話せる。

第13課： 簡単な要求をすることができる。

第14課： 現在、していることについて簡単に描写し、説明することができる。

第15課： 個人的な経験について簡単に話すことができる。

第16課： 日常生活の中で、簡単な指示を出すことができる。

第17課： 自分の得意なこと・できることについて話すことができる。

第18課： 周りの景色・情景を描写することができる。

第19課： 身の回りの物事を比較して説明することができる。

第20課： これから準備しておくべきことについて説明できる。

第21課： 何かについて条件をあげながら話すことができる。

第22課： 他人から受けた行為について説明することができる。

第23課： 友人の行動に対してアドバイスをすることができる。

第24課： 他人にさせることについて描写し、説明することができる。

第25課： 過去の出来事について証拠から推測したことを話すことができる。

第26課： 目上の人に丁寧に話し、依頼をすることができる。

第27課： 目上の人を相手に自分のことを説明することができる。

本書の使い方

この本で扱う沖縄語とは

　この本で言う「沖縄語」とは沖縄本島の中南部で話されている言葉であり、その中でも特に首里方言をベースにしたものです。本書を学習することによって首里方言の日常会話のかなりの部分がマスターできると思います。

　また、沖縄の中南部方言であっても、シマ（地域）によって実際に用いられている方言が本書の記述とは異なる部分があると思います。この本をもとに各地域でそれらの言葉を学習・教授される場合は、本書の記述を修正したり、書き直したりして使っていただければと思っています。沖縄語といっても地域差、世代差、個人差があり、これだけが正しいというものはありません。本書が首里方言だけではなく、各地の方言を学習するための「踏み台」になればと思います。

文法用語とその略号

　説明の便宜のために最小限の文法用語を用いています。また記述の簡略化のためにローマ字による略号を用いたところがあります。以下にそれを示しておきます。

Aク　形容詞の連用形	**V**タイ　動詞のタイ形	**V**ラン　動詞の否定形
Aサン、**A**ン　形容詞の終止形	**V**タン　動詞の過去形	**V**ル　動詞の連体形
止形	**V**ティ　動詞のティ形	**V**ン　動詞の終止形
Aル　形容詞の連体形	**V**テーン　動詞のテーン形	**V**略　動詞の尾略形
A略　形容詞の尾略形	**V**ビラ　動詞の丁寧体の	**V**連　動詞の連用形
N　名詞	志向形	

外来語などの表記について

　外来語（*コンピュータ*、*スマホ*、*ジテンシャ*など）やウチナーグチには存在しない事柄や抽象的語彙で日本語をそのまま用いているところ（*ライシュー*「来週」、*ホニュールイ*「哺乳類」など）はイタリック（斜体）にして区別できるようにしてあります。

《会話》登場人物一覧

ナカジョー
（仲門みさき、23歳）
那覇市役所職員

ユミ
（仲門由美、46歳）
みさきの母

オーシロ
（大城めぐみ、21歳）
琉球大学学生

フィジャ
（比嘉博、23歳）
みさき・めぐみの友人

アラカチ
（新垣勇、36歳）
めぐみのいとこ。高校教師

マエハラ
（真栄原正一、37歳）
新垣の友人。居酒屋経営

ミヤギ
宮城加奈子
（38歳、24課）

ナカハラ
仲原敏
（52歳、26課）

クニシ
国吉穣
（51歳、27課）

アユミ
木村あゆみ
（20歳、7課）

沖縄語の発音と表記

1 発音

1.1 母音

　沖縄語の母音は **a, i, u, e, o**（ア、イ、ウ、エ、オ）の5種類の音です。発音の仕方はア、イ、エ、オは日本語（共通語）のものと近いといえますが、ウは唇を丸めて突き出すウ（円唇母音）です。ただし、伝統的な沖縄語ではエ、オは長い母音（エー、オー）あるいはンを伴ったもの（エン、オン）がほとんどで、かつての沖縄の人は長くもなく、ンもつかないエ、オの発音には苦労したともいわれています。すなわち、沖縄語の母音はア、イ、ウの3母音が基本だと言えます。これは昔、沖縄語に起こった変化により、エがイ、オがウに合流してしまった結果だと考えられています。

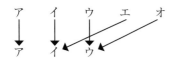

　上に示したように、日本語でエの音が沖縄語ではイに、オの音がウに変化しています。日本語のアイウエオは沖縄語ではアイウイウになるのです。

　　　「米」：こめ **kome** ⇒ **kumi** クミ／「心」：こころ **kokoro** ⇒ **kukuru** ククル

　この法則を覚えておけば初めて見た単語でも見当のつくものがかなりあるはずです。

1.2 子音

1.2.1 子音の種類

　子音はp.15に一覧がありますが代表的なものを例とともに挙げておきましょう。

　　k：**kaa** カー（皮）、**kii** キー（木）

　　g：**gaNjuu** ガンジュー（元気）、**kaagi** カーギ（影）

　　p：**gaQpai** ガッパイ（額）、**caNpuruu** チャンプルー（料理名）

　　b：**asabaN** アサバン（昼食）、**tabi** タビ（旅）

　　m：**maami** マーミ（豆）、**muru** ムル（全部）

　　s：**saataa** サーター（砂糖）、**suuzi** スージ（路地）

　　c：**caa** チャー（茶）、**cii** チー（血）

　　j：**jasici** ジャシチ（部屋）、**jii** ジー（土地）

n：**nai**ナイ（実）、**niisaN**ニーサン（遅い）

r：**rahwutee**ラフテー（豚の角煮）

t：**takasaN**タカサン（高い）、**tii**ティー（手）

d：**daa**ダー（「おい！」）、**dusi**ドゥシ（友達）

h：**haa**ハー（歯）

hw：**hwii**フィー（火）、**hwiijaa**フィージャー（山羊）

w：**wan**ワン（私）

y：**yaa**ヤー（家）、**yuu**ユー（湯）

日本語では**hw**の音は外来語でしか用いられませんが、沖縄語では**h**と**hw**の音で区別があります。たとえば「葉」は**hwaa**ファー、「歯」は**haa**ハーと発音します。これは日本語のハ行音は古代にはパ行で発音されていて（琉球列島には**p**の音が残っている地域があり、そこでは花を**pana**と発音します）、その後**hw**⇒**h**という変化をたどったのですが、沖縄語では**hw**音が残っていて**h**と共存しているのです。

また次の音についてはやや注意が必要です。

kw：**kwaasi**クヮーシ（菓子）、**kwii**クィー（声）

gw：**soogwaci**ソーグヮチ（1月）

kwaは｜ク｜ワ｜（｜ku｜wa｜）と2音ではなく、｜クワ｜（｜kwa｜）のように1つの音として、つまり**k**と**w**を同時に発音します（ただ、**クワ**、**グワ**などと2音で発音しても通じないことはないようです）。

1.2.2 口蓋化

1.2.1で単語を挙げましたが、日本語と似ている単語も多かったと思います。「アイウイウ」の法則だけで説明できるものもあるのですが、次の対応を見ても日本語との対応関係が分かるものがあります。

母音**i**や**u**の前後で**k**、**t**が**c**に、**g**、**d**が**j**に変わることがあります。

「烏賊」：いか **ika**⇒**ica** イチャ／「釘」：くぎ **kugi**⇒**kuji** クジ

「下」：した **sita**⇒**sica** シチャ／「脱ぐ」：ぬぐ **nugu**⇒**nujuN** ヌジュン

また、この対応は**kya, kyu, kyo**などの音にも見られます。これは**y**が**i**の発音と似ているからです。

「客」：きゃく **kyaku**⇒**caku** チャク

「琉球」：りゅうきゅう **ryuukyuu**⇒**ryuucuu** リューチュー

「今日」：きょう **kyoo**⇒**cuu** チュー

ただし、すべての**k**や**t**が口蓋化するわけではありません。「川」かわ **kawa**⇒**kaara**カーラ と**a**が後ろに来る場合はもちろんですが、**i**などの狭い 母音でも「木」き **ki**⇒**kii**キーとなり、口蓋化しません。

1.3 特殊拍

　日本語の「－」（長音、長い音）、「ん」（撥音、はねる音）、「っ」（促音、つ まる音）が沖縄語にも存在します（「－」「ン」「ッ」）。これらの発音は基本的 に日本語とほぼ同じと考えていいでしょう。沖縄語の特徴として撥音、促音 が語頭にくることができます。

　　　ンカシ **Nkasi**「昔」／ンマガ**Nmaga**「孫」／ンム**Nmu**「芋」

　また日本語にある「木（き）」「血（ち）」「胃（い）」などの1拍（かな1文 字）の語は沖縄語にはありません。これらは長音化されて2拍の語になりま す。

　　　「木」：き **ki**⇒**kii** キー／「血」：ち **ci**⇒**cii** チー／「胃」：い **i**⇒**ii** イー

　なお、1拍語以外でも長音化されるものがあります。

　　　「猿」：さる **saru**⇒**saaru** サール／「豆」：まめ **mame**⇒**maami** マーミ

2 表記

2.1 沖縄語の表記法について

　沖縄語の表記法はまだ確立したものはありません。ローマ字、ひらがな、 漢字かな交じりで書かれることもあります。本書は基本的に沖縄語はカタカ ナで、対応する日本語訳は漢字かな交じりで書いてあります。

　　　ワンネー　クジュ　ウチナーンカイ　イチャビタン。　私は去年沖縄に行きました。

　沖縄語をカタカナ表記にしたのは、言葉というものは基本的には音（音声） だからと考えてのことです。確かに同じことを「我ねー、去年、沖縄んかい 行ちゃびたん」など漢字かな交じりで表記した方が分かりやすくはなります が、沖縄語の音を聞いて即座に理解できなければ言われていることはわかり ませんし、何かを言いたい場合でも知っている概念が沖縄語の音とダイレク トに結びついていなければそれに対応する単語を思い浮かべることも難しい でしょう。

　上のように漢字を用いると漢字に頼ってウチナーグチの音を覚えなくなっ てしまう危険性があることを考慮して、本書ではカタカナ表記を採用しまし た。外来語や抽象語彙の表記についてはp.8をご覧ください。

2.2 語頭声門破裂音の表記について

　沖縄語独特の音として語頭につく声門破裂音というものがあります。声門破裂音を伴う音は声門（喉の奥）を緊張させてから一気に声を出し、声門破裂音を伴わない音はそのような緊張がなくやわらかく少しずつ音を出します。下の図は沖縄語話者の発音を音声分析ソフトウエアで図示したものですが、声門破裂のある**ii**「胃」は突然音が始まっているのに対し、声門破裂のない**'ii**「絵」は少しずつ音が出ていることがわかりますね。

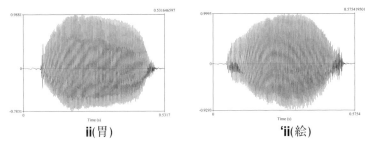

ii(胃)　　　　　　　　　　　　'ii(絵)

　沖縄語の教師の中にはこの区別を非常に重視し、初級の段階から厳しく指導すべきだとする人もいます。そのような立場を否定するわけではありませんが、本書では以下の理由から入門期から厳密な指導をする必要はないと考えます。

　a) この音の習得が容易ではないこと：外国語教育の研究によれば、思春期ごろから外国語の音声を習得する能力は衰えを見せるため、それ以上の年齢の学習者は一般に自分の言語にない音を習得するには多くの困難を伴います（例えば英語の**l**と**r**）。声門閉鎖音の区別も同様です。

　b) これらの音が区別できなくてもコミュニケーション上は大きな障害とならないこと：声門破裂のある音とない音では、単独で発音する場合にはこれらの区別をしなければ意味の違いはわかりませんが、通常言葉を使う場面では、いくつかの言葉を組み合わせたり、一語で発話するとしても何らかの場面・状況の中で発話されます。例えば、声門破裂音のついた**イン iN**「犬」、つかない**'イン 'iN**「縁」が次のような文の中で使われた場合、声門破裂音の区別をしなくても、意味はほぼ通じます。

　　インヌ　ハーエー　ソーイビーン。　　イヌが走っています。

　　ウンジュトー　'インヌ　アイビーサヤー。　　あなたとは縁があるんですねえ。

　声門破裂音ができれば、沖縄語の母語話者に近い発音だと評価されるとは思いますが、外国語として沖縄語を学ぶ場合は、入門期において声門破裂音

の区別にこだわるよりも、まずは語彙や文法の習得にエネルギーを注いだ方が効率がよいと本書では考えます（ただし、沖縄語にはこのような音の区別が存在することは知っておいてよいと思います）。

　以上の理由から、本書では声門破裂音は以下のように表記します（次ページ「表記一覧」参照）。

1) 母音とンには声門破裂のない音に‘（「開き引用符」）をつける。

　母音とンは、声門破裂のある音は日本語（共通語）に近く、声門破裂音でない音は日本語の音とはかなり違うものです。そこで、後者に符号‘をつけて区別します。

2) ヤ、ユ、ワには声門破裂のある音に’（「閉じ引用符」）をつける。

　ヤ、ユ、ワは、声門破裂のない音は日本語に近く、声門破裂のある音は日本語とは異なるので、後者に符号’をつけて区別します（なお、ウィ、ウェもワ行の音ですが、ア行のウが声門破裂を表すためカタカナ表記には’をつけていません）。

　この表記法の利点は、とりあえず声門破裂の有無を区別しない場合にすべての音を符号なしで書いておけるという点です。初期の学習の段階では声門破裂の有無にはそれほどこだわらず、学習が進み音の区別ができるようになった段階で、それまでのノートなどに‘や’を書き加えることもできます。

表記一覧

上段は本書の表記。下段左は本書のアルファベット表記、右は小川晋史編『琉球のことばの書き方』(2015、くろしお出版)の首里方言の表記。

ア a 'あ	イ i 'い	ウ u 'う	エ e 'え	オ o 'お
カ ka か	キ ki き	ク ku く	ケ ke け	コ ko こ
サ sa さ	シ si し	ス su す	セ se せ	ソ so そ
タ ta た	ティ ti てぃ	トゥ tu とぅ	テ te て	ト to と
ナ na な	ニ ni に	ヌ nu ぬ	ネ ne ね	ノ no の
ハ ha は	ヒ hi ひ	フ hwu ふ	ヘ he へ	ホ ho ほ
マ ma ま	ミ mi み	ム mu む	メ me め	モ mo も
ヤ ya や		ユ yu ゆ		ヨ yo よ
ラ ra ら	リ ri り	ル ru る	レ re れ	ロ ro ろ
ワ wa わ	('ウィ) (wi) うぃ		('ウェ) (we) うぇ	

ガ ga が	ギ gi ぎ	グ gu ぐ	ゲ ge げ	ゴ go ご
ザ za ざ	じ	ズ zu ず	ゼ ze ぜ	ゾ zo ぞ
ダ da だ	ディ di でぃ	ドゥ du どぅ	デ de で	ド do ど
バ ba ば	ビ bi び	ブ bu ぶ	ベ be べ	ボ bo ぼ
パ pa ぱ	ピ pi ぴ	プ pu ぷ	ペ pe ぺ	ポ po ぽ

キャ kya		キュ kyu		キョ kyo
シャ sha しゃ	し	シュ shu しゅ	シェ she しぇ	ショ sho しょ
		ツ tsu つ	ツォ tso	
チャ ca ちゃ	チ ci ち	チュ cu ちゅ	チェ ce ちぇ	チョ co ちょ
		ニュ nyu にゅ		
ヒャ hya ひゃ		ヒュ hyu ひゅ		ヒョ hyo ひょ
ミャ mya みゃ		ミュ myu みゅ		ミョ myo みよ
リャ rya りゃ		リュ ryu りゅ		リョ ryo りょ

ギャ gya	ギュ gyu		ギョ gyo
ジャ ja じゃ	ジ ji　ジュ ju じゅ	ジェ je じぇ	ジョ jo じょ
ビャ bya びゃ	ビュ byu びゅ		ビョ byo びょ
ピャ pya ぴゃ	ピュ pyu ぴゅ		

クワ kwa くゎ	クィ kwi くぃ		クェ kwe くぇ
グワ gwa ぐゎ	グィ gwi ぐぃ		グェ gwe ぐぇ
ファ hwa ふぁ	フィ hwi ふぃ	フェ hwe ふぇ	フォ hwo ふぉ

声門破裂音を伴うヤ行とワ行、伴わない母音とン

'ヤ 'ya 'や		'ユ 'yu 'ゆ		'ヨ 'yo 'よ
'ワ 'wa わ	ウィ 'wi 'うぃ		ウェ 'we 'うぇ	
('ア) ('a) あ	'イ 'i 'い	'ウ 'u う	'エ 'e え	'オ 'o お
'ン 'N ん				

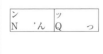

ン	ッ
N ん	Q っ

・ワ行とヤ行の語頭声門破裂音ありは'(閉じ引用符)、母音とNの語頭声門破裂音無しは'(開き引用符)で表す。ただし、ア行のウが声門破裂を表すため'wiと'weのカタカナ表記には'をつけない。
・長音はカタカナ表記では音引き(ー)、アルファベット表記では母音を重ねて表す(アー aa)。
・この一覧には日本語などからの「外来語」を表すための音節も入っている。

第1課 ティーチ　ユタサルグトゥ　ウニゲーサビラ

◀))) 02

ナカジョー：アヌ　ッチョー　ター　ヤイビーガ。

フィジャ：　オーシロサン　ヤイビーン。トゥイナシ　サビラ。……
　　　　　　チュー　'ウガナビラ。

オーシロ：　チュー　'ウガナビラ。

フィジャ：　オーシロサン、ウヌ　ッチョー　ナカジョーサン　ヤイビーン。

ナカジョー：ハジミティ　'ウガナビラ。ワンネー　ナカジョー　ヤイビーン。
　　　　　　ナーファ　ヤクスヌ　ショクイン　ヤイビーン。ユタサルグトゥ
　　　　　　ウニゲーサビラ。

オーシロ：　オーシロ　ヤイビーン。ユタサルグトゥ　ウニゲーサビラ。

ナカジョー：オーシロサノー　ダイガクシー　ヤイビーミ。

オーシロ：　ウー、ダイガクシー　ヤイビーン。

ナカジョー：オーシロサン、ウレー　ヌー　ヤイビーガ。

オーシロ：　ウレー　「オモロソーシ」ンディ　'ユル　スムチ　ヤイビーン。ワ
　　　　　　ンネー　リューキューブンガク　センコー　ヤイビーン。

よろしくおねがいします

仲門：　あの人は誰ですか。

比嘉：　大城さんです。紹介しましょう。……　こんにちは。

大城：　こんにちは。

比嘉：　大城さん、この人は仲門さんです。

仲門：　はじめまして。私は仲門です。那覇市役所の職員です。よろしくお願いします。

大城：　大城です。よろしくお願いします。

仲門：　大城さんは大学生ですか。

大城：　はい、大学生です。

仲門：　大城さん、それは何ですか。

大城：　これは「おもろさうし」という本です。私は琉球文学専攻です。

● 本課で学ぶ語句 ●

ティーチ　1つ

ユタサルグトゥ　ウニゲーサビラ　よろしくお願いします

アヌ　ッチョー　あの人は(助詞ヤのついた形：⇨第2課1節)

ター　誰、誰の

ヤイビーン　です

フィジャ　比嘉(沖縄語読み)

トゥイナシ　サビラ　紹介(＜取りなし)しましょう

チュー　'ウガナビラ　こんにちは

ウヌ　この／その

ハジミティ　'ウガナビラ　はじめまして

ワンネー　私は

ナーファ　那覇(地名)

ヤクス　(市)役所

～ヌ　～の(助詞)

～サノー　～さんは

ダイガクシー　大学生

ウー　はい

ウレー　それ／これは

ヌー　何

オモロソーシ　おもろさうし(沖縄の古謡集)

～ンディ　'ユル　～という

スムチ　本(＜書物)

ウチナーンチュ　沖縄の人

アレー　あれは

トゥーチー　時計

'ウー'ウー　いいえ

ヤマトゥンチュ　ヤマト(沖縄県以外)の人

ジテン　辞書

ウチナーグチ　沖縄語

ヤマトゥグチ　日本語

ワー　私の

ウットゥ　年下のきょうだい(弟／妹)

トゥジ　妻(＜刀自(とじ))

'ウトゥ　夫

シンシー　先生

イクチ　いくつ、何歳

17

● 文法解説 ●

1 「私は〜です」

　沖縄語の勉強を「Ｎ（名詞）はＮ（名詞）です」の形から始めましょう。沖縄語の単語の並べ方は日本語と同じで、「ＮはＮです」は**Ｎヤ Ｎ ヤイビーン**となります。述語が名詞なので「名詞文」と呼ばれます。構造は単純ですがさまざまな表現のできる便利な文です。

　日本語の助詞「は」に当たるのが沖縄語の**ヤ**ですが、前にくる名詞がどのような母音で終わるかによって形が変わるため、やや複雑です。この形の作り方は第２課で学ぶことにし、第１課では**ワンネー**「私は」、**〜サノー**「〜さんは」、**ウレー**、「これ／それは」、**アレー**「あれは」、（**ウヌ／アヌ**）　**ッチョー**「（この／あの）人は」という形で覚えましょう。また、日本語の「です」は**ヤイビーン**という言葉で表します。

　　　1-1. **ワンネー　ナカジョー　ヤイビーン** ＊。　　私は仲門です。
　　　1-2. **クニシサノー　ウチナーンチュ　ヤイビーン**。　国吉さんは沖縄の人です。

2 「これは〜です」

　日本語の「これ」「それ」「あれ」、英語の this, that など、名詞の中でモノやコトを指し示すものは指示語（あるいは指示代名詞）と呼ばれます。沖縄語では自分（話し手）や相手（聞き手）に近い場所にあるものを言う場合は**ウレー**「これ／それは」、遠い場所にあるものを指す場合は**アレー**「あれは」を使います（実はもうひとつの指示語があるのですが、それは第２課で勉強します）。

　　　2-1. **ウレー　「オモロソーシ」ンディ　'ユル　スムチ　ヤイビーン** ＊。　これは「おもろさうし」という本です。
　　　2-2. **アレー　トゥチー　ヤイビーン**。　あれは時計です。

　また、「この本」「あの人」のように名詞を修飾する時は**ウヌ**、**アヌ**という形になります。

　　　2-3. **ウヌ　スムチ**　この本／**アヌ　トゥチー**　あの時計

3 肯否疑問文「〜ですか」

　肯否を尋ねる疑問文「ＮはＮですか」の文は**ヤイビーン**の語尾ンを**ミ**に取り換えて作ります。日本語の場合、疑問文では文末のイントネーションを上げなければなりませんが（「あなたも行きます？↗」）、沖縄語では**ミ**という文末の語

尾で質問の意味が表されているので、イントネーションを上昇させる必要はありません。むしろ、平叙文と同じように平らに発音されるのが普通です。

　　3-1.　オーシロサノー　ダイガクシー　ヤイビーミ＊。　　大城さんは大学生ですか。
　　　　　—ウー、ダイガクシー　ヤイビーン。　　はい、大学生です。

　質問に対する答えは、上のように「はい」なら**ウー**、「いいえ」なら下のように**'ウー 'ウー**となります。

　　3-2.　ナカモトサノー　ウチナーンチュ　ヤイビーミ。　　仲本さんは沖縄の人ですか。
　　　　　—'ウー 'ウー、ワンネー　ヤマトゥンチュ　ヤイビーン。　　いいえ、私はヤマトの人です。

4 助詞ヌ「の」

　日本語の「の」に当たる沖縄語の助詞は**ヌ**です（「アイウイウ」の法則（**o⇒u**）から同じ助詞だということがわかります）。**ヌ**には日本語の「の」と異なる用法もありますが（⇨第6課）、まずはこの日本語と同じ使い方に慣れましょう。

　　4-1.　ナーファ　ヤクスヌ　ショクイン＊　　那覇市役所の職員
　　4-2.　アメリカヌ　コンピュータ　　アメリカのコンピュータ
　　4-3.　ウチナーグチヌ　スムチ　　沖縄語の本
　　4-4.　ナカジョーサンヌ　トゥチー　　仲門さんの時計
　　4-5.　チューゴクヌ　クルマ　　中国の車
　　4-6.　ヤマトゥグチヌ　シンブン　　日本語の新聞
「私の」は助詞のつかない特別な形**ワー**になります。
　　4-7.　ワー　ウットゥ　　私の弟（あるいは妹）
　　4-8.　ワー　トゥジ／'ウトゥ　　私の妻／夫

5 疑問詞疑問文「それは何ですか」

　沖縄語の疑問文では、疑問詞は英語のように文頭に持ってくる必要がなく、日本語と同じように聞きたい語を疑問詞に取り換えればいいだけです。「何」は**ヌー**という疑問詞で表します。肯否疑問文と違って**ヤイビーン**の語尾が**ミ**ではなく、**ガ**に変わることに注意してください。

　　5-1.　ウレー　ヌー　ヤイビーガ＊。　　それは何ですか。
　　　　　—ウレー　「オモロソーシ」ンディ　'ユル　スムチ　ヤイビーン。　　これは「おもろさうし」という本です。

また、これも肯否疑問文と同様に、文末イントネーションは日本語の場合と違って上昇しないのが普通です。ここにも気をつけましょう。

5-2. アレー　ヌー　ヤイビーガ。　あれは何ですか。

　　―アレー　ジテン　ヤイビーン。　あれは辞書です。

6 「誰ですか」「いくつですか」

「誰」を表す言葉は**ター**です。「何ですか」と同じく疑問詞疑問文ですから、文の最後は**ヤイビーガ**となります。

6-1. アヌ　ッチョー　ター　ヤイビーガ＊。　あの人は誰ですか。

　　―ナカジョーサン　ヤイビーン。　仲門さんです。

　　―オーシロシンシー　ヤイビーン。　大城先生です。

「誰の」と言う場合も、**ワー　スムチ**「私の本」と同じように助詞の**ヌ**は使いません。

6-2. ウレー　ター　スムチ　ヤイビーガ。　これは誰の本ですか。

年齢を聞く場合には**イクチ**という言葉を使います。やはり疑問詞疑問文ですから、語尾が**ガ**になります。なお、年齢を言う場合には**〜サイ**（歳）と言わないのが普通です。

6-3. ヤマダサノー　イクチ　ヤイビーガ。　山田さんはいくつですか。

　　―ワンネー　ニジューニ　ヤイビーン。　私は22歳です。

練習問題

練習1 絵を見て、例のように文を作りなさい。

例）オーシロ (20)	1) スズキ (25)	2) アラ (39)	3) ボストン (43)	4) タカハラ (36)
ダイガクシー	プログラマー	カイシャイン	シンシー	イサ

＊イサ（医者）

1-1. 例）オーシロ⇒オーシロサノー　ダイガクシー　ヤイビーン。

　　1) スズキ⇒　　2) アラ⇒　　3) ボストン⇒　　4) タカハラ⇒

1-2. 例）オーシロ、ヤクスヌ　ショクイン⇒

　　　オーシロサノー　ヤクスヌ　ショクイン　ヤイビーミ。

　　　―'ウー'ウー、オーシロサノー　ダイガクシー　ヤイビーン。

　　　1）スズキ、カイシャイン⇒　　2）アラ、エンジニア⇒

　　　3）ボストン、シンシー⇒　　　4）タカハラ、ダイガクシー⇒

1-3. 例）オーシロ⇒オーシロサノー　イクチ　ヤイビーガ。―ハタチ　ヤイ

　　　ビーン。

　　　1）スズキ⇒　　2）アラ⇒　　3）ボストン⇒　　4）タカハラ⇒

練習2　絵を見て、例のように質問と答えの文を作りなさい。

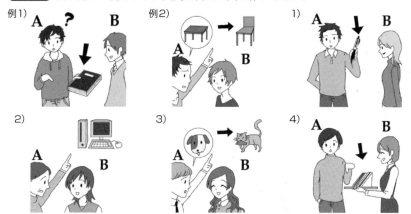

　　　　　　　　　　　　　　　　　　　　*イン（犬）、マヤー（猫）、ウニジリ（おにぎり）

例1）ウレー、スムチ⇒

　　　A：ウレー　スムチ　ヤイビーミ。　　B：ウー、スムチ　ヤイビーン。

例2）アレー、ツクエ（イス）⇒

　　　A：アレー　ツクエ　ヤイビーミ。　　B：'ウー'ウー、イス　ヤイビーン。

1）ウレー、ボールペン⇒　　　　　2）アレー、コンピュータ⇒

3）アレー、イン（マヤー）⇒　　　4）ウレー、ウニジリ（サンドイッチ）⇒

練習3　絵を見て、例のように質問と答えの文を作り、日本語に訳しなさい。

例）　　　　1）　　　　2）　　　　3）　　　　4）

例）A：ウレー　ヌー　ヤイビーガ（これは何ですか）。
　　B：ハサン　ヤイビーン（ハサミです）。

*ハサン（ハサミ）

■練習4■ 絵を見て、例のように質問と答えの文を作りなさい。

例）　　　　1)　　　　　2)　　　　　3)　　　　　4)

例）スムチ、オーシロ⇒

　　A：ウレー　ター　スムチ　ヤイビーガ。

　　B：ウレー　オーシロサンヌ　スムチ　ヤイビーン。

1）クルマ、ナカジョー⇒A：　　B：　　　2）サンシン、フィジャ⇒A：　　B：

3）イン、ボストン⇒A：　　B：　　　　4）サイフ、ワン（私）⇒A：　　B：

■練習5■ 絵を見て、例のように質問と答えの文を作りなさい。

例）　　　　　　1)　　　　　　2)　　　　　　3)

   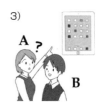

例）A：ウレー　ヌー　ヤイビーガ。　　B：ウレー　トゥチー　ヤイビーン。

■練習6■ 絵を見て、例のように質問と答えの文を作りなさい。

例）　　　　　　1)　　　　　　2)　　　　　　3)

 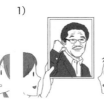 

例）A：ウヌ　ッチョー　ター　ヤイビーガ。　　B：イファ　フユー　ヤイビーン。

*イファ　フユー（伊波普猷：「沖縄学の父」と言われる明治〜昭和の学者）

◆「～人」「～語」

　ウチナー（沖縄）、ナーク（宮古）、'エーマ（八重山）、ナーファ（那覇）、スイ（首里）など沖縄（琉球）のさまざまな地名や外国の地名を結びつけて、「～人」「～語」という言葉を作ることができます。

　「～人」：「～の人」を表す語を地名の後につけます。ウチナーンチュ（沖縄の人）、'エーマンチュ（八重山［石垣島を中心とする地方］の人）、ナークンチュ（宮古島の人）、ヤマトゥンチュ（ヤマトの人）、ナーファンチュ（那覇の人）　スインチュ（首里の人）、フランスヌチュ（フランス人）、ドイツヌチュ（ドイツ人）、インドネシアヌチュ（インドネシア人）

　※よく用いられるものはヌがンに変わります（ウチナーンチュ、ヤマトゥンチュ、スインチュなど）。ただ「アメリカ人」だけはアメリカーといいます。外国人一般を示すときにもアメリカーを使うようです（かつてはウランダー（オランダ人）が外国人一般を指していました）。

　「～語」：ウチナーグチ（沖縄語）、'エーマグチ（八重山語）、ナークグチ（宮古語）、ヤマトゥグチ（日本語）、フランスグチ（フランス語）、インドネシアグチ（インドネシア語）、ドイツグチ（ドイツ語）

　※ここでも英語だけはエーゴということが多いようです。また、フランスヌ　クトゥバ（フランスの言葉）、タイヌ　クトゥバ（タイの言葉）のような言い方もあります。

第2課 ターチ イッペー マギサイビーンヤー

◀)) 03

（タイガ　クユミ　'ンーチョーン）

ナカジョー：ウヌ　クユメー　イッペー　チュラサイビーンヤー。マーヌ　クユ
　　　　　　ミ　ヤイビーガ。

オーシロ：　チュラウミスイゾクカンヌ　クユミ　ヤイビーン。

ナカジョー：クレー　ヌーンディ　'ユル　イユ　ヤイビーガ。

オーシロ：　ジンベーザメ　ヤイビーン。

ナカジョー：イッペー　マギサイビーンヤー。フィートゥン　マギサイビーン
　　　　　　ドー。

オーシロ：　ヤシガ、フィートー　イヨー　アイビラン。ホニュールイドゥ　ヤ
　　　　　　イビール。

ナカジョー：アン　ヤイビーンヤー。

とても大きいですね

（二人がカレンダーを見ている）

仲門：　このカレンダーはとてもきれいですね。どこのカレンダーですか。

大城：　美ら海水族館のカレンダーです。

仲門：　これは何という魚ですか。

大城：　ジンベイザメです。

仲門：　とても大きいですね。イルカも大きいですよ。

大城：　でも、イルカは魚ではありません。哺乳類なんですよ。

仲門：　そうですね。

● 本課で学ぶ語句 ●

ターチ　2つ	チュラサイビーン　美しいです
イッペー　とても	スージューサイビーン　塩辛いです
マギサイビーンヤー　大きいですね	カラサイビーン　辛いです
タイ　二人	アマサイビーン　甘いです
クユミ　カレンダー（＜暦）	ムチカサイビーン　難しいです
'ンーチョーン　見ている	ナマ　今
チュラサイビーンヤー　美しいですね	イチュナサイビーン　忙しいです
マー　どこ	クスイ　薬
クレー　これは（助詞ヤのついた形）	'ンジャサイビーン　苦いです
イユ　魚（＜うお）	チン　服
フィートゥ　イルカ	タカサイビーン　高いです
～ン　～も（助詞）	スバ　そば（沖縄そば）
マギサイビーンドー　大きいですよ	クリ　これ
ヤシガ　しかし	アリ　あれ
～ドゥ ヤイビール　～なんですよ	クマ　ここ
アン ヤイビーンヤー　そうですね	ンマ　そこ／ここ
チラ　顔	アマ　あそこ
ウリ　それ／これ	マーダ　まだ
ッチュ　人	ナーカ　中
チュー　今日	ドゥシ　友達（＜同士）
ゴーヤー　ニガウリ	シートゥ　生徒

25

● 文法解説 ●

1 「〜は」の形

日本語の「は」に相当する沖縄語の助詞はヤです。ヤのついた形は、前にくる名詞が-aで終わる場合は-aaに伸ばし、-i、-uで終わる場合はそれぞれ-ee、-ooにします。長音（ー）で終わるものはそのままヤをつけ、ンで終わるものはノーとします。

1) -a ⇒ -aa　チラ（顔）cira　⇒　ciraa チラー（顔は）
2) -i ⇒ -ee　ウリ（これ／それ）uri　⇒　uree ウレー（これ／それは）
3) -u ⇒ -oo　ッチュ（人）Qcu　⇒　Qcoo ッチョー（人は）
4) 長音で終わる場合　チュー（今日）⇒　チューヤ（今日は）
5) -ン⇒-ノー　ヤマダサン（山田さん）⇒　ヤマダサノー（山田さんは）

※例外：ワン（私）⇒　ワンネー（私は）

p. 10で述べたように、沖縄語固有の言葉はア段、イ段、ウ段、ン、長音（ー）で終わりますが、日本語の言葉（漢語・外来語など）を採り入れた語では-e、-oで終わるものもあります。その場合は、1)と同じように最後の音を伸ばして作ります。

トイレ toire　⇒　toiree トイレー（トイレは）
パチンコ paciNko　⇒　paciNkoo パチンコー（パチンコは）

以後、「Nは」に相当する沖縄語の形を4)で代表させ、これに言及する時はNヤと呼びます。

2 名詞文の否定「〜ではありません」

第1課で名詞文「〜です」の文型を勉強しましたが、その否定「〜ではありません」は沖縄語では次のように、Nヤとアイビラン「ありません」を合わせて作ります。

2-1. ウレー　ゴーヤーヤ　アイビラン。　それ／これはゴーヤーではありません。
2-2. フィートー　イヨー　アイビラン*。　イルカは魚ではありません。

3 形容詞文とその否定・疑問

日本語の形容詞は「い」で終わる言葉です（「おいしい」「塩辛い」など）。沖縄語では形容詞の語尾は-サン（マーサン、スージューサンなど）ですが、初級の最初は-サイビーンで終わる丁寧な形で勉強しましょう。

3-1. ウヌ　カレーヤ　カラサイビーン／アマサイビーン。　　このカレーは辛い
　　　／甘いです。

3-2. スーガクヌ　スムチェー　ムチカサイビーン。　　数学の本は難しいです。

3-3. ヤマダサノー　ナマ　イチュナサイビーン。　　山田さんは今忙しいです。

3-4. ウヌ　クスエー　'ンジャサイビーン。　　この薬は苦いです。

程度が大きいことを言いたい場合にはイッペー「とても」という言葉を前に
置きます。

3-5. ウヌ　クユメー　イッペー　チュラサイビーンヤー＊。　　このカレンダー
　　　はとてもきれいですね。

形容詞文の疑問は、ヤイビーンと同じように語尾のンをミに変えて作りま
す：イチュナサイビーン⇒イチュナサイビー<u>ミ</u>。

3-6. ナカジョーサノー　イチュナサイビー<u>ミ</u>。　　仲門さんは忙しいですか。

3-7. ウヌ　スムチェー　ムチカサイビー<u>ミ</u>。　　この本は難しいですか。

形容詞文の否定は、-サイビーンを-コー　ネーイビランという形に変えて作
ります：マギ<u>サイビーン</u>「大きいです」⇒マギ<u>コー　ネーイビラン</u>「大きくな
いです」。

3-8. ウヌ　カレーライソー　マー<u>コー　ネーイビラン</u>。　　このカレーライスは
　　　おいしくないです。

3-9. ウヌ　チノー　タカ<u>コー　ネーイビラン</u>。　　この服は高くないです。

4　ウリとクリ：指示語の指示領域

第1課で指示語ウリ、アリに助詞ヤのついた形ウレー「それ／これは」、ア
レー「あれは」について学びました。ウリは日本語の「これ／それ」、アリは
「あれ」に相当すると言いましたが、実は沖縄語には日本語の「これ」に相当
するクリという語があります。

4-1. クレー　ワー　カバン　ヤイビーン。　　これは私の鞄です。

ここで日本語（共通語）の指示語について少し説明しておきましょう。日
本語のコソア（「これ」「それ」「あれ」、「ここ」「そこ」「あそこ」、「この」
「その」「あの」など）は、それぞれ話し手領域、聞き手領域、それ以外とい
うように話し手、聞き手との位置関係に対応しています。

1) コソアの領域：日本語

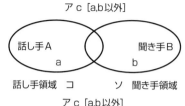

（話し手Aがaを指さしながら）
これは／×それは　ボールペンです。
（話し手Aがbを指さしながら）
×これは／それは　ボールペンですか。
（話し手Aがcを指さしながら）
あれはボールペンですか。

　沖縄語の**アリ**は日本語の「あれ」に相当しますからこれらは大体近いのですが、**クリ**（日本語の「これ」）の領域に**ウリ**（「日本語の「それ」）の指示領域がかなり深くまで侵入しているため、話し手は自分の近くにあるものを指さして**ウリ**が使えます。そして**クリ**と言うためには自分に相当近い、例えば手に持っているなどの条件が必要です。

2) クウアの領域：沖縄語

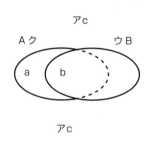

（話し手Aがaを指さしながら）
クレー／ウレー　ボールペン　ヤイビーン「これはボールペンです」
（話し手Bがa, bに言及して）
ウレー　ボールペン　ヤイビーミ「これ／それはボールペンですか」
（話し手Aがcを指さしながら）
アレー　ボールペン　ヤイビーミ「あれはボールペンですか」

　また、場所について「ここ」「そこ」「あそこ」と言いたいときは**クマ、ンマ、アマ**を使います。

　　4-2. **クマー　キョーシツ　ヤイビーン。**　ここは教室です。

　　4-3. **ンマー　ダイガク　ヤイビーン。**　ここ／そこは大学です。

　　4-4. **アマー　ウンドージョー　ヤイビーン。**　あそこは運動場です。

　場所を尋ねたい時は**マー**という疑問詞を使います。疑問詞の入った疑問文ですから、第1課で勉強したように**ヤイビーン**の語尾を変えて**ヤイビーガ**にしなければなりません。

　　4-5. （車の中で）**クマー　マー　ヤイビーガ。**　ここはどこですか。

　　　　　—**マーダ　ナーファヌ　ナーカ　ヤイビーン。**　まだ那覇市内です。

5 助詞ン「も」

日本語の「も」にあたる助詞は、沖縄語では**ン**です。

5-1. ジルーヤ　ワー　ドゥシ　ヤイビーン。タルー<u>ン</u>　ドゥシ　ヤイビーン。
次郎は私の友だちです。太郎も友だちです。

5-2. フィートゥ<u>ン</u>　マギサイビーンドー＊。　　イルカも大きいですよ。

助詞の**ン**がンで終わる名詞につく場合は、**チ<u>ン</u>**（服）⇒**チ<u>ヌン</u>**（服も）のように **-ヌン**となります。

5-3. オーシロサノー　ダイガクシー　ヤイビーン。シマブクサ<u>ヌン</u>　ダイガク
シー　ヤイビーン。　　大城さんは大学生です。島袋さんも大学生です。

「私も」は**ワンニン**という特別な形になります。

5-4. チューヤ　ワンネー　イチュナコー　ネーイビラン。　　今日は私は忙しく
ありません。

―ワンニン　イチュナコー　ネーイビラン。　　私も忙しくありません。

練習問題

練習1

1-1. 例にならって、次の名詞を**N ヤ**の形に変え、日本語に訳しなさい。

例1）アメリカ⇒アメリカー（アメリカは）例2）ヤマトゥ⇒ヤマトー（ヤマトは）
a. スバ⇒　b. ウミ（海）⇒　c. ンマ（馬）⇒　d. イス⇒　e. ゴーヤー⇒
f. サキ（泡盛）⇒　g. テレビ⇒　h. ミー（目）⇒　i. フィサ（足）⇒
j. トゥジ⇒　k. ワン⇒　l. ファー（葉）⇒　m. ワイン⇒

1-2. 以下は**N ヤ**の形です。例にならって、これを**ヤ**のつかない形に変えなさい。

例1）ウチナーンチョー⇒ウチナーンチュ　例2）パノー⇒パン
a. アレー⇒　b. カレーヤ⇒　c. ナカマサノー⇒　d. デンケー⇒　e. ナマー（今
は）⇒　f. ワイノー⇒　g. ビーロー⇒　h. ンメー（梅は）⇒　i. ウメー⇒

練習2　絵を見て、例のように質問と答えの文を作りなさい。

例）ナカマ	1）シモジ	2）ミヤラ	3）ボストン	4）オーシロ

ウチナー	ナーク	'エーマ	アメリカ	ウチナー

＊ナーク（宮古）、'エーマ（八重山）、ヤマトゥ（日本）

例）ナカマ、アメリカ⇒

    A：ナカマサノー　アメリカー　ヤイビーミ。

    B：'ウー'ウー　ナカマサノー　アメリカーヤ　アイビラン。ウチナーン

    チュ　ヤイビーン。

1）シモジ、ヤマトゥ⇒A：　　B：　2）ミヤラ、ナーク⇒A：　　B：

3）ボストン、ドイツ⇒A：　　B：　4）オーシロ、ヤマトゥ⇒A：　　B：

3-1. 絵を見て、例のように名詞を**N**ヤの形に変え、形容詞を補って文を完成しなさい。

例）　　　　1）　　　　2）　　　　3）　　　　4）

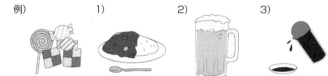

        *クヮーシ（お菓子）、ソーユ（しょうゆ）、コーレーグス（泡盛に唐辛子を漬けた調味料）

例）クヮーシ⇒クワーシェー　アマサイビーン。

1）カレー⇒　　2）ビール⇒　　3）ソーユ⇒　　4）コーレーグス⇒

3-2. 例にならって、質問と答えの文を作りなさい。

例）カレー、アマサイビーン⇒

    A：カレーヤ　アマサイビーミ。

    B：'ウー'ウー　カレーヤ　アマコー　ネーイビラン。カラサイビーン。

1）　シュークリーム、カラサイビーン⇒A：　　B：

2）　ウチナーヌ　ナチ、シダサイビーン⇒A：　　B：

3）　トーキョースカイツリー、フィクサイビーン⇒A：　　B：

        *ナチ（夏）、シダサイビーン（涼しいです）、フィクサイビーン（低いです）

4-1. 絵を見て、例のように質問と答えの文を作りなさい。

例）　　　　1）　　　　2）　　　　3）　　　　4）

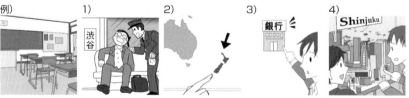

例）ンマ⇒ンマー　マー　ヤイビーガ。―'ンマー　キョーシツ　ヤイビーン。

1）ンマ⇒　　2）クマ⇒　　3）アマ⇒　　4）アマ⇒

4-2. 絵を見て、例のように質問と答えの文を作りなさい。

例）　ウレー　マーヌ　ビール　ヤイビーガ。—ヤマトゥヌ　ビール　ヤイビーン。

練習5

5-1.　例にならって、次の名詞を助詞ンのついた形に変え、日本語に訳しなさい。

例）　スムチ⇒スムチン（本も）

a. ユイ（百合）⇒　b. ミジ（水）⇒　c. ッチュ⇒　d. チュー⇒　e. チヌー
（昨日）⇒　f. ワイン⇒　g. バン⇒　h. フィジ（ひげ）⇒　i. ワン⇒

5-2.　例にならって、「～も…です」の文を作り、日本語に訳しなさい。

例）　ウレー　サキ　ヤイビーン。（アリ）⇒アリン　サキ　ヤイビーン（あれも
　　　お酒です）。

1)　オーシロサノー　ウチナーンチュ　ヤイビーン。（トナキサン）⇒

2)　アーケージューヤ　イチムシ　ヤイビーン。（ガジャン）⇒

3)　ビーロー　ヌミムン　ヤイビーン。（ワイン）⇒

4)　タナカサノー　ダイガクシー　ヤイビーン。（ワン）⇒

　　　　　　　*アーケージュー（トンボ）、イチムシ（生き物）、ガジャン（蚊）、ヌミムン（飲み物）

◆「今」を基準に時を表す言い方

日：**チヌー**（昨日）、**チュー**（今日）、**アチャ**（明日）

週：**センシュー**（先週）、**コンシュー**（今週）、**ライシュー**（来週）

月：**クタチチ**（先月）、**クンチチ**（今月）、**タチチ**（来月）

年：**クジュ**（去年）、**クトゥシ**（今年）、**ヤーン**（来年）

その他：**キッサ**（さっき）、**ナマ**（今）、**アトゥ**（後）

リューキュータイムス ユマビーン

🔊 04

フィジャ：	マエハラサノー　メーニチ　ナンジニ　ウキヤビーガ。
マエハラ：	グジニ　ウキヤビーン。
フィジャ：	メーアサ　シンブン　ユマビーミ。
マエハラ：	ウー、メーアサ　リューキュータイムス　ユマビーン。
フィジャ：	ワンネー　シンブノー　ユマビラン。テレビヌ　ニュース 'ンージャビーン。
マエハラ：	ワンネー　テレベー 'ンージャビラン。フィマヌ　バソー　フィジャサノー　ヌー　サビーガ。
フィジャ：	テニス　サビーン。チヌーン　スポーツセンター 'ウティ　テニス　サビタン。
マエハラ：	アンシドゥ　フィジャサノー　ガンジュー　ヤイビーサヤー。ワンネー　チヌーヤ　ヤー 'ウティ　マンガ　ジッサツ　ユマビタン。
フィジャ：	マルケーテー　スポーツン　スシェー　マシ　ヤイビーンドー。

琉球タイムスを読みます

比嘉：　真栄原さんは毎日何時に起きますか。

真栄原：5時に起きます。

比嘉：　毎朝新聞を読みますか。

真栄原：はい、毎朝琉球タイムスを読みます。

比嘉：　私は新聞は読みません。テレビのニュースを見ます。

真栄原：私はテレビを見ません。ひまな時は比嘉さんは何をしますか。

比嘉：　テニスをします。昨日もスポーツセンターでテニスをしました。

真栄原：だから比嘉さんは丈夫なんですね。私は昨日は家で漫画を10冊読みました。

比嘉：　たまにはスポーツもした方がいいですよ。

● 本課で学ぶ語句 ●

ミーチ　3つ

メーアサ　毎朝

ユマビーン　読みます

メーニチ　毎日

ウキヤビーン　起きます

グジ　5時

～ニ　～に（助詞）

'ンージャビーン　見ます

フィマヌ バソー　ひまな時は

サビーン　します

チヌー　昨日

～'ウティ　～で（場所を表す助詞）

アンシドゥ　だから（こそ）

ガンジュー ヤイビーサヤー　丈夫なんですね

ヤー　家

マルケーティ　たまに

スシェー マシ ヤイビーンドー　した方

がいいですよ

アチャ　明日

ルクジ　6時

～カラ　～から（助詞）

～マディ　～まで（助詞）

クミ　米

カマビーン　食べます

ヌマビーン　飲みます

ニホンジン　日本人（本書ではウチナーンチュとヤマトゥンチュを合わせていう場合に用いる）

ナライビーン　習います

ナラーサビーン　教えます

コーイビーン　買います

クラサビーン　暮らします

クヮフーナ　幸福な（＜果報な）

ヤイビーッサー　ですよー

33

● 文法解説 ●

1 動詞文「〜します」

　第1課では名詞文、第2課では形容詞文を勉強しました。この課で初めて動詞文を扱います。名詞文は**ヤイビーン**、形容詞文では**-サイビーン**のついた形を勉強しましたが、動詞でも**-ビーン**のついた形をまず勉強します。これらは第2課3節でも述べたように日本語の「〜ます」に当たる丁寧な言い方です（以下、この形式を「ビーン体」といいます）：**ウキヤビーン**（起きます）、**ニンジャビーン**(寝ます)、**アッチャビーン**（歩きます）、**ハーエー　サビーン**（走ります）、**ウィージャビーン**（泳ぎます）、**ハタラチャビーン**（働きます）。

　1-1. **グジニ　ウキヤビーン**＊。　　5時に起きます。

　1-2. **タルーヤ　アチャ　ルクジニ　ウキヤビーン。**　太郎は明日6時に起きます。

　1-1. の**グジ**（5時）、1-2. の**アチャ**（明日）、**ルクジ**（6時）など、動詞文には時を表す名詞（時間名詞）が現れることがよくあり、それらには次のような二種があります。

　　1)　**ストゥミティ**（朝）、**フィル**(昼)、**ユー**（夜）、**チヌー**（昨日）、**チュー**（今日）、**アチャ**（明日）

　　2)　**イチジ**(1時)、**チータチ**(ついたち)、**サングワチ**(3月)、**ニシングニン**(2005年)

（時を表す語句については p. 31 と p. 54 で一覧をあげてあります）

　1)は助詞なしのそのままの形で、2)は助詞**ニ**「に」をつけて使います。これは日本語とも共通しています（「昨日φ／今日φ／明日φ／毎日φ」「1時に／ついたちに／3月に」）から、日本語で「に」をつける場合は沖縄語でもつけ、つけない場合は沖縄語でもつけません。

　また、動詞文では動作が開始／終了する時点を表す**カラ**「から」や**マディ**「まで」を伴う場合もあります。

　1-3. **タナカサノー　メーニチ　ハチジカラ　グジマディ　ハタラチャビーン。**
　　　田中さんは毎日8時から5時まで働きます。

2 助詞「を」に当たるものがない！

　日本語では、他動詞という動詞（「食べる」「飲む」「読む」など）の前には「Nを」という言葉が来ます（「ご飯を食べる」「ジュースを飲む」「本を読む」など）。しかし、沖縄語では「を」という助詞に当たるものがありません。名

詞に何もつけない形が日本語の「Nを」に対応します：**クミφ　カマビーン**、**ジュースφ　ヌマビーン**、**スムチφ　ユマビーン**（φは何もつかないことを強調するためで、通常はφの記号を書くことはありません）。

　　2-1. **ニホンジノー　クミ　カマビーン。**　日本人は米を食べます。

　　2-2. **ダイガクシーヤ　ウチナーグチ　ナライビーン。**　大学生は沖縄語を習います。

　　2-3. **シンシーヤ　ウチナーグチ　ナラーサビーン。**　先生は沖縄語を教えます。

　　2-4. **メーアサ　リューキュータイムス　ユマビーン***。　毎朝琉球タイムスを読みます。

3　動詞文の疑問形「〜しますか」

　動詞文の肯否疑問文も名詞文などと同じように（⇨第1課3節）-ビーンの語尾ンをミに取り換えて作ります。同じく、イントネーションを上昇させず、平らに発音するのが普通です。

　　3-1. **メーアサ　シンブン　ユマビーミ***。　毎朝新聞を読みますか。

　　　　―ウー、メーアサ　リューキュータイムス　ユマビーン。　はい、毎朝琉球タイムスを読みます。

　疑問詞疑問文も名詞文と同じで、-ビーンの語尾が**ガ**になります。

　　3-2. **フィマヌ　バソー　フィジャサノー　ヌー　サビーガ***。　ひまな時は比嘉さんは何をしますか。

　　　　―テニス　サビーン。　テニスをします。

　時間を聞く時の「いつ」は**イチ**、時刻、日にち、月、年を聞きたいときはそれぞれ**ナンジニ**「何時に」、**ナンニチニ**「何日に」、**ナングヮチニ**「何月に」、**ナンニンニ**「何年に」と言います。

　　3-3. **マエハラサノー　メーニチ　ナンジニ　ウキヤビーガ***。　真栄原さんは毎日何時に起きますか。

　　　　―グジニ　ウキヤビーン。　5時に起きます。

4　動詞文の否定形「〜しません」

　動詞文の否定形は-ビーン⇒-ビランのように語尾を取り換えるだけです。名詞文や形容詞文の否定形も文の最後が-ビランでしたね：**シートー　アイビラン**（生徒ではありません）、**チュラコー　ネーイビラン**（美しくないです）。

　　4-1. **ワンネー　チューヤ　ニンジャビラン。**　私は今日は寝ません。

注意してほしいのは、動詞が否定になる時、「Nを」に当たる部分はＮヤ（第2課で勉強した「Nは」の形）で言うのが普通であることです。日本語では「テレビは見ません」というだけで何かと比べている（「(新聞は読みますが)テレビは見ません」）ニュアンスを持ちますが、沖縄語の場合は比べる対象がなければＮヤを使っていてもそのようなニュアンスを持ちません。

　　4-2. ワンネー　テレベー　'ンージャビラン*。　　私はテレビを見ません。

　　4-3. アヌ　ッチョー　サケー　ヌマビラン。　　あの人は酒を飲みません。

　否定の疑問形は語尾を<u>ミ</u>ではなく、<u>ニ</u>に変えます。

　　4-4. アラカチサノー　シンブノー　ユマビラ<u>ニ</u>。　　新垣さんは新聞を読まないのですか。

なお、動詞文の否定疑問形は勧誘の意味を表すことがあります（⇨第6課5節）。

5 動詞文の過去形

　動詞文で過去の事態を述べたい時は、-ビーンを-ビタンに取り換えます。

　　5-1. ワンネー　チヌーヤ　ヤー'ウティ　マンガ　ジッサツ　ユマ<u>ビタン</u>*。
　　私は昨日は家で漫画を10冊読みました。

　否定の過去の場合、-ビランの後ろに<u>タン</u>をつけます。

　　5-2. ワンネー　チューヤ　シクチェー　サビラン<u>タン</u>。　　私は今日は仕事をしませんでした。

6 動作の場所を表す'ウティ「で」

　動作の場所を表す助詞は'ウティです。

　　6-1. チヌーン　スポーツセンター'ウティ　テニス　サビタン*。　　昨日もスポーツセンターでテニスをしました。

　　6-2. アラカチサノー　ガッコー'ウティ　ヌー　サビーガ。　　新垣さんは学校で何をしますか。

　動作の場所を尋ねる場合にはマーを使い、動詞の語尾をガに変えます。

　　6-3. クニシサノー　マー'ウティ　シンブン　コーイビーガ。　　国吉さんはどこで新聞を買いますか。

　　　　―コンビニ'ウティ　コーイビーン。　　コンビニで買います。

7 ナ形容詞

　ガンジューナ（元気な）、デージナ（大変な）などのナがつく形容詞をナ形

容詞といいます。述語にくる場合は**ガンジュー　ヤイビーン**（元気です）、名詞が後ろにくる場合は**ガンジュー<u>ナ</u>　ッチュ**（元気な人）、動詞などを修飾する場合は**ガンジュー<u>ニ</u>　クラサビーン**（元気に暮らします）と活用の仕方は日本語のナ形容詞と同じで、否定形・過去形の作り方（**ガンジューヤ　アイビラン**）などは沖縄語の名詞と同じです。

7-1.　**アンシドゥ　フィジャサノー　ガンジュー　ヤイビーサヤー***。　だから比嘉さんは丈夫なんですね。

7-2.　**ナカジョーサノー　イッペー　クヮフーナ　ッチュ　ヤイビーン**。　仲門さんはとても幸せな人です。

　ただし、**ジョートゥー**は人やことに対して「とてもよい」、**ガンジュー**は「健康だ」、**デージ**は「（よくないことがあって）大変だ」など日本語とは意味が異なることがあります。

7-2.　**ウレー　イッペー　デージ　ヤイビーッサー**。　それはとても大変ですよー。

練習問題

<u>練習1</u>

例）ナカマ　　　1）フィジャ　　　2）キンジョー　　　3）キナ　　　4）（ワン）

ルクジ　　　　　ドヨービ　　　　　クジ　　　　　メーユル　　　　　ナチ

1-1. 絵を見て、例のように文を作り、日本語に訳しなさい。

例）ナカマ⇒ナカマサノー　ルクジニ　ウキヤビーン（仲間さんは6時に起きます）。

1）フィジャ⇒　　2）キンジョー⇒　　3）キナ⇒　　4）ワン（私）⇒

1-2. 絵を見て、例のように会話文を作りなさい。

例）a. ルクジ⇒

　　A：ナカマサノー　ルクジニ　ウキヤビーミ。

　　B：ウー、ルクジニ　ウキヤビーン。

例）b. グジ⇒

　　A：ナカマサノー　グジニ　ウキヤビーミ。

B：'ウー 'ウー、グジネー　ウキヤビラン。ルクジニ　ウキヤビーン。

1)　a. ドヨービ⇒　b. ニチヨービ⇒　2）a. ジュージ⇒　b. クジ⇒

3)　a. メーユル⇒　b. メーアサ⇒　　4）a. フユ⇒　b. ナチ⇒

*メーユル（毎晩）、フユ（冬）、ナチ（夏）

練習2

2-1.　次の質問に答えなさい。

1)　ウチナーンチョー　メーニチ　クミ　カマビーミ。⇒

2)　ヤマトゥンチュン　メーニチ　クミ　カマビーミ。⇒

3)　アメリカーン　メーニチ　クミ　カマビーミ。⇒

4)　チカグルヌ　ニーシェーターヤ　ウチナーグチ　ハナサビーミ。⇒

*チカグル（最近）、ニーシェーター（若い人たち）、ハナサビーン（話します）

2-2.（　）内の動詞を適当な形に変えなさい（変えなくていいものもあります）。

1)　ヤマダサノー　メーアサ　ナンジニ　（ウキヤビーン）。　―メーアサ　ルクジニ　（ウキヤビーン）。

2)　チヌー　ビール　サンバイ　（ヌマビーン）。

3)　アチャ　ワー　ンマリビー　ヤイビーン。ワンネー　ヤーニンジュトゥ　ケーキ　（カマビーン）。

4)　ワンネー　チューヤ　ビーロー　（ヌマビーン）。ドクターストップ　ヤイビーン。

*ンマリビー（誕生日）、ヤーニンジュトゥ（家族と）

練習3

3-1.　絵を見て、例のように文を作りなさい。

例）　　　　　1)　　　　　2)　　　　　3)　　　　　4)

11:30 a.m.　　モクヨービ　　メーアサ　　ニチヨービ　　メーニチ

*アサバン（昼食）

例）ナカジョー⇒ナカジョーサノー　ジューイチジハンニ　アサバン　カマビーン。

1)　オーシロ⇒　2）マエハラ⇒　　3）フィジャ⇒　　4）ボストン⇒

3-2.　次の質問に答えなさい。（○○には自分の名前を入れなさい）

例）　○○サノー　ナングヮチニ　ンマリヤビタガ。⇒ワンネー　サングヮチニ　ンマリヤビタン（私は3月に生まれました）。

1)　○○サノー　メーニチ　ナンジニ　ウキヤビーガ。⇒

2)　アンシ　メーアサ　ストゥミティムン　カマビーミ。⇒

3)　メーニチ　マー'ウティ　アサバン　カマビーガ。⇒

4)　○○サノー　サキ　ヌマビーミ。⇒

5)　○○サノー　ナンジニ　ニンジャビーガ。⇒

*ンマリヤビタガ（生まれましたか）、ストゥミティムン（朝食）、アンシ（そして）

練習4　例にならって、次の質問に答え、日本語に訳しなさい。（○○には自分の名前を入れなさい）

例）　○○サノー　マー'ウティ　ビンチョー　サビーガ。⇒

　　　ワンネー　トショカン'ウティ　ビンチョー　サビーン（私は図書館で勉強します）。

1)　○○サノー　マー'ウティ　アサバン　カマビーガ。⇒

2)　○○サノー　マー'ウティ　チン　コーイビーガ。⇒

3)　○○サノー　マー'ウティ　ニンジャビーガ。⇒

*ビンチョー（勉強）

練習5　例にならって、（　　）内のナ形容詞を適当な形に変え（変えない場合もあります）、日本語に訳しなさい。

例）　（デージ）　クトゥ　ナイビタン⇒デージナ　クトゥ　ナイビタン（大変なことになりました）。

1)　ウヌ　スムチェー　イッペー　（ジョートゥー）　ヤイビーン。⇒

2)　アヌ　ッチョー　イッペー　（ガンジュー）　ッチュ　ヤイビーン。⇒

3)　ワンネー　ナマ　（クヮフー）　クラチョーイビーン。⇒

*ナイビーン（なります）、クラチョーイビーン（暮らしています）

ゴールデンウィーコー マーガナンカイ イチャビティー

🔊 05

オーシロ：　ゴールデンウィーコー　マーガナンカイ　イチャビティー。

フィジャ：　ドゥシトゥ　ナークンカイ　イチャビタン。

オーシロ：　ヌーカラ　イチャビタガ。

フィジャ：　ヒコーキカラ　イチャビタン。ナークヌ　ウメー　イッペー　チュ
　　　　　ラサイビータンドー。

オーシロ：　ウレー　ユタサイビータンヤー。

フィジャ：　ナークヌ　ウミ'ウティ　イユン　ウフォーク　'ンージャビタン
　　　　　ドー。オーシロサノー　ゴールデンウィーコー　マーンカイ　イ
　　　　　チャビタガ。

オーシロ：　ゴールデンウィーコー　ヤシメー　アイビランタン。

フィジャ：　ヤシメー　イチカラ　ヤイビーガ。

オーシロ：　アチャカラ　イッシューカン　ヤイビーン。イッシューカン　トー
　　　　　キョーンカイ　イチャビーシガ、カヨービネー　ウチナーンカイ
　　　　　ケーティ　チャービーン。

フィジャ：　アン　ヤイビーミ。イッペー　ユタサイビーンヤー。

ゴールデンウィークはどこかに行きましたか

大城：　ゴールデンウィークはどこかに行きましたか。

比嘉：　友だちと宮古島に行きました。

大城：　何で行きましたか。

比嘉：　飛行機で行きました。宮古の海はとてもきれいでしたよ。

大城：　それはよかったですね。

比嘉：　宮古の海で魚もたくさん見ましたよ。大城さんはゴールデンウィーク
　　　　はどこに行ったんですか。

大城：　ゴールデンウィークは休みではありませんでした。

比嘉：　休みはいつからですか。

大城：　明日から1週間です。1週間東京に行きますが、火曜日には沖縄に帰っ
　　　　てきます。

比嘉：　そうですか。とてもいいですね。

● 本課で学ぶ語句 ●

ユーチ　4つ	チャービーン　来ます
～ンカイ　～に（目的地を表す助詞）	ケーイビーン　帰ります
イチャビーン　行きます	カカイビーン　かかります
マーガナ　どこか	フニ　船
～トゥ　～と（助詞）	アッチ　歩いて
～カラ　～から（出発点）／～で（移動手	アチサイビーン　暑いです
段）	クジュ　去年
ユタサイビーン　いいです	チチャビーン　聞きます
ウフォーク　たくさん	カミムン　食べ物
ヤシミ　休み、休暇	ワッター　私たち
～シガ　～が（逆接）	フシ　星
ケーティ チャービーン　帰ってきます	

● 文法解説 ●

1 移動を表す表現

　移動を表す動詞には**イチャビーン**「行きます」、**チャービーン**「来ます」、**ケーイビーン**「帰ります」などがあります。到着点を表す「に」に当たる沖縄語の助詞は**ンカイ**です。出発点を表す「から」は沖縄語でも**カラ**といいます。

- 1-1. ワンネー　アチャ　トーキョーンカイ　イチャビーン。　私は明日東京に行きます。
- 1-2. ドゥシトゥ　ナークンカイ　イチャビタン*。　友だちと宮古島に行きました。
- 1-3. アヌ　ッチョー　トーキョーカラ　ウチナーンカイ　チャービタン。　あの人は東京から沖縄に来ました。
- 1-4. タルーヤ　ガッコーカラ　ヤーンカイ　ケーイビーン。　太郎は学校から家に帰ります。

　ンカイが**ン**で終わる名詞につく場合は、**チャタン**（北谷）⇒**チャタヌンカイ**（北谷に）のように-**ヌンカイ**となります。到着点を表す助詞には**マディ**「まで」もあり、これも**カラ**といっしょによく用いられます。

- 1-5. トーキョーカラ　オーサカマディ　ニジカンハン　カカイビーン。　東京から大阪まで2時間半かかります。

2 期間を表す表現と「～ぐらい」

　動詞文で動作がいつ行われるかを表す言い方は第3課1節で学びましたが、ここではどのぐらい動作や状態が続いたかを表す表現を勉強しましょう。

　沖縄語でも日本語と同じように、**ジップン**「10分」、**イチジカン**「1時間」など名詞そのままで期間を表すことができます。「～ぐらい」という意味を付け加えたい時は、名詞に**グレー**、**アタイ**をつけます。

- 2-1. チヌーヤ　ニジカン（グレー）　ビンチョー　サビタン。　昨日は2時間（ぐらい）勉強しました。
- 2-2. アチャカラ　イッシューカン　ヤイビーン*。　明日から1週間です。
- 2-3. ヤーカラ　ダイガクマディ　ジップン（グレー）　カカイビーン。　家から大学まで10分（ぐらい）かかります。

「どのぐらい」は**チャヌグレー**、**ドゥヌグレー**あるいは**チャヌアタイ**という言い方になります。

- 2-4. ナーファカラ　トーキョーマディ　チャヌグレー　カカイビーガ。　那覇

から東京までどのぐらいかかりますか。

　—サンジカングレー　カカイビーン。　3時間ぐらいかかります。

2-5. ナチヌ　ヤシメー　ドゥヌグレー/チャヌアタイ　ヤイビーガ。　夏休みはどのぐらいですか。

　—イッカゲツグレー　ヤイビーン。　1か月ぐらいです。

3 移動の手段を表すカラ

　移動の手段を表す「で」に当たる助詞は**カラ**です。「〜から…まで」の**カラ**とは大きく意味が違います。

3-1. ウチナーカラ　トーキョーマディ　フニ<u>カラ</u>　イチャビーン。　沖縄から東京まで船で行きます。

3-2. ヒコーキ<u>カラ</u>　イチャビタン*。　飛行機で行きました。

　同じく移動の手段を表す「歩いて」は**アッチ**ですが、これは動詞のティ形という形です。この形の作り方は第13課で勉強します。今の段階では1つの語として覚えておいてください。

3-3. コクサイドーリカラ　ナミノウエビーチマディ　アッチ　イチャビタン。　国際通りから波の上ビーチ(*那覇市内にある人工ビーチ)まで歩いて行きました。

4 形容詞文・名詞文の過去形

　形容詞の肯定・否定の形はそれぞれ**-サイビーン**、**-コー ネーイビラン**でした。それぞれの過去形は次のようになります。

	肯定	否定
現在	**チュラサイ<u>ビーン</u>**(美しいです)	**チュラコー ネーイビラン**(美しくないです)
過去	**チュラサイ<u>ビータン</u>**(美しかったです)	**チュラコー ネーイビラン<u>タン</u>**(美しくなかったです)

肯定の場合は**-ビーン**を**-ビータン**に取り換え、否定の場合は後ろに**タン**をつけます。動詞文では**-ビーン**⇒**-ビタン**でしたが、形容詞文は**-ビーン**⇒**-ビータン**となり、形が異なりますから注意してください。

4-1. チューヤ　イッペー　アチサイ<u>ビータン</u>。　今日はとても暑かったです。

4-2. チヌーヤ　アチコー　ネーイビラン<u>タン</u>。　昨日は暑くなかったです。

4-3. ウレー　ユタサイ<u>ビータン</u>ヤー*。　それはよかったですね。

名詞述語の肯定の形は**ヤイビーン**、否定の形は**Nヤ アイビラン**でした。時制を過去にする規則は形容詞文と似ています。ここでも肯定の過去形は動詞文と異なって、-ビタンではなく-ビータンのようにビを長く伸ばすことに注意してください。否定の過去形はタンをつけるだけです。

	肯定	否定
現在	シートゥ ヤイビーン(生徒です)	シートー アイビラン(生徒ではありません)
過去	シートゥ ヤイビータン(生徒でした)	シートー アイビランタン(生徒ではありませんでした)

4-5. チヌーヤ カヨービ ヤイビータン。　昨日は火曜日でした。

4-6. ゴールデンウィーコー ヤシメー アイビランタン*。　ゴールデンウィークは休みではありませんでした。

5 過去形の疑問文

疑問文の語尾は、「はい／いいえ」で答えることのできる肯否疑問文では-ミ、疑問詞疑問文では-ガになります。過去形の場合も疑問詞疑問文の語尾は-ガですが、肯否質問文の語尾は-ミではなく-ビティーになるので注意しましょう。

5-1. ヌーカラ イチャビタガ*。　何で行きましたか。
　　—ヒコーキカラ イチャビタン。　飛行機で行きました。

5-2. ヤマダサノー チヌー スムチ ユマビティー(×ユマビタミ)。　山田さんは昨日本を読みましたか。
　　—ウー、ユマビタン。　はい、読みました。
　　—'ウー'ウー、ユマビランタン。　いいえ、読みませんでした。

5-3. ゴールデンウィーコー マーガナンカイ イチャビティー(×イチャビタミ)*。　ゴールデンウィークはどこかに行きましたか。

以上は動詞文の例ですが、形容詞文・名詞文でも肯否疑問文では-ビティーとなりますから注意しましょう(肯定の過去形と同様、ビを長く伸ばします)。

5-4. アレー ヌー ヤイビータガ。　あれは何でしたか。

5-5. チヌーヤ イチュナサイビティー。　昨日は忙しかったですか。

5-6. ナカジョーサノー クジョー ダイガクシー ヤイビーティー。　仲門さんは去年は大学生でしたか。

6 逆接を表すシガ

逆接を表す「が」に当たる助詞は沖縄語では**シガ**になります。**ヤイビーン、チュラサイビーン、イチャビーン**などの述語の最後のンを取ってから**シガ**をつけます。

6-1. **ワンネー　ヤマトゥンチュ　ヤイビー<u>シガ</u>、ナットーヤ　カマビラン。**
私は日本人ですが納豆を食べません。

6-2. **ステーケー　タカサイビータ<u>シガ</u>、マーコー　ネーイビランタン。** ステーキは高かったですが、おいしくなかったです。

6-3. **イッシューカン　トーキョーンカイ　イチャビー<u>シガ</u>、カヨービネー　ウチナーンカイ　ケーティ　チャービーン*。** 1週間東京に行きますが、火曜日には沖縄に帰ってきます。

6-4. **オーサカンカイ　イチャビタ<u>シガ</u>、オコノミヤケー　カマビランタン。**
大阪に行きましたが、お好み焼きは食べませんでした。

ただし、否定（**-ビラン**）の場合はそのまま**シガ**を接続します。

6-5. **アヌ　ッチョー　ウチナーンチョー　アイビラン<u>シガ</u>、メーニチ　スバ　カマビーン。** あの人はウチナーンチュではありませんが、毎日沖縄そばを食べます。

6-6. **ワンネー　テレベー　'ンージャビラン<u>シガ</u>、ラジオー　メーニチ　チチャビーン。** 私はテレビは見ませんが、ラジオは毎日聞きます。

7 ヤー／ドー（終助詞）

日本語では文の最後に「よ」「ね」などの終助詞がつくことが多いですが（「あっ、なんか落ちてる<u>よ</u>」「明日は休みだ<u>ね</u>」「そう<u>かな</u>あ」）、これらは、話し手と聞き手との間の情報量を示したり（例えば聞き手があまり知らない情報を伝達する場合には「よ」が用いられ、聞き手も知っていることを確認する場合は「ね」が用いられます）、話し手の驚いた気持ちを表したりします（「大きい<u>なあ</u>」）。沖縄語でも終助詞が使われますが、ここでは**ヤー**と**ドー**について勉強しましょう。

　ドーは、自分が知っていて相手の知らないと思っていることを伝達する時や再認識を促す場合に用いられます。日本語の「よ」に似ています。

7-1. **イユン　ウフォーク　'ンージャビタン<u>ドー</u>*。** 魚もたくさん見ましたよ。

7-2. **ウレー　カミムノー　アイビラン<u>ドー</u>。** これは食べ物ではないですよ。

7-3. ワッターヤ　ウチナーンチュ　ヤイビーンド<u>ー</u>。　私たちはウチナーン
チュですよ。

ヤーは、聞き手も知っていると思われることを確認する場合に用いられま
す。「ね」と似ています。

7-4. アヌ　フシェー　チュラサイビーン<u>ヤー</u>。　あの星はきれいですね。

7-5. イッペー　ユタサイビーン<u>ヤー</u>*。　とてもいいですね。

次のように、念を押す場合にも用いられます。

7-6. カナグシクサヌン　チャービーン<u>ヤー</u>。　金城さんも来ますね。（来るで
しょう？）

練習問題

> 練習1

1-1. 絵を見て、例のように文を作りなさい。

例1)　　　　　　例2)　　　　　　例3)　　　　　　1)　　　　　　2)

カフェ　　　　　ケンチョーメー　ヤー　　　　　　ホッカイドー　　ンマリジマ
メーニチ　　　　ナマ　　　　　　シチジ　　　　　ライシュー　　　チュー

3)　　　　　　4)　　　　　　5)　　　　　　6)　　　　　　7)

オーサカ　　　　アメリカ　　　　ヤー　　　　　　ナラ　　　　　　トーキョー
チヌー　　　　　ヤーン　　　　　メーニチ・ルクジ　チュー　　　　　アチャ

＊メー（前）、ンマリジマ（故郷）、ヤーン（来年）

例1) オーシロ⇒オーシロサノー　メーニチ　カフェンカイ　イチャビーン。

例2) フィジャ⇒フィジャサノー　ナマ　ケンチョーメーンカイ　チャービタン。

例3) ナカジョー⇒ナカジョーサノー　シチジニ　ヤーンカイ　ケーイビーン。

1) ミヤギ⇒　2) アユミ⇒　3) マエハラ⇒　4) アラカチ⇒

5) ナカジョー ユミ⇒　6) ナカハラ⇒　7) クニシ⇒

1-2. 例にならって質問に答えなさい。

例) シンジュクカラ　シブヤマディ　ヌーカラ　イチャビーガ。⇒デンシャカラ

イチャビーン。

1) トーキョーカラ　ロンドンマディ　ヌーカラ　イチャビーガ。⇒
2) イシガチカラ　ハティルママディ　ヌーカラ　イチャビーガ。⇒
3) ヤーカラ　ガッコーマディ　ヌーカラ　イチャビーガ。⇒

*イシガチ（石垣島）、ハティルマ（波照間島）

【練習2】

2-1. 例にならって文を作り、日本語に訳しなさい。

例）ナーク、ケーイビーン（イッシューカン）⇒
　　ナークンカイ　イッシューカン　ケーイビーン（宮古に1週間帰ります）。

1) トーキョー、イチャビタン（ミッカ）⇒
2) キョート、ケーイビタン（グニチ）⇒
3) ヤーン、ウチナー、イチャビーン（ハントゥシ）⇒

2-2. 例にならって質問と答えの文を作りなさい。

例）A：ヤー〜エキ（タクシー）、B：（ジップン）⇒
　　A：ヤーカラ　エキマディ　タクシーカラ　チャヌグレー　カカイビーガ。
　　B：ジップングレー　カカイビーン。

1) A：トーキョー〜オーサカ（シンカンセン）、B：（ニジカンハン）⇒
2) A：エキ〜クーコー（ジドーシャ）、B：（ヨンジップン）⇒
3) トーキョー〜キョート（アッチ）、B：（サンシューカン）⇒
4) コーベ〜シャンハイ（フニ）、B：（ミッカ）⇒

【練習3】

3-1. 例にならって、形容詞を適当な形に直して文を作り、日本語に訳しなさい。

例）チヌー、シダサイビーン⇒チヌーヤ　シダサイビータン（昨日は涼しかったです）。

1) クタチチ、イチュナサイビーン⇒
2) チヌー、エーガ、ウムッサイビーン⇒
3) クジュ、フユ、フィーサイビーン⇒
4) クタチチ、ンジャル、トーキョースカイツリー、タカサイビーン

*クタチチ（先月）、フィーサイビーン（寒いです）、ンジャル（行った；名詞を修飾する形）

3-2. 例にならって質問と答えの文を作りなさい。

例）ショクドーヌ カレー、カラサイビータン（いいえ）⇒
　　A：ショクドーヌ　カレーヤ　カラサイビーティー（食堂のカレーは辛かったですか）。
　　B：'ウー'ウー、カラコー　ネーイビランタン（いいえ、辛くありませんで

した）。

1) チヌー、イチュナサイビータン（いいえ）⇒A：　B：
2) チヌー カダル チョコレート、アマサイビータン（はい）⇒A：　B：
3) アヌ スバヤーヌ スバ、マーサイビータン（はい）⇒A：　B：
4) クジュヌ ナチ、アチサイビータン（いいえ）⇒A：　B：

*カダル（食べた；名詞を修飾する形）、スバヤー（そば屋）

3-3. 例にならって文の続きを作りなさい。

例）チューヤ スイヨービ ヤイビーン。チヌーヤ…⇒カヨービ ヤイビータン。
1) クトゥシェー ニシンニジューニン ヤイビーン。クジョー…⇒
2) クンチチェー サングヮチ ヤイビーン。クタチチェー…⇒
3) チューヌ ユーバノー ゴーヤーチャンプルー ヤイビーン。チヌーヌ
ユーバノー…⇒

*クトゥシ（今年）、クンチチ（今月）、ユーバン（夕飯）

練習4 例にならって質問に答え、日本語に訳しなさい。

例）トーキョーカラ ナゴヤマディ シンカンセンカラ ナンジカングレー カ
カイビーガ。⇒ニジカングレー カカイビーン。（東京から名古屋まで新
幹線で何時間ぐらいかかりますか―2時間ぐらいかかります）
1) メーニチ ナンジカングレー ビンチョー サビーガ。⇒
2) メーニチ ナンジカングレー テレビ 'ンージャビーガ。⇒
3) トーキョーカラ オーサカマディ アッチ ナンニチグレー カカイビー
ガ。⇒
4) ナチヌ ヤシメー ナンニチグレー ヤイビーガ。⇒

練習5 絵を見て、例のように過去形の疑問文を作り、それに答えて、日本語に訳
しなさい。（○○には自分の名前を入れなさい）

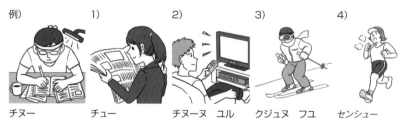

例）	1)	2)	3)	4)
チヌー	チュー	チヌーヌ ユル	クジュヌ フユ	センシュー

*ユル（夜）

例）ビンチョー⇒○○サノー チヌー ビンチョー サビティー。
―ウー、ビンチョー サビタン（はい、勉強しました）。

―'ウー 'ウー　ビンチョーヤ　サビランタン（いいえ、勉強しませんでした）。

1）シンブン⇒　　2）テレビ⇒　3）スキー⇒　　4）ジョギング⇒

練習6　例にならって文を作り、日本語に訳しなさい。

例）ワン、ウチナーンチュ、ヤイビーン／スバ、カマビラン⇒
ワンネー　ウチナーンチュ　ヤイビー<u>シガ</u>、スバー　カマビラン。（私は沖縄の人ですが、沖縄そばは食べません）

1）ウヌ ヤシェームン、ヤッサイビーン／コーイビラン⇒

2）ジュギョー、ハジマイビタン／シンシー、チャービラン⇒

3）ワン、ウチナーンチュ、アイビラン／ウチナーグチ、ビンチョー サビーン⇒

4）ホッカイドーンカイ、イチャビタン／ジンギスカン、カマビランタン⇒

5）ウチナーグチ、ムチカコー ネーイビラン／ナークグチ、イッペー ムチカサイビーン⇒

*ヤシェームン（野菜）

第5課 スカイツリーンカエー ヌブイビティー

第 **5** 課
イチチ

🔊 06

オーシロ： チヌーマディ　イッシューカングレー　トーキョーンカイ　ンジ
　　　　　チャービタン。

ナカジョー：チヌーヤ　ナンジニ　ナーファンカイ　チチャビタガ。

オーシロ： ユルヌ　ジュージ　ヤイビータン。ユイレールカラ　ヤーンカイ
　　　　　ケーイビタン。

ナカジョー：トーキョーヤ　チャー　ヤイビータガ。ウムッサイビーティー。

オーシロ： イッペー　ウムッサイビータン。ロッポンギトゥカ　シブヤンデー
　　　　　'ウティ　アシバビタンドー。

ナカジョー：スカイツリーンカエー　ヌブイビティー。

オーシロ： ウー、ヌブイビタン。アンシ　アサクサンカイン　イチャビタン
　　　　　ドー。

ナカジョー：マーサムヌン　カマビティー。

オーシロ： ガニトゥカ　イユ　ティーッシ　カムル　レストラヌンカイ　イ
　　　　　チャビタン。イッペー　ウィーリキサイビータンドー。デーン　ア
　　　　　ンスカ　タカコー　ネーイビランタン。

ナカジョー：ウレー　ユタサイビータンヤー。

スカイツリーには登りましたか

大城：　昨日まで1週間ほど東京に行ってきました。

仲門：　昨日は何時に那覇に着きましたか。

大城：　夜10時でした。ゆいレール（＊沖縄都市モノレール）で家に帰りました。

仲門：　東京はどうでしたか。おもしろかったですか。

大城：　とてもおもしろかったです。六本木や渋谷などで遊びましたよ。

仲門：　スカイツリーには登りましたか。

大城：　はい、登りました。それから浅草にも行きましたよ。

仲門：　おいしいものも食べましたか。

大城：　蟹とか魚を手で食べるレストランに行きました。とても楽しかったですよ。値段もあまり高くなかったです。

仲門：　それはよかったですね。

● 本課で学ぶ語句 ●

イチチ　5つ

ヌブイビーン　登ります

ンジ チャービタン　行ってきました

チチャビーン　着きます

チャー ヤイビータガ　どうでしたか

ウムッサイビーン　面白いです（可笑しい）

〜トゥカ　〜や、〜とか

〜ンデー　〜など（例示）

アシバビーン　遊びます

マーサムン　おいしいもの

ガニ　蟹

ティーッシ　手で

カムル　食べる（名詞を修飾する形）

ウィーリキサイビーン　面白いです（興味深い）

デー　値段

ジャシチ　部屋（＜座敷）

'イヤビーン　座ります

タチャビーン　立ちます

コーイムン　買い物

ジー　字

カチャビーン　書きます

チャーサビーン　消します

ホーチャー　包丁

シシ　肉

チヤビーン　切ります

'イー　絵

チリヤビーン　切れます

フドゥ　背、身長

クシ　後ろ（＜腰）

ティーダ　太陽

リューチュー　琉球

イチバン　一番

● 文法解説 ●

1 到着・離脱を表す動詞

　ヌイビーン「乗ります」、**イヤビーン**「入ります」、**チチャビーン**「着きます」のようなどこかに着く意味を含む動詞には助詞**ンカイ**「に」、**ンジヤビーン**「出ます」、**ウリヤビーン**「降ります」などのどこかから離れること（離脱）を表す動詞には助詞**カラ**「から」のついた名詞が結びつきます。第4課で勉強した**チャービーン、イチャビーン、ケーイビーン**と似ていますね。

　　　1-1. ワンネー　ユイレールンカイ　ヌイビーン。　私はゆいレールに乗ります。

　　　1-2. クニシサノー　バスカラ　ウリヤビタン。　国吉さんはバスから降りました。

　　　1-3. シンシーヌ　ジャシチンカイ　イヤビタン。　　先生の部屋に入りました。

　　　1-4. チヌーヤ　ナンジニ　ナーファンカイ　チチャビタガ＊。　　昨日は何時に
　　　　　那覇に着きましたか。

　　　1-5. ハチジニ　ヤーカラ　ンジヤビタン。　8時に家から出ました。

　　　1-6. スズキサノー　イスンカイ　'イヤビタン。　鈴木さんは椅子に座りました。

　　　1-7. ミヤギサノー　イスカラ　タチャビタン。　宮城さんは椅子から立ちました。

　なお、離脱の動詞には**Nφ**（Nに何もつかない形）も使われます。**バス ウリヤビーン**「バスを降ります」、**ヤー ンジヤビーン**「家を出ます」など「Nを」に相当する形ですが、これは日本語でも同じですね。

2 並立を表す助詞「と」と「や」

　「本とノート」「本やノート」。この2つの違いは何でしょうか。「本とノートがある」の場合は「本」「ノート」しかないのですが、「本やノートがある」の場合は「本」「ノート」以外にも何かがあるということを暗に示しています。

　さて、日本語の「と」に当たる助詞は沖縄語では**トゥ**です。

　　　2-1. ワンネー　チャンプルートゥ　スバ　カマビタン。　私はチャンプルーと
　　　　　沖縄そばを食べました。

　日本語の「本やノート」の「や」に当たる助詞は沖縄語ではなかったようなのですが、日本語の「とか」から来た**トゥカ**が最近用いられるようになっています。「など」に当たるのは**ンデー**で、ンで終わる名詞につく場合は**チン**（服）⇒**チヌンデー**（服など）のように-**ヌンデー**となります。

　　　2-2. ロッポンギトゥカ　シブヤンデー'ウティ　アシバビタンドー＊。　六本木
　　　　　や渋谷などで遊びましたよ。

なお、「パンかごはん（を食べます）」の「か」に当たる助詞は沖縄語には見当たらないようです。沖縄語話者に聞いてみると**パン マター ムヌ**「パンまたはご飯」のように、言うとすれば**マター**「または」を用いるようです。

3 接続詞「そして／それから」

「そして」という接続詞には**アンシ**を用います。

3-1. ワンネー　イチュナサイビーン。<u>アンシ</u>　ナカジョーサヌン　イチュナサイビーン。　私は忙しいです。そして仲門さんも忙しいです。

時間的に後から起こることについて述べる場合、**アンシ**は「それから」という意味になります。

3-2. (スカイツリーンカイ) ヌブイビタン。<u>アンシ</u>　アサクサンカイン　イチャビタンドー＊。　(スカイツリーに)登りました。それから浅草にも行きましたよ。

3-3. ナーファメインプレイス'ウティ　コーイムン　サビタン。<u>アンシ</u>　ムヌカマビタン。　那覇メインプレイス(＊那覇新都心にあるショッピングモール)で買い物をしました。それから食事をしました。

4 道具を表す助詞「で」

日本語では動作の場所（「運動場で遊ぶ」）も道具（「鉛筆で書く」）も同じ「で」で表しますが、沖縄語では動作の場所は**'ウティ**（⇨第3課6節）、道具の場合は**ッシ**と別の助詞を使います。

4-1. エンピツ<u>ッシ</u>　ジー　カチャビーン。アンシ　ケシゴム<u>ッシ</u>　チャーサビーン。　鉛筆で字を書きます。そして消しゴムで消します。

4-2. ホーチャー<u>ッシ</u>　シシ　チヤビーン。　包丁で肉を切ります。

4-3. ガニトゥカ　イユ　ティー<u>ッシ</u>　カムル　レストラヌンカイ　イチャビタン＊。　蟹とか魚を手で食べるレストランに行きました。

なお、移動の手段には第4課3節で勉強したように**カラ**を使います。

4-4. ヒコーキ<u>カラ</u>　トーキョーンカイ　イチャビーン。　飛行機で東京に行きます。

5 程度を表す表現

物事の性質や状態を表すのには形容詞が用いられますが、その程度が高い場合には**イッペー**「非常に」という副詞をつけて表しました。逆に程度が低いことを表す場合は「あまり」に当たる**アンスカ**を挿入して、形容詞を否定形にします。

5-1. ウヌ　'イーヤ　<u>アンスカ</u>　チュラコー　ネーイビラン。　　この絵はあまり
　　　美しくはありません。

5-2. ワンネー　<u>アンスカ</u>　フドゥヌ　タカコー　ネーイビラン。私はあまり背
　　　が高くありません。

5-3. デーン　<u>アンスカ</u>　タカコー　ネーイビランタン*。　値段もあまり高くな
　　　かったです。

イッペーや**アンスカ**は、以下のように副詞を修飾する場合にも用いられます。

5-4. アヌ　ッチョー　<u>イッペー</u>　ウフォーク　サキ　ヌマビーン。　あの人は
　　　とてもたくさん酒を飲みます。

5-5. ウヌ　ホーチャーヤ　<u>アンスカ</u>　ユー　チリヤビラン。　この包丁はあま
　　　りよく切れません。

以下のように名詞を修飾する場合もあります。

5-6. スズキサノー　<u>イッペー</u>　'イーカーギー　ヤイビーン。　鈴木さんはとて
　　　も美人です。

◆月・日を表す言い方

＜〜か月＞

チュチチ（1か月）	**タチチ**（2か月）	**ミチチ**（3か月）
ユチチ（4か月）	**イチチチ**（5か月）	**ムチチ**（6か月）
ナナチチ（7か月）	**ヤチチ**（8か月）	**ククヌチチ**（9か月）
トゥチチ（10か月）	**ナンチチ**（何か月）	

＜月＞

ソーグヮチ（1月）	**ニングヮチ**（2月）	**サングヮチ**（3月）
シングヮチ（4月）	**グングヮチ**（5月）	**ルクグヮチ**（6月）
シチグヮチ（7月）	**ハチグヮチ**（8月）	**クングヮチ**（9月）
ジューグヮチ（10月）	**シムチチ**（11月）	**シワーシ**（12月）
ナングヮチ（何月）		

＜日＞

チータチ（1日）	**フチカ**（2日）	**ミッカ**（3日）
ユッカ（4日）	**グニチ**（5日）	**ルクニチ**（6日）
シチニチ（7日）	**ハチニチ**（8日）	**クニチ**（9日）
トゥカ（10日）	**ジューイチニチ**（11日）	**ナンニチ**（何日）

練習問題

練習1　絵を見て、例のように沖縄語の文を作り、日本語に訳しなさい。

例)

1)

2)
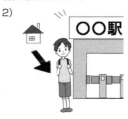

3)

4)

5)

＊キッサ（さっき）、トゥマイビーン（泊まります）、シメートーイビーン（住んでいます）

例) センシュー、ヌブイビーン、ヤマ⇒センシュー　ヤマンカイ　ヌブイビタン
（先週山に登りました）。

1) メーニチ、ヌイビーン、デンシャ⇒　　2) キッサ、チチャビーン、エキ⇒

3) センシュー、ホテル、トゥマイビーン⇒　4) キッサ、イヤビーン、ジャシチ⇒

5) ナマ、シメートーイビーン、ナーファ⇒

練習2　絵を見て、例のように沖縄語の文を作りなさい。

例)

1)

2)

3)

例) コーイビーン（スムチ、シンブン、ノート）

a. トゥ⇒ワンネー　スムチトゥ　シンブントゥ　ノート　コーイビーン。

b. トゥカ⇒ワンネー　スムチトゥカ　シンブヌンデー　コーイビーン。

1) カマビーン（パン、ケーキ、バナナ）　a. トゥ⇒　b. トゥカ⇒

2) イチャビタン（キョート、オーサカ、コーベ）　a. トゥ⇒　b. トゥカ⇒

3) ビンチョー サビーン（トショシツ、キョーシツ、ヤー）　a. トゥ⇒　b. トゥカ⇒

練習3 例にならって前と後ろの文をつなぎ、日本語に訳しなさい。

例）ナチヌ ヤシメー、トルストイ、スムチ、ユマビタン／ドストエフスキー、
スムチ、ユマビタン⇒
ナチヌ ヤシメー トルストイヌ スムチ ユマビタン。<u>アンシ</u> ドストエ
フスキーヌ スムチン ユマビタン（夏休みはトルストイの本を読みまし
た。そしてドストエフスキーの本も読みました）。

1）スバ、カマビタン／チャンプルー、カマビタン⇒
2）オーシロサン、チャービタン／フィジャサン、チャービタン⇒
3）グキロ、ハーエー サビタン／ビール、ヌマビタン⇒
4）グジニ、ウキヤビタン／ムヌ、カマビタン⇒
5）ムヌ、カマビタン／ガッコーンカイ、イチャビタン⇒

＊グキロ（5キロ）

練習4 絵を見て、例のように沖縄語の文を作り、日本語に訳しなさい。

例） 1) 2) 3) 4)

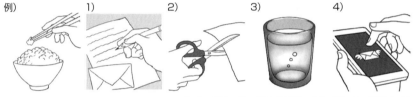

＊メーシ（箸）、ティガミ（手紙）、ウクイビーン（送ります）

例）ムヌ カマビーン（メーシ）⇒ メーシッシ ムヌ カマビーン（箸でご
飯を食べます）。
1）ティガミ カチャビーン（エンピツ）⇒ 2）カビ チヤビーン（ハサン）⇒
3）サキ ヌマビーン（グラス）⇒ 4）メール ウクイビーン（スマホ）⇒

練習5 例にならって質問と答えの文を作りなさい（答えには**イッペー**か**アンスカ**
を入れなさい）。

例）アチサイビーン、チュー（ウー）／ユービ（'ウー'ウー）⇒
A：チューヤ アチサイビーミ。 B：ウー、チューヤ イッペー アチサイ
ビーン。
A：ユーベー アチサイビーティー。 B：'ウー'ウー、ユーベー アンスカ
アチコー ネーイビランタン。

1）イチュナサイビーン、コンシュー（'ウー'ウー）／センシュー（ウー）⇒
2）ウムッサイビーン、チヌー、パーティー（ウー）／チヌー、テレビ（'ウー
'ウー）⇒

3) ナガサイビーン、クトゥシ、ナチヌ ヤシメー（'ウー 'ウー）／クジュ、ナチ
ヌ ヤシメー（ウー）⇒

*ユービ（昨夜）

◆位置の表し方

「上」は**ウィー**、「下」は**シチャ**、「前」は**メー**で日本語とよく似ていま
す。**ニジリ**「右」、**フィジャイ**「左」も何となくわかりますね。東西南北
はやや変わっています。太陽が上がるから「東」は**アガリ**、太陽が沈む
（地平線に「入る」）から「西」は**イリ**（イリオモテヤマネコで有名なイリ
オモテは西表と書きます）と言います。「南」は**フェー**、「北」は**ニシ**で
す。「北」が**ニシ**で「西」は**イリ**ですから間違えないようにしましょう。

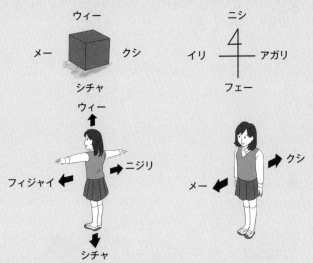

スムチェー　マー　ヤイビーガ。　本はどこですか。
―ツクエヌ　ウィー／シチャ　ヤイビーン。　机の上／下です。
クルマー　マー　ヤイビーガ。　車はどこですか。
―ヤーヌ　メー／クシ　ヤイビーン。　家の前／後ろです。
ティーダー　アガリカラ　ヌブイビーン。　太陽は東から上ります。
リューチューヌ　イッチン　イレー　ユナグニ　ヤイビーン。　琉球の一
番西は与那国です。

第6課 オーシロサンター　ヤーヤ　マー　ヤイビーガ

ムーチ

🔊 07

（ナカジョーサントゥ　オーシロサンガ　チズ　'ンーチョーン）

ナカジョー：オーシロサンター　ヤーヤ　マー　ヤイビーガ。

オーシロ：　ワッター　ヤーヤ　クマ　ヤイビーン。

ナカジョー：ヤーヌ　フィジャインカエー　ショクドーヌ　アイビーンヤー。
　　　　　　ニジリンカエー　ヌーガナ　アイビーミ。

オーシロ：　コンビニヌ　ターチ　アイビーサ。チュケートゥナインカエー
　　　　　　スーパーン　アイビーン。トショカノー　ネーイビランシガ…。

ナカジョー：イッペー　ビンリナ　トゥクル　ヤイビーンヤー。

オーシロ：　アン　ヤイビーサ。クンドゥ　アシビーガ　チャービラニ。

ナカジョー：ニフェー　デービル。

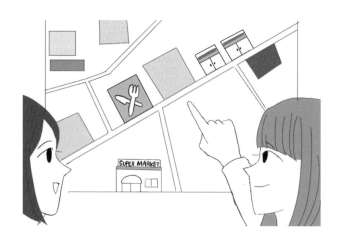

大城さんの家はどこですか

(仲門さんと大城さんが地図を見ている)

仲門：　大城さんの家はどこですか。

大城：　私の家はここです。

仲門：　家の左側には食堂がありますね。右側には何かありますか。

大城：　コンビニが2つありますよ。近くにはスーパーもあります。図書館はないんですが…。

仲門：　とても便利なところですね。

大城：　そうですよ。今度遊びに来ませんか。

仲門：　ありがとうございます。

● 本課で学ぶ語句 ●

ムーチ　6つ

〜サンター　〜さんの

〜ガ　〜が(動作・状態の主体を表す助詞)

ワッター　ヤー　私の家

フィジャイ　左

〜ヌ　〜が(動作・状態の主体を表す助詞)

アイビーン　あります

ニジリ　右

ヌーガナ　何か

アイビーサ　ありますよ

チュケートゥナイ　近所

ネーイビラン　ありません、ないです

ビンリ　便利

トゥクル　ところ

アン ヤイビーサ　そうですよ

クンドゥ　今度

アシビーガ チャービラニ　遊びに来ませんか

ニフェー デービル　ありがとうございます

ウィー　上

フカ　外

キー　木

ハク　箱

タンメー　おじいさん

アヤー　お母さん

ックワ　(自分の)子ども

イフィ　少し

ヤーサイビーン　空腹です

59

1 存在文

日本語には「あります」「います」の区別がありますが、沖縄語にも同様の区別があります。基本的に、動かないものには**アイビーン**「あります」、動くものには**'ウイビーン**「います」を使います（それぞれ日本語の「ある」「おる」と起源は同じです）。

基本的な文型は**Nンカイ Nヌ アイビーン/'ウイビーン**「NにNがあります／います」の形になります。

    1-1. ツクエヌ　ウィーンカイ　スムチ<u>ヌ</u>　<u>アイビーン</u>。　机の上に本があります。

    1-2. ヤーヌ　フィジャインカエー　ショクドー<u>ヌ</u>　<u>アイビーン</u>ヤー*。　家の左側には食堂がありますね。

第5課までは主語を表す助詞として**Nヤ**（名詞がヤと融合した形）を使ってきましたが、上の例文に下線で示したように**ヌ**も主語を表す助詞として使われます。**ヌ**は第1課では日本語の「の」に当たるものとして勉強しました。この「の」は日本語では古語でしか見られませんが（花<u>の</u> いと うつくしく咲きたるを「桜の花<u>が</u>たいそう美しく咲いているので」）、沖縄語にはこの用法が生きているのです。

存在を表す文の疑問形は、通常の動詞と同じように語尾を**ン**から**ミ**に変えることによって表されます。

    1-3. ツクエヌ　ウィーンカイ　スムチヌ　アイビー<u>ミ</u>。　机の上に本がありますか。

「何が（ありますか）」と尋ねたい時は**ヌーヌ**といいます。語尾は**ガ**になります。

    1-4. アマンカイ　ヌーヌ　アイビー<u>ガ</u>。　あそこに何がありますか。

なお、**'ウイビーン、アイビーン**は動詞ですが、時制を過去にするには名詞述語や形容詞と同じように**'ウイビータン、アイビータン**というようにビーと長く伸ばします（**×アイビタン、×'ウイビタン**）。**'ウイビーン、アイビーン**は状態を表すという点で形容詞や名詞述語と似ているからです。

    1-5. ンマンカエー　インヌ　<u>'ウイビータン</u>。　そこには犬がいました。

    1-6. ヤーヌ　フカンカエー　キーヌ　<u>アイビータン</u>。　家の外には木がありました。

2 存在文の否定形

　'ウイビーンの否定「いません」は、他の動詞と同じように-ビーンを-ビランに取り換えて、'ウイビランになります。しかし、アイビーンの否定はアイビランではありません（アイビランはヤイビーンの否定でした：⇨第2課2節）。アイビーンの否定形はネーイビラン「ありません、ないです」となります。ネーイビランは形容詞の否定形（⇨第2課3節）で勉強しましたね。

　2-1. ウヌ　ジャシチンカエー　ッチョー　'ウイビラン。　この部屋には人はいません。

　2-2. ツクエヌ　ウィーンカエー　スムチェー　ネーイビラン。　机の上には本はありません。

　2-3. トショカノー　ネーイビランシガ…＊。　図書館はないんですが…。

3 主語を表すヌとガ

　本課の1節で主語の形としてNヌが出てきました。沖縄語には主語を表す形としてもうひとつNガがあります。主語が固有名詞と代名詞の場合はガを使います。

　3-1. キョーシツンカイ　ヤマダサンガ　'ウイビーン。　教室に山田さんがいます。

　3-2. ナカジョーサントゥ　オーシロサンガ　チズ　'ンーチョーン＊。　仲門さんと大城さんが地図を見ている。

　3-3. ターガ　ウヌ　ケーキ　カマビタガ。　誰がそのケーキを食べましたか。
　　　　―ワーガ　カマビタンドー。　私が食べましたよ。

　ヌー「何」も代名詞ですが、1節で述べたようにこの代名詞のみヌーヌとなります。

　3-4. ハクヌ　ナーカンカイ　ヌーヌ　アイビーガ。　箱の中に何がありますか。

　一方、主語が普通名詞の場合は基本的にヌです。

　3-5. ツクエヌ　ウィーンカイ　スムチヌ（×スムチガ）　アイビーン。

　3-6. アヌ　ッチュヌ（×ッチュガ）　ムヌ　カマビタン。

　親族を表す名詞の場合はやや特殊です。目上の人にはガ（タンメーガ「おじいさんが」、アヤーガ「お母さんが」）、目下にはヌ（ワー　ックワヌ「私の子供が」、ウットゥヌ「弟／妹が」）といった使い分けがなされているようです。

　3-7. アヤーガ　ンマンカイ　チャービタン。　お母さんがここに来ました。

　3-8. ウットゥヌ　ヤーンカイ　ケーイビタン。　弟が家に帰りました。

4 「何か」「誰か」「どこか」

「何」「誰」「どこ」を表すのはそれぞれ**ヌー、ター、マー**でしたが、「何か」「誰か」「どこか」はこれらに**-ガナ**つけて、**ヌーガナ、ターガナ、マーガナ**となります。

4-1. **イフィ　ヤーサイビーン。<u>ヌーガナ</u>　アイビーミ**。　ちょっとお腹がすきました。何かありますか。

　　　—**カップラーメンヌ　アイビーンドー**。　カップラーメンがありますよ。

4-2. **ニジリンカエー　<u>ヌーガナ</u>　アイビーミ＊**。　右側には何かありますか。

4-3. **<u>ターガナ</u>　クマンカイ　'ウイビーティー**。　誰かここにいましたか。

4-4. **ナチヌ　ヤシメー　<u>マーガナンカイ</u>　イチャビーミ**。　夏休みはどこかに行きますか。

5 勧誘の表現「〜しましょう／しませんか」

　日本語の「〜しましょう／〜しませんか」は相手に誘いかける時に使います。これに相当する沖縄語の形は**-ビラ／-ビラニ**です。動詞の**-ビーン**を**-ビラ**「〜しましょう」、**-ビラニ**「〜しませんか」に変えるだけですから作り方は簡単です。勧誘形と共によく用いる**マジュン**「一緒に」という副詞も覚えましょう。

5-1. **ヤーン　ウチナーンカイ　イチャ<u>ビラ</u>**。　来年沖縄に行きましょう。

5-2. **チューヤ　イッペー　アチサイビータンヤー。マジュン　ビール　ヌマ<u>ビラニ</u>**。　今日はとても暑かったですね。一緒にビールを飲みませんか。

5-3. **クンドゥ　アシビーガ　チャー<u>ビラニ</u>＊**。　今度遊びに来ませんか。

6 ワッター（複数形の特殊な使い方）

　ワー（私、私の）の複数形は**ワッター**（私たち、私たちの）といいます。

6-1. **<u>ワッターヤ</u>　ウチナーンチュ　ヤイビーン**。　私たちはウチナーンチュです。

　ワッターは複数形ですが、「私の父／母／祖父／祖母…」など目上の親族についていう場合には、**ワー**ではなく**ワッター**を使うのが普通です。また「…の」が固有名詞の場合も**ター**をつけた複数形を使います。

6-2. **<u>ワッター</u>　タンメー／アヤーヤ　シンシー　ヤイビータン**。　私の祖父／母は先生でした。

　　ただし、「私の弟」など目下の場合には**ワー**（単数形）を使います。これは本課の3節で勉強した助詞の**ガ**と**ヌ**の使い分けにも似ています。

　　6-3. <u>ワー</u>　ウットー　マーダ　ショーガクシー　ヤイビーン。　　私の弟はまだ小学生です。

　　また、「大城さんの家」「私の故郷」といいたい時も、たとえ一人で住んでいても複数形を使って**オーシロサンター ヤー、ワッター ンマリジマ**といいます。

　　6-4. <u>**オーシロサンター**</u>　**ヤーヤ**　**マー**　**ヤイビーガ***。　　大城さんの家はどこですか。

練習問題

練習1

1-1. 絵を見て、例のように会話の文を作り、日本語に訳しなさい。

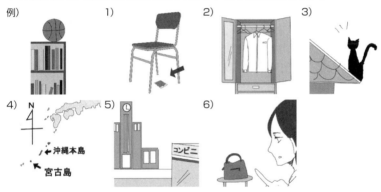

例）ボール⇒A：<u>ボーロー</u>　<u>マーンカイ</u>　<u>アイビーガ</u>。　B：<u>タナ**ヌ**</u>　<u>ウィーン</u>
　　<u>カイ</u>　アイビーン。（ボールはどこにありますか。―棚の上にあります）
1）スマートフォン⇒　　2）シャツ⇒　　3）マヤー⇒　　4）ナーク⇒
5）コンビニ⇒　　6）ワー カバン⇒

1-2.　例にならって文を作り、日本語に訳しなさい。
例）チヌー、トゥイ（アマ）⇒チヌー　アマンカイ　トゥイヌ　'ウイビータン
　　（昨日鳥があそこにいました）。
1）チヌー、イン（ヤー、クシ）⇒
2）センシュー、ウフォーク、シートゥ（キョーシツ、ナーカ）⇒
3）'ンカシ、ナーダカサル シンシー（ウヌ ダイガク）⇒

4）キッサ、マギサル マヤー（クルマ、シチャ）⇒

             *トゥイ（鳥）、'ンカシ（昔）、ナーダカサル（有名な）、マギサル（大きな）、シチャ（下）

練習2

2-1. 絵を見て、例のように文を作り、日本語に訳しなさい。

                                                   *ジン（お金）

例）ホンダナ、スムチ⇒ホンダナンカエー　スムチェー　ネーイビラン（本棚
    には本はありません）。

1）キョーシツ、シートゥ⇒　　2）サイフ、ジン⇒　　3）インヌ ヤー、イン⇒

2-2. 絵を見て、例のように会話の文を作り、日本語に訳しなさい。

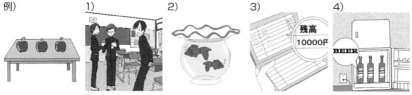

例）ツクエ、ウィー、リンゴ、イクチ⇒

A：ツクエヌ　ウィーンカイ　リンゴヌ　イクチ　アイビーガ。　　B：ミーチ　ア
    イビーン。（机の上にリンゴがいくつありますか。―3つあります。）

1）キョーシツ、シートゥ、イクタイ⇒　2）スイソー、キンギョ、ナンビチ⇒
3）ギンコー、ジン、チャッサ⇒　4）レーゾーコ、ビール、ナンボン⇒

練習3　例にならって、助詞の**ヌ**か**ガ**を選び、文全体を日本語に訳しなさい。

例）タナカサン（ヌ・⑰）　シクチ　サビーン。⇒田中さんが仕事をします。

1）チューヤ　ワー（ヌ・ガ）　サキ　ヌマビーン。⇒
2）ツクエヌ　ウィーンカイ　ボールペン（ヌ・ガ）　アイビーン。⇒
3）ター（ヌ・ガ）　クマンカイ　チャービーガ。⇒
4）アマンカイ　ッチュ（ヌ・ガ）　ウフォーク　'ウイビーン。⇒
5）ヤーヌ　フカンカイ　イン（ヌ・ガ）　'ウイビーン。⇒

練習4　次の質問に答え、日本語に訳しなさい。（○○には自分の名前を入れなさい）

例）シンシーヌ　ヤーンカイ　ヌーガナ　ムッチ　イチャビーミ。

　―ウー、クワーシ　ムッチ　イチャビーン。

　（先生の家に何か持っていきますか。―はい、お菓子を持っていきます。）

1）〇〇サノー　メーアサ　ヌーガナ　カマビーミ。
2）〇〇サノー　ヌーガナ　シュメー　アイビーミ。
3）センシュー　マーガナンカイ　イチャビティー。
4）〇〇サノー　チューヤ　マーガナ'ウティ　ヌーガナ　コーイビーミ。

*ムッチ　イチャビーン（持っていきます）

練習5　絵を見て、例のように文を作り、日本語に訳しなさい。

例）　　　　　1）　　　　　2）　　　　　3）　　　　　4）

例）ビール、ヌマビーン⇒マジュン　ビール　ヌマビラニ。―ウー。（一緒に
　　ビールを飲みませんか。―はい。）

1）ウチナー、イチャビーン⇒　　2）アサバン、カマビーン⇒
3）サーフィン、サビーン⇒　　4）ウチナーシバイ、'ンージャビーン⇒

*ウチナーシバイ（沖縄芝居）

◆数え方

もの：**ティーチ**（1つ）、**ターチ**（2つ）、**ミーチ**（3つ）、**ユーチ**（4つ）、
イチチ（5つ）、**ムーチ**（6つ）、**ナナチ**（7つ）、**ヤーチ**（8つ）、**ククヌチ**
（9つ）、**トゥー**（とお）：**イクチ**（いくつ）

人：**チュイ**（1人）、**タイ**（2人）、**ミッチャイ**（3人）、**ユッタイ**（4人）、
グニン（5人）、**ルクニン**（6人）…：**イクタイ**（何人）

動物：**イッピチ**（1匹）、**ニヒチ**（2匹）、**サンピチ**（3匹）…：**ナンピチ**
（何匹）

車など：**イチダイ**（1台）、**ニダイ**（2台）…：**ナンダイ**（何台）

値段：**イチエン**（1円）、**ニエン**（2円）、**サンエン**（3円）…**ゴエン**（5
円）…**ヒャクエン**（百円）…**センエン**（千円）…；**チャッサ**（いくら）

チムジュラサル 'イナグングヮ ヤイビーン

🔊 08

ナカジョー：クヌグロー　アチク　ナイビタンヤー。

フィジャ：　アン　ヤイビーンヤー。

（サシン　ンジャシガチー）

ナカジョー：ウヌ　'イナグングヮ　シッチョーイビーミ。

フィジャ：　'ウー'ウー。ウヌ　ッチョー　ター　ヤイビーガ。

ナカジョー：アユミサンディ　'ユル　ッチュドゥ　ヤイビール。

フィジャ：　アユミサン　ヤイビーミ。イッペー　ウジラーサイビーンヤー。チャングトール　'イナグングヮ　ヤイビーガ。

ナカジョー：イッペー　チムジュラサル　'イナグングヮ　ヤイビーン。クトゥシ　ハタチ　ナイビタン。フィジャサノー　ナマ　'イナグドゥシェー　'ウイビーミ。

フィジャ：　マーダ　チュイン　'ウイビラン。

ナカジョー：アンシェー　クンドゥ　トゥイナシ　サビラ。

フィジャ：　フントー　ヤイビーミ。イッペー　ニフェー　デービル。

心のきれいな女の子です

仲門：　最近暑くなりましたね。

比嘉：　そうですね。

（写真を出しながら）

仲門：　この子、知ってますか。

比嘉：　いいえ。その人は誰ですか。

仲門：　あゆみさんっていう人なんです。

比嘉：　あゆみさんですか。とてもかわいいですね。どんな女の子ですか。

仲門：　とても心のきれいな女の子です。今年二十歳になりました。比嘉さん
　　　　は今女友達はいますか。

比嘉：　まだ一人もいません。

仲門：　じゃあ、今度紹介しましょう。

比嘉：　本当ですか。ありがとうございます！

● 本課で学ぶ語句 ●

ナナチ　7つ

チムジュラサン　心の美しい

‘イナグ　女性

クヌグル　最近、この頃

アチサン　暑い

サシン　写真

ンジャシガチー　出しながら

‘イナグングヮー　女の子

シッチョーイビーミ　知っていますか

～ドゥ　～こそ（強調したい語につける
　係助詞）

ウジラーサイビーン　かわいいです

チャングトール　どんな

‘イナグドゥシ　女友達

チュイン　一人も

フントー　本当

ヤシェー　野菜

ヤマ　山

ソーラーサン　しっかりしている、賢い

ター ヤティン　誰でも

イチカ　いつか

ウフッチュ　大人

マギサン　大きい

ワラビ　子供

ユクイビーン　休みます

ウワイビーン　終わります

ハー　歯

アライビーン　洗います、（歯を）磨きま
　す

ミグトゥ　見事

● 文法解説 ●

1 形容詞の連体形と終止形

　形容詞は第2課で出てきましたが、そこでは**チュラサイビーン**「美しいです」、**ヤッサイビーン**「安いです」など、丁寧な形（ビーン体）で勉強しました。このイビーンをンに変えると普通体の形容詞の終止形になります：**チュラサイビーン⇒チュラサン**（美しい）、**ヤッサイビーン⇒ヤッサン**（安い）など。これらの形はンで終わるので、以後、**A**ンと表記します。

　形容詞には、述語としての働きの他に、名詞の前にきて、名詞を修飾する働きもあります：「美しい景色」「安い本」など。日本語では「その景色は美しい（述語）」「美しい景色（名詞修飾）」のように、述語になる場合でも名詞を修飾する場合でも同じ形ですが、沖縄語では、名詞の前にくる場合、次のように語尾をンからルに変えなければなりません。これを連体形といいます。

　　チュラサン「美しい」⇒**チュラサル**'イー「美しい絵」

　　ヤッサン「安い」⇒**ヤッサル**　ヤシェー「安い野菜」

形容詞の連体形はこのようにルで終わりますから、以後、この形を**A**ルと呼ぶことにします。

　　1-1.　**イッペー　チムジュラサル**　'イナグングヮ　ヤイビーン＊。　とても心のきれいな女の子です。

　　1-2.　**ワンネー　デーダカサル**　スムチ　コーイビタン。　私は高い本を買いました。

　　1-3.　**チヌー　ウムッサル**　マンガ　ユマビタン。　昨日面白いマンガを読みました。

2 「どんな、どのような」

　日本語で「あの人は<u>どんな</u>人ですか」という文にはどう答えるでしょうか。「いい人です」「かわいい人です」のように答えますね。沖縄語でもこのように**A**ル**N**の**A**ルの部分を聞きたい時の言い方があります。

　　2-1.　フジサノー　**チャングトール**　ヤマ　ヤイビーガ。　富士山はどんな山ですか。

　　　　　―**タカサル**　ヤマ　ヤイビーン。　高い山です。

「どんな」というのを**チャングトール**といいます（最近は**チャヌヨーナ**といういい方もあります）。「どんな」と聞かれてこれに答える時は、聞かれている名詞に**A**ルをつけた形で答えます。

　　2-2.　**チャングトール**　'イナグングヮ　ヤイビーガ＊。　どんな女の子ですか。

　　　　　―**チムジュラサル／チュラサル**　'イナグングヮ　ヤイビーン。　心のきれ

いな／美しい女の子です。

2-3. ヤマダサンヌ　シンシーヤ　<u>チャヌヨーナ</u>　シンシー　ヤイビーガ。　山田さんの先生はどんな先生ですか。

―<u>ソーラーサル</u>　シンシー　ヤイビーン。　しっかりした先生です。

③「～になります」

「なります」という動詞は沖縄語では**ナイビーン**といいます（沖縄で決まり文句的に使われる**ナンクル ナイサ**「なんとかなるさ」の動詞ナインのビーン体です）。日本語では「大人<u>に</u>なります」のように助詞「に」のついた形が使われますが、沖縄語では助詞がつかない形（**N**φ）が前にくるのが普通です。

3-1. ター　ヤティン　イチカ　ウフッチュφ　ナイビーン。　誰でもいつか大人<u>に</u>なります。

3-2. アヌ　ッチョー　シンシーφ　ナイビタン。　あの人は先生<u>に</u>なりました。

3-3. クトゥシ　ハタチφ　ナイビタン*。　今年二十歳<u>に</u>なりました。

④ 形容詞の連用形

「大きくなります」「高くなります」のように、形容詞が**ナイビーン**の前にくるときは、形容詞の語尾の**-サン**を**-ク**に変えます。この形を連用形といいます。**ク**で終わるので、ク形（**A**ク）と呼ぶことにします。

マギサン「大きい」⇒**マギ<u>ク</u>**「大きく」

タカサン「高い」⇒**タカ<u>ク</u>**「高く」

4-1. アヌ　ワラベー　マギク　ナイビタン。　あの子は大きくなりました。

4-2. ムヌヌ　デーヤ　タカク　ナイビティー。　物価は高くなりましたか。

4-3. クヌグロー　アチク　ナイビタンヤー*。　最近暑くなりましたね。

さて、形容詞には数は比較的少ないのですが次のような変化をするものがあります：**イチュナサン**「忙しい」⇒**イチュナ<u>シク</u>**「忙しく」。

4-4. ヤマダサノー　クヌグル　イチュナ<u>シク</u>　ナイビタン。　山田さんはこの頃忙しくなりました。

このような形容詞をシク活用の形容詞といいます。シク活用の形容詞にはこのほかに、**ユタサン**「よろしい」⇒**ユタ<u>シク</u>**「よろしく」、**ヤーサン**「空腹である」⇒**ヤー<u>シク</u>**「空腹で」、**ムチカサン**「難しい」⇒**ムチカ<u>シク</u>**「難しく」などがあります。これらは形容詞の否定形を作る場合は**-ク**（**A**ク）でもあまり違和感がないのですが（例：**イチュナ<u>コー</u> ネーイビラン**）、**ナイビーン**の

前にくるなど動詞を修飾する場合は**-シク**（**A**シク）にする必要があります。

5 「ひとつも～ない」（全否定①）

「全然～ない」と言いたい時、日本語で「一人もいない」「一円もない」という言い方をしますね。沖縄語でも同じように、**チュイン**「一人も」、**イチエヌン**「一円も」、**イチダイン**「一台も」、**イッピチン**「一匹も」などを使って、全否定の文を作ります。

5-1. （**'イナグドゥシェー**）　**マーダ　チュイン　'ウイビラン*。**　（女友達は）まだ一人もいません。

5-2. **サイフンカイ　ジノー　イチエヌン　ネーイビラン。**　財布にお金は一円もありません。

5-3. **ワンネー　ガッコー　イチニチン　ユクイビランタン。**　私は学校を一日も休みませんでした。

5-4. **ウヌ　ドーブツエヌンカエー　ライオノー　イッピチン　'ウイビランタン。**　その動物園にはライオンは一匹もいませんでした。

6 「もう」「まだ」

日本語の「もう」「まだ」は沖縄語ではそれぞれ**ナー**、**マーダ**といいます。

6-1. **ワッター　タンメーヤ　<u>ナー</u>　ハチジュー　ナイビタン。**　私のおじいさんはもう80歳になりました。

6-2. （**'イナグドゥシェー**）　**<u>マーダ</u>　チュイン　'ウイビラン*。**　（女友達は）まだ一人もいません。

6-3. **ハーヤ　<u>ナー</u>　アライビティー。**　歯はもう磨きましたか。
　　―ウー、アライビタン。　はい、磨きました。
　　―'ウー'ウー、<u>マーダ</u>　ヤイビーン。　いいえ、まだです。

7 係り結び①（強調）

　古典文法で「ぞ」「なむ」「や」「か」があれば文末の述語は連体形、「こそ」がくれば已然形になるという"係り結び"という法則を勉強したことを覚えていますか。沖縄語には**ドゥ**という助詞があり、強調を表します。強調したい要素に**ドゥ**をつけて、文末の語尾の**ン**を**ル**に変えます（**-ビール**は**-ビーン**の連体形です。普通体の連体形は第9課で勉強します）。日本語で失われてしまった係り結びが沖縄語に生きているのです。

7-1. ワーガ　パン　カマビタン。　　私がパンを食べました。

　　⇒ワーガ　パン<u>ドゥ</u>　カマビ<u>タル</u>。　　私がパンを(こそ)食べたんです。

　　⇒ワーガ<u>ドゥ</u>　パン　カマビ<u>タル</u>。　　私が(こそ)パンを食べたんです。

7-2. タルーヌ　サンシノー　ミグトゥ　ヤイビーン。　　太郎の三線は見事です。

　　⇒タルーヌ　サンシノー　ミグトゥ<u>ドゥ</u>　ヤイビー<u>ル</u>。　　太郎の三線は(実に)見事です。

7-3. アユミサンディ　゚ユル　ッチュ<u>ドゥ</u>　ヤイビー<u>ル</u>＊。　　あゆみさんってい
う人なんです。

練習問題

....

 練習1

1-1. 例にならって形容詞を連体形に直し、日本語に訳しなさい。

例) ウィーリキサイビーン⇒ウィーリキサル (興味深い)

a. ユタサイビーン⇒　　b. シダサイビーン⇒　　c. ヤッサイビーン⇒

d. フィクサイビーン⇒　　e. トゥーサイビーン⇒　　f. ナガサイビーン⇒

g. インチャサイビーン⇒　　h. ニーサイビーン⇒　　i. フェーサイビーン⇒

j. マーサイビーン⇒

1-2. 例にならって文を書き換え、日本語に訳しなさい。

例) ウヌ　シロー　スージューサイビーン。⇒スージューサル　シル (塩辛い汁)

1) アヌ　ッチョー　イチュナサイビーン。⇒

2) ウヌ　マンガー　ウムッサイビーン。⇒

3) クヌ　スバー　イッペー　マーサイビーン。⇒

4) ウヌ　モンダエー　ムチカサイビーン。⇒

5) クヌ　イノー　イッペー　マギサイビーン。⇒

 練習2

2-1. 絵を見て、例のように [　　] の中から適切な形容詞を選んで答えの文を作り、
日本語に訳しなさい。

例)　　　　　1)　　　　　2)　　　　　3)　　　　　4)

＊シチ (季節)

例) A：ポテトチッポー　チャングトール　クヮーシ　ヤイビーガ。⇒

B：スージューサル　クヮーシ　ヤイビーン（塩辛いお菓子です）。

1）A：フジサノー　チャングトール　ヤマ　ヤイビーガ。⇒B：

2）A：：スシェー　チャングトール　カミムン　ヤイビーガ。⇒B：

3）A：ナチェー　チャングトール　シチ　ヤイビーガ。⇒B：

4）A：スーガコー　チャングトール　ガクモン　ヤイビーガ。⇒B：

［マーサイビーン、タカサイビーン、ムチカサイビーン、アチサイビーン］

2-2. 次の質問に答えなさい。（○○には自分の名前を入れなさい）

1）○○サンヌ　シンシーヤ　チャングトール　シンシー　ヤイビーガ。

2）トーキョーヤ　チャングトール　トゥクル　ヤイビーガ。

3）○○サンヌ　シメートール　ヤーヤ　チャングトール　ヤー　ヤイビーガ。

*シメートール（住んでいる；名詞を修飾する形）

練習3 絵を見て、例のように質問に答え、答えを日本語に訳しなさい。

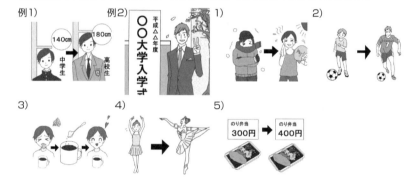

例1）アヌ　ッチョー　チャー　ナイビタガ。⇒マギク　ナイビタン（大きくな
　　　りました）。

例2）アヌ　ッチョー　ヌー　ナイビタガ。⇒ダイガクシー　ナイビタン（大学
　　　生になりました）。

1）ナマー　チャー　ナイビタガ。⇒　　2）アヌ　ワラベー　ヌー　ナイビタ
ガ。⇒　　3）コーヒーヤ　チャー　ナイビタガ。⇒　　4）アヌ　'イナグワラ
ベー　ヌー　ナイビタガ。⇒　　5）ノリベントーヤ　チャー　ナイビタガ。⇒

*'イナグワラビ（女の子）

練習4 例にならって、**ナー**と**マーダ**の入った質問と答えの文を作り、日本語に訳
しなさい。

例1）チケット コーイビーン（ウー）⇒

A：ナー　チケットー　コーイビティー。　B：ウー、ナー　コーイビタン。（も
うチケットを買いましたか。―はい、もう買いました。）

例2）シュクダイ サビーン（ˈウー ˈウー）⇒

A：ナー　シュクダエー　サビティー。　B：ˈウー ˈウー、マーダ　ヤイビーン。
（もう宿題はしましたか。―いいえ、まだです。）

1）ナチヌ ヤシメー ハジマイビーン（ˈウー ˈウー）⇒

2）チュラウミスイゾッカヌンカイ イチャビーン（ˈウー ˈウー）⇒

3）ユーバン カマビーン（ウー）⇒

4）チラ アライビーン（ウー）⇒

練習5　絵を見て、例のように語を補って単語を並べ替えて文を作り、日本語に訳
しなさい。

例）キョーシツ、シートゥ、ˈウイビーン⇒
　　キョーシツンカエー　シートー　チュイン　ˈウイビラン（教室には生徒が
　　一人もいません）。

1）チューシャジョー、クルマ、アイビーン⇒

2）サイフ、ナーカ、ジン、アイビーン⇒

3）ラジオタイソー、ッチュ、チャービーン⇒

練習6　例のように下線部を**ドゥ**で強調した文を作り、日本語に訳しなさい。

例）<u>タルーガ</u>　スムチ　ユマビタン。⇒
　　タルーガドゥ　スムチ　ユマビタル（太郎が（こそ）本を読んだのだ）。

1）ワンネー　<u>ナーファンカイ</u>　イチャビーン。⇒　　2）ウヌ　<u>マヤーヌ</u>
ウェンチュ　トゥイビタン。⇒　　3）ウヌ　<u>スバヤーˈウティ</u>　スバ　カマビー
ン。⇒　　4）ヤンバルンカエー　<u>クルマカラ</u>　イチャビーン。⇒　　5）ˈイキ
ガウットゥヌ　<u>クヮーシ</u>　カマビタン。⇒

*ウェンチュ（ねずみ）、トゥイビーン（取ります）、ヤンバル（沖縄本島北部の山間地域）、ˈイキガウッ
トゥ（弟）

第8課
ヤーチ

アメリカンカイ イチュンディチ ヤイビーン

🔊 09

フィジャ： ナチヌ　ヤシメー　マーガナンカイ　イチャビーンナー。

オーシロ： アメリカンカイ　イチュンディチ　ヤイビーン。エーゴドゥ　ナラ イブサイビール。

フィジャ： アメリカヌ　マー　ヤイビーガ。

オーシロ： マーダ　ワカイビラン。ホームステー　スンディチ　ヤイビーシ ガ。

フィジャ： ニホンジンヌ　ターン　'ウラン　トゥクルドゥ　マシ　ヤイビー ンドー。アンシ、ドゥシグヮートゥ　マジュン　イカンシェー　マ シ　ヤイビーサ。ヌーガ　ヤレー　ドゥシトー　ヤマトゥグチッシ ハナシ　サビークトゥ…。

オーシロ： ワカイビタン。ドゥーチュイッシ　イチャビーサ。

74

アメリカに行くつもりです。

比嘉：　夏休みはどこかに行きますか。

大城：　アメリカに行くつもりです。英語を勉強したいんです。

比嘉：　アメリカのどこですか。

大城：　まだわかりません。ホームステイするつもりですが。

比嘉：　日本人が誰もいないところがいいですよ。そして、友達と一緒に行かない方がいいですよ。どうしてかというと友達とは日本語で話しますから…。

大城：　わかりました。一人で行きますよ。

● 本課で学ぶ語句 ●

ヤーチ　8つ

イチュン　行く

～ディチ ヤイビーン　～するつもりです

ナライブサイビーン　習いたいです

ワカイビーン　わかります

スン　する

ターン 'ウラン トゥクル　誰もいないところ

ドゥシグヮー　友達

イカンシェー マシ ヤイビーサ　行かない方がいいですよ

ヌーガ ヤレー　どうしてかというと

ハナシ サビーン　話します

～クトゥ　～ので、～から(理由を表す)

ドゥーチュイッシ　自分一人で

ユクイン　休む

'ンージュン　見る

アミ　雨

フトークトゥ　降っているので

ヌーン　何も

ウングトール　そんな

マーンカイン　どこにも

フイン　降る

ムッチ イチャビラ　持って行きましょう

フェーク　早く

コーティ イチャビラニ　何か買って行きましょうか

マチ　市場

ヌクトーイビーン　残っています

ワンニンカイ　私に(＊ワン「私」にンカイ「に」がついた特別な形)

ウフィ　少し

ワキヤビーン　分けます

イチャイビーン　会います

イングヮー　犬

ユー　よく

オーエー　喧嘩

1 動詞の終止形

　第7課で形容詞の連体形（A_ル）や連用形（A_ク）の作り方と使い方を勉強しました。形容詞と同じように動詞も文の中の機能によってさまざまに変化します。ここでは動詞の終止形（V_ン と表します）を勉強しましょう。作り方は以下のとおりです。

1) 丁寧体が **-abiiN** で終わる動詞は、語尾を **-uN** に変えます。

　　イチャビーン（行きます）　**icabiiN** ⇒ **icuN** **イチュン**（行く）

　　カチャビーン（書きます）　**kacabiiN** ⇒ **kacuN** **カチュン**（書く）

　　カマビーン（食べます）　**kamabiiN** ⇒ **kamuN** **カムン**（食べる）

2) 丁寧体が **-イビーン** で終わる動詞は **-イビーン** を **-イン** に、**-ヤビーン** で終わる動詞は **-ヤビーン** を **- ーン** にそれぞれ変えます。

　　トゥイビーン（取ります）⇒**トゥイン**（取る）、

　　カカイビーン（かかります）⇒**カカイン**（かかる）

　　ウキヤビーン（起きます）⇒**ウキーン**（起きる）、

　　イヤビーン（入ります）⇒**イーン**（入る）

3) 上記以外のものを不規則動詞といいます。

　　イチャビーン（行きます）⇒**イチュン**（行く）

　　チャービーン（来ます）⇒**チューン**（来る）

　　サビーン（します）⇒**スン**（する）

　　イヤビーン（言います）⇒**'ユン**（言う）

　　アイビーン（あります）⇒**アン**（ある）

　　'ウイビーン（います）⇒**'ウン**（いる）、など。

　終止形は、友だち同士など気軽な関係や目上から目下への発話など、話し相手を特に敬わなくてもいい場合の文体に使われます。この文体を普通体といいます。

　　1-1. **チューヤ　ディズニーランドンカイ　イチュンドー**。　今日はディズニーランドに行くよ。

　　1-2. **ワンネー　クトゥシェー　ソツギョーロンブン　カチュン**。　僕は今年卒論を書く。

　　1-3. **スムチェー　ンマンカイ　アンドー**。　本はそこにあるよ。

　　1-4. **アマンカイ　トゥイヌ　ウフォーク　'ウンドー**。　あそこに鳥がいっぱいいるよ。

　ビーン体は丁寧な言い方、普通体はカジュアルな（気軽な、丁寧でない）言い方です。時と場合によって適切に使い分けられるように少しずつ慣れていきましょう。本書でもこれまではビーン体のみを用いてきましたが、会話や文法解説の例文の中で少しずつ普通体を増やしていきます。

　なお、第1課から使っている**N ヤイビーン**「Nです」は丁寧な言い方で、普通体は**N ヤン**「Nだ」になります。動詞ではありませんが、ここで挙げておきます。

　　1.5　ウレー　エンピツ　ヤンドー。　　これは鉛筆だよ。

2 「～するつもりです」

　それでは動詞の終止形（Vン）を実際に使った文型を勉強しましょう。まずは「～するつもりです」に相当する言い方（**Vンディチ ヤイビーン**）です。

　　2-1. チューヤ　シクチェー　ユクインディチ　ヤイビーン。　　今日は仕事を休むつもりです。

　　2-2. アメリカンカイ　イチュンディチ　ヤイビーン*。　　アメリカに行くつもりです。

　　2-3. クンドゥヌ　ドヨーベー　ナーファ'ウティ　サーカス　'ンージュンディチ　ヤイビーン。　　今度の土曜日は那覇でサーカスを見るつもりです。

　過去形は名詞文と同じで、次のようになります。

　　2-4. チューヤ　ディズニーランドンカイ　イチュンディチ　ヤイビータシガ、アミヌ　フトークトゥ　ヤーンカイ　'ウイビーン。　　今日はディズニーランドに行くつもりでしたが、雨が降っているので家にいます。

3 「誰も」「何も」（全否定②）

「一つ／一人も～ない」という全否定の言い方は第7課5節で勉強しましたが、全否定は他にもあります。日本語で「何もない」「誰も知らない」「どこにも行かない」という言い方をしますね。沖縄語でも同じ形「疑問詞＋助詞ン＋否定形」を使って全否定の文を作ります。

　　3-1. チヌー　ワンネー　ヌーン　カマビランタン。　　昨日私は何も食べませんでした。

　　3-2. ハクヌ　ナーカンカイ　ヌーン　ネーイビランタン。　　箱の中には何もありませんでした。

　　3-3. ニホンジンヌ　ターン　'ウラン　トゥクルドゥ　マシ　ヤイビーンドー*。

日本人が誰もいないところがいいですよ。

3-4. **ウングトール　トゥクルンカエー　ターン　イチャビラン。**　そんなとこ
ろには誰も行きません。

3-5. **ユートピアー　マーンカイン　ネーイビラン。**　ユートピアはどこにもあり
ません。

4 理由を表すクトゥ

　沖縄語で理由を表す「〜ので、〜から」に当たるのは**クトゥ**という助詞で
す。ビーン体（**-ビーン、-ビタン、-ビランタン**）や普通体（**イチュン、カチュ
ン、マーサン**）の末尾のンを取ってから、**クトゥ**を接続させて作ります。ン
という語「尾」を「略」した形を尾略形（びりゃくけい）といい、**V**略、**A**略
と書くことがあります。なお、否定形の**-ビラン**はそのままの接続となります。

4-1. **チューヤ　アミヌ　フイクトゥ、カサ　ムッチ　イチャビラ。**　今日は雨
が降るから、傘を持って行きましょう。

4-2. **チューヤ　フィマ　ヤイビークトゥ、フェーク　ヤーンカイ　ケーイビー
ン。**　今日は暇ですから、早く家に帰ります。

4-3. **ジンヌ　ネーイビランクトゥ、コーイビラン。**　お金がありませんから、買
いません。

4-4. **ジンヌ　ネーイビランタクトゥ、コーイビランタン。**　お金がありませんで
したから、買いませんでした。

4-5. **ドゥシヌ　ヤーンカイ　イチュクトゥ、ヌーガナ　コーティ　イチャビラ
ニ。**　友だちの家に行くから、何か買って行きましょうか。

4-6. **ドゥシトー　ヤマトゥグチッシ　ハナシ　サビークトゥ…＊。**　友達とは日
本語で話しますから…。

5 質問の終助詞ナー

「はい／いいえ」で答えることのできる肯否疑問文を作るには、動詞の語尾
を変える（**ユマビーン**⇒**ユマビーミ、ユマビティー**）という方法がありまし
たが、もうひとつ、終助詞**ナー**をつけて作る方法もあります。この場合、**-ミ**
の疑問文に比べると、やや軽い調子になるようです。

5-1. **ワンネー　ナーファヌ　マチンカイ　イチャビーシガ、ヤマダサヌン　イ
チャビーンナー。**　私は那覇の市場に行きますが、山田さんも行きます？

5-2. **ナチヌ　ヤシメー　マーガナンカイ　イチャビーンナー＊。**　夏休みはど

こかに行きますか。

5-3. **サケー　マーダ　ヌクトーイビーン<u>ナー</u>。**　泡盛はまだ残っていますか。

5-4. **ワンニンカイ　サキ　ウフィ　ワキヤビラン<u>ナー</u>。**　私に酒を少しわけて
くれませんか。

5-5. **タルーン　イチャビタン<u>ナー</u>。**　太郎も行きましたか。

6 「名詞＋トゥ」を取る動詞

「会う」「結婚する」「喧嘩する」など、相手を必要とする動詞は、人を表す
名詞に助詞トゥがついた形と結びつきます。これは日本語と同じですね。

6-1. **チヌー　'ンカシヌ　ドゥシ<u>トゥ</u>　イチャイビタン。**　昨日昔の友達と会い
ました。

6-2. **オーシロサノー　ヤマダサン<u>トゥ</u>　ニービチ　サビタン。**　大城さんは山
田さんと結婚しました。

6-3. **ウヌ　イングワーヤ　アヌ　マヤー<u>トゥ</u>　ユー　<u>オーエー</u>　サビーン。**
この犬はあの猫とよく喧嘩します。

6-4. **ドゥシ<u>トー</u>　ヤマトゥグチッシ　ハナシ　サビークトゥ…*。**　友達とは日
本語で話しますから…。

練習問題

練習1 例にならってビーン体の動詞を終止形に変え、意味が記されていない場合
は意味も答えなさい。

例）ヌジャビーン⇒ヌジュン（脱ぐ）　イチャビーン（行きます）⇒イチュン
a. ヌマビーン⇒　　b. ウィージャビーン⇒　　c. カチャビーン（書きます／勝
ちます）⇒　　d.ニンジャビーン⇒　　e. ヌブイビーン⇒　　f. チャービーン
⇒　　g. トゥバビーン⇒　　h. 'ンージャビーン⇒　　i. 'イヤビーン⇒
j. イヤビーン⇒　　k. サビーン⇒　　l. カンジャビーン⇒　　m. ウリヤビーン
⇒　　n. ンジャヤビーン⇒

練習2 例にならって文を作り、日本語に訳しなさい

例）イチ　レポート　カチャビーガ。（アチャ）⇒アチャ　カチュンディチ　ヤ
イビーン（明日書くつもりです）。
1) サチジャチ　ヌー　ナイビーガ。（セイジカ）⇒
2) ナチヌ　ヤシメー　マーンカイ　イチャビーガ。（オーサカ）⇒

3）ウサギムノー　ヌー　コーイビーミ。（デーヌ　タカサル　カバン）⇒

4）チャングトール　ッチュトゥ　ニービチ　サビーガ。（チムジュラサル　ッチュ）⇒

*サチジャチ（将来）、ウサギムン（贈り物）

練習3 絵を見て、例のように質問と答えの文を作りなさい。

例1）ツクエ⇒A：ツクエヌ　ウィーンカイ　ヌーガナ　アイビーミ。　B：'ウー
　　　'ウー、ヌーン　ネーイビラン。

例2）コーイビーン⇒A：ヌーガナ　コーイビーミ。　B：'ウー'ウー、ヌーン
　　　コーイビラン。

1）チョキンバコ、ナーカ⇒　　2）サラ、ウィー⇒　　3）カクイ、ナーカ⇒

4）ユマビーン⇒　　5）カマビーン⇒　　6）ヌマビーン⇒

*カクイ（檻）

練習4 例にならって文を作りなさい。

例1）ガッコーンカイ、イチャビーン／ジカン、ネーイビラン⇒
　　　ガッコーンカイ　イチャビークトゥ、ジカンヌ　ネーイビラン。

例2）ナーダカサン、ウタサー、チャービーン／ウチャク、ウフォーク、チャー
　　　ビーン⇒ナーダカサル　ウタサーヌ　チャービークトゥ、ウチャクヌ　ウ
　　　フォーク　チャービーン。

1）イッペー、アチサン／エアコン、チキヤビーン⇒

2）フィーサン／マドゥ、ミチヤビーン⇒

3）ジンムチ、アイビラン／ヤッサン、チン、コーイビーン⇒

4）クネーダヌ、ニチヨービ、イチュナサイビーン／マーン、イチャビラン⇒

5）ダイガクシー、ヤイビーン／メーニチ、ビンチョー　サビーン⇒

6）ワンネー、ウミハマティ、ビンチョー　サビタン／ヒャクテン、トゥイビタン⇒

＊ナーダカサン（有名だ）、ウタサー（歌手）、ウチャク（お客）、チキヤビーン（つけます）、フィーサン（寒い）、マドゥ（窓）、ミチヤビーン（閉めます）、ジンムチ（金持ち）、クネーダ（この間）、ウミハマティ（一生懸命に）

【練習5】例にならって終助詞**ナー**を使った疑問文を作り、それに答え、全文を日本語に訳しなさい。（○○には自分の名前を入れなさい）

例1）ナー ケーイビタン（ウー）⇒ ナー　ケーイビタンナー。―ウー、ナー
　　　ケーイビタン。（もう帰りましたか。―はい、もう帰りました。）
例2）アサバン カマビタン（'ウー'ウー）⇒ アサバン　カマビタンナー。―'ウー
'ウー、カマビランタン。（昼食を食べましたか。―いいえ、食べませんでした。）
1）○○サノー　チューヤ　ガッコーンカイ　イチャビタン（ウー）⇒
2）クトゥシェー　ウチナーンカイ　イチャビーン（'ウー'ウー）⇒
3）○○サノー　チヌー　サキ　ヌマビタン（'ウー'ウー）⇒
4）○○サノー　ダイガクシー　ヤイビーン（'ウー'ウー）⇒

【練習6】絵を見て、例のように文を作り、日本語に訳しなさい。
例）　　　　1）　　　　2）　　　　3）　　　　4）

例）ナカジョー、オーシロ、ハナスン⇒ナカジョーサノー　オーシロサントゥ
　　ハナサビーン（仲門さんは大城さんと話します）。
1）ヤマダ、タナカ、ニービチ スン⇒　　2）マエハラ、アラカチ、オーエー ス
ン⇒　　　3）サトー、トゥジ、ワカリーン⇒　　　4）イギリス、フランス、イク
サ スン⇒

　　　　　　　　　　　　　　　　　　　　　＊ワカリーン（別れる）、イクサ（戦争）

第9課 マーダ アチョール ハジ ヤイビーン

ククヌチ

🔊 10

フィジャ： マーガナンカイ　イチャビラニ。

アラカチ： ヌーンチ　ヤイビーガ。

フィジャ： ヤーシク　ナティ　チョーイビーサ。ヤサ！ドンキホーテンカイ　イチャビラ。

アラカチ： ドンキホーテナー。　チャングトール　トゥクル　ヤイビーガ。

フィジャ： イルンナ　ウムッサル　ムンヌ　アル　マチヤ　ヤイビーン。ヌー　ヤティン　イッペー　ヤッサイビーンドー。カミムヌン　ウ　フォーク　ウトーイビーン。コクサイドーリンカイ　アイビーサ。

アラカチ： ナマー　ユルヌ　イチジ　ヤシガ、ナー　ミチャトーイビラニ。

フィジャ： ドンキホーテー　ニジューヨジカンエーギョーンディ　チチョーイビーン。ヤクトゥ　マーダ　アチョール　ハジ　ヤイビーン。

アラカチ： アン　ヤイビーミ。アンシェー、マジュン　イチャビラ。

まだ開いていると思います

比嘉：　どこかに行きませんか。

新垣：　どうしてですか。

比嘉：　お腹が空いてきたんですよ。そうだ、ドンキホーテに行きましょう。

新垣：　ドンキホーテ？どんなところですか。

比嘉：　いろいろな面白いものがあるお店です。何でもとても安いんですよ。食べ物もたくさん売っています。国際通りにありますよ。

新垣：　今は夜の1時ですが、もう閉まっているんじゃないですか。

比嘉：　ドンキホーテは24時間営業だということですよ。だからまだ開いていると思います。

新垣：　そうですか。じゃあ、一緒に行きましょう。

● 本課で学ぶ語句 ●

ククヌチ　9つ

アチョール ハジ ヤイビーン　開いていると思います

ヌーンチ　なぜ、どうして

ヤーシク ナティ チョーイビーサ　お腹が空いてきましたよ

ヤサ！　そうだ！

イルンナ　色々な

マチヤ　商店

ヌー ヤティン　何でも

ウトーイビーン　売っています

ミチャトーイビーン　閉まっています

〜ンディ チチョーイビーン　〜だと聞いています、〜だそうです

ヤクトゥ　だから

トゥバビーン　飛びます

トゥブン　飛ぶ

ソーミンタシヤー　ソーメン炒め

チュクイン　作る

カティムン　おかず

ユスグニ　外国

ウフサン　多い

ネーラン　ない(ネーイビランの普通体)

アラン　ない(アイビランの普通体)

アガー！　いたっ！

アビヤビーン　大声を出します、鳴きます

ウタイビーン　(鶏が)歌います、鳴きます

ワウワウ　ワンワン

マーウマーウ　ニャーニャー

'ワー　豚

ガエーガエー　ブーブー

フィラサン　平たい

カンゲーイビーン　考えます

'イー ティンチ　いい天気

ナイン　なる

タチチ　来月

フサイビーン　欲しいです

● 文法解説 ●

1 動詞の連体形（作り方）

　第8課1節で動詞の終止形の作り方を学びました。日本語では「犬が走る」「走る犬」というように文の終わりに来る場合（終止形）でも、名詞の前に来る場合（連体形）でも動詞の形は同じですが、沖縄語では名詞の前に来る時と文の述語になる時で動詞の形が異なります（形容詞でもそうでしたね：⇨第7課1節）。

　　　トゥイヌ　トゥバビーン「鳥が飛びます」⇒

　　　トゥイヌ　トゥ<u>ブン</u>「鳥が飛ぶ」（終止形）⇒トゥ<u>ブル</u>　トゥイ「飛ぶ鳥」（連体形）

　　　イチャビーン「行きます」⇒イチュ<u>ン</u>「行く」⇒イチュ<u>ル</u>N

　　　アイビーン「あります」⇒ア<u>ン</u>「ある」⇒ア<u>ル</u>N

作り方は終止形（V_ン）の語尾ンをルに取り換えるだけです。以後、本書では動詞の連体形をVₗと表記することにします。

　　　ヤイビーンの連体形は**ヤル**になります。

　　　アヌ　ッチョー　ダイガクシー　<u>ヤイビーン</u>「あの人は大学生です」⇒

　　　ダイガクシー　<u>ヤル</u>　ッチュ「大学生である人」

2 動詞の連体形の使い方

　動詞の連体形を使うと次のように2つの内容を一文にまとめることができます。足し算のような感じです。

　　　フィージャーヤ　　　　　　　イチムシ　ヤイビーン（山羊は生き物です）

+)　　　　　　　クサ カマビーン　　　　　　　　（草を食べます）

　　　フィージャーヤ クサ カムル　イチムシ　ヤイビーン。

山羊は草を食べる生き物です。

　　2-1. ソーミンタシヤーヤ　<u>ワーガ　ユー　チュクイル</u>　カティムン　ヤイビーン。　そうめん炒めは私がよく作るおかずです。

　　2-2. <u>イルンナ　ウムッサル　ムンヌ　アル</u>　マチヤ　ヤイビーン＊。　いろいろな面白いものがあるお店です。

　連体形は、第7課2節で勉強した**チャングトール**Nへの答えとしても用いることができます。

　　2-3. ガイコクゴダイガコー　チャングトール　ダイガク　ヤイビーガ。　外国語大学はどんな大学ですか。

　—ユスグニヌ　クトゥバ　ビンチョー　<u>スル</u>　ダイガク　ヤイビーン。
外国語を勉強する大学です。

3 推量の表現（〜 ハジ ヤイビーン）

　推量、つまり本当かどうかはっきりわからない時の言い方は、動詞の連体形（**V**ル）に**ハジ ヤイビーン**をつけて作ります。次の場合は、「〜と思います」「〜でしょう」のような推量の意味を表しています。

3-1. アチャー　アミヌ　フイル　<u>ハジ　ヤイビーン</u>。　明日は雨が降ると思います。

3-2. タルーヤ　クマンカイ　チュール　<u>ハジ　ヤイビーン</u>。　太郎はここに来ると思います。

3-3. （ニジューヨジカンエーギョー）　ヤクトゥ　マーダ　アチョール　<u>ハジ　ヤイビーン</u>＊。　（24時間営業）だからまだ開いていると思います。

ハジ ヤイビーンの前には形容詞の連体形、名詞＋**ヌ**などもきます。

3-4. アヌ　カバノー　<u>デーダカサル</u>　ハジ　ヤイビーン。　あのかばんは値段が高いと思います。

3-5. アヌ　ッチョー　マーダ　<u>ダイガクシーヌ</u>　ハジ　ヤイビーン。　あの人はまだ大学生だと思います。

3-6. デーダカサル　カバン　ヤクトゥ、<u>ガンジューナ</u>　ハジ　ヤイビーン。
値段の高いかばんだから、丈夫だと思います。

　この**ハジ**という名詞は、日本語の「はず（筈）」と起源は同じで、「あいつは8時に家を出た。もう9時だから当然家に帰っている<u>はずだ</u>」「アメリカ帰りだからどうりで英語がうまい<u>はずだ</u>」のように、常識や先行文脈からの当然の結果というような日本語の「はずだ」に近い意味でも用いられる。

3-7. クンチチェー　ウフォーク　ザンギョー　サビタクトゥ、ティマー　<u>ウフサル</u>　ハジ　ヤイビーン。　今月はたくさん残業をしましたから、給料は多いはずです。

　否定的な推量をする場合は、連体形ではなく否定形の後にそのまま**ハジ ヤイビーン**が接続します。

3-8. アヌ　カバノー　<u>デーダカコー　ネーラン</u>　ハジ　ヤイビーン。　あのかばんは値段が高くないと思います。

3-9. アヌ　ッチョー　ナー　<u>ダイガクシーヤ　アラン</u>　ハジ　ヤイビーン。
あの人はもう大学生ではないと思います。

4 引用の助詞ンディ

「面白いと言いました」「行くと思います」は発話や思考を表す動詞（「言います」「思います」）の前に「と」で引用された文がきたものですが、「と」に当たる引用の助詞は沖縄語では<u>ンディ</u>を使います。

4-1. ウヌ　ワラベー　「アガー」<u>ンディ</u>　アビヤビタン。　その子供は「イテッ」と叫びました。

4-2. ドンキホーテー　ニジューヨジカンエーギョーン<u>ンディ</u>　チチョーイビーン*。
ドンキホーテは24時間営業だと聞いています（だということです）

<u>ンディ</u>は動物などの鳴き声を表す場合にも使えます。

4-3. トゥエー　「ココロッコー」<u>ンディ</u>　ウタイビーン。　にわとりは「コケコッコー」と鳴きます。

4-4. イノー　「ワウワウ」<u>ンディ</u>、マヤーヤ　「マーウマーウ」<u>ンディ</u>、'ワーヤ　「ガエーガエー」<u>ンディ</u>　アビヤビーン。　犬は「ワンワン」、ねこは「ニャーニャー」、豚は「ブーブー」と鳴きます。

以上のように引用の助詞は<u>ンディ</u>が基本的な形ですが、動詞や形容詞は多くが**ン**で終わります。**イチャビーン、カムン、アチサン**などンで終わる言葉が前にくると、ンが落ちて**イチャビー<u>ンディ</u>、カム<u>ンディ</u>**のように**ディ**となります（×イチャビーン<u>ンディ</u>、×カムン<u>ンディ</u>）。

4-6. 'ンカシヌ　ッチョー　チキューヤ　フィラサン**ディ**　カンゲーイビタン。
昔の人は地球は平らだと考えました。

4-7. テレビヌ　アナウンサーヤ「アチャー　'イー　ティンチ　ナイル　ハジヤイビーン」**ディ**　イヤビタン。　テレビのアナウンサーは「明日はいい天気になるでしょう」といいました。

5 ヌーンチ「なぜ」

沖縄語では**ヌーンチ**を使って理由を尋ねます。疑問詞疑問文ですから語尾は**ガ**になります。

5-1. <u>ヌーンチ</u>　アヌ　ッチョー　エーゴ　ビンチョー　サビー**ガ**。　なぜあの人は英語を勉強するのですか。

　　　　—タチチカラ　アメリカンカイ　イチャビークトゥ。　来月からアメリカに行きますから。

5-2. <u>ヌーンチ</u>　ウングトール　ムン　コーイビタ**ガ**。　どうしてこんなものを

買ったんですか。
　—イッペー　フサイビータクトゥ。　とても欲しかったですから。
5-3.　<u>ヌーンチ　ヤイビーガ</u>＊。　どうしてですか。

6 終助詞サ

　日本語には「さ」という終助詞がありますが、最近はあまり使われないようです（「あいつもうすぐ来るさ」というのは何かテレビドラマの会話のようですね）。しかし、沖縄語やウチナーヤマトゥグチ（沖縄語で話されている共通語）ではごく普通に使われます。**ドー**ほど主張の強くない、軽い断定を表します。「よ」と訳しておけばいいでしょう。なお、この終助詞は述語の語末のンを取った形（尾略形）につきます。
6-1.　タルーヤ　マーンカイ　イチャビタガ。　太郎はどこに行きましたか
　　　—ナーファンカイ　イチャビタ<u>サ</u>。　那覇に行きましたよ。
6-2.　コクサイドーリンカイ　アイビー<u>サ</u>＊。　国際通りにありますよ。
6-3.　クヌグロー　チャー　ヤイビーガ。　最近どうですか。
　　　—メーニチ　シクチヌ　イチュナサイビー<u>サ</u>。　毎日仕事が忙しいですよ。
6-4.　アヌ　'イナゴー　イッペー　'イーカーギー　ヤイビー<u>サ</u>。　あの女の人はとても美人ですよ。

練習問題

練習1 例にならってビーン体を連体形に変えなさい。

例）ウチャビーン⇒ウチュル（打つ）　ヌジャビーン⇒ヌジュル（脱ぐ）
a. ユマビーン⇒　b. ニンジャビーン⇒　c. ウィージャビーン⇒
d. チャービーン⇒　e. トゥバビーン⇒　f. 'ンージャビーン⇒
g. 'イヤビーン⇒　h. イヤビーン⇒　i. サビーン⇒　j. チヤビーン⇒
k. ヤイビーン⇒

練習2
2-1. 例にならって2つの文を1つにして、日本語に訳しなさい。
例）フィージャーヤ イチムシ ヤイビーン＋（フィージャーヤ）クサ カマビーン
　　⇒フィージャーヤ　クサ　カムル　イチムシ　ヤイビーン（山羊は草を食べる生き物です）。
1)　ヤマダサノー ダイガクシー ヤイビーン＋（ヤマダサノー）ユー ビンチョーサビーン⇒

2) カレーライソー カミムン ヤイビーン＋（カレーライソー）ユー カマビーン⇒

3) ハサノー ドーグ ヤイビーン＋（ハサンッシ）カビ チヤビーン

2-2. 例にならって次の質問に答え、日本語に訳しなさい。

例) トショカノー チャングトール トゥクル ヤイビーガ。⇒スムチ ユムル トゥクル ヤイビーン。

1) カイシャー チャングトール トゥクル ヤイビーガ。⇒

2) ウタサーヤ チャングトール ッチュ ヤイビーガ。⇒

3) ドウブツエノー チャングトール トゥクル ヤイビーガ。⇒

練習3 例にならって文を作り、日本語に訳しなさい。

例) アヌッチュ、ウフォーク、ムヌ カムン、ハジ⇒アヌ ッチョー ウフォーク ムヌ カムル ハジ ヤイビーン（あの人はたくさんご飯を食べると思います）。

1) サンジ、タルー、チューン、ハジ⇒

2) アチャ、アミ、フイン、ハジ⇒

3) ライシュー、ウチナーグチ、ジュギョー、ヤシミ、ハジ⇒

練習4 例にならって、後続する文を作り、日本語に訳しなさい

例1) ウヌ レストランヌ カミムノー タカサイビーミ。（ギンザンカイ アクトゥ）⇒ ギンザンカイ アクトゥ、タカサル ハジ ヤイビーン（銀座にあるから高いはずです）。

1) アヌ クルマー ヤッサイビーミ。（ユスグニヌ クルマ ヤクトゥ）⇒

2) ヤマダサンヌ トゥジェー エーゴ ハナサビーミ。（アメリカ'ウティ ビンチョー サビタクトゥ）⇒

3) アヌ ワラベー ナー チューガクセー ヤイビーミ。（マーダ ジューイチ ヤクトゥ）⇒

練習5 絵を見て、例のように（ ）の中の語を組み合わせて文を作り、日本語に訳しなさい。

例) テレビヌ アナウンサー（アチャー、アミ、フイン、ハジ、ヤン／イヤビーン）⇒ テレビヌ アナウンサーヤ アチャー アミヌ フイル ハジ ヤ

イビーンディ　イヤビタン（テレビのアナウンサーは明日は雨が降るで
しょうと言いました）。

1）スズキサン（カイシャ、イチュン／イヤビーン）⇒

2）アヌ　ワラビ（アガー／アビヤビーン）⇒

3）ドゥシ（ワン、ンカイ、アサバン、カマビラニ／イヤビーン）⇒

4）ガリレオ（チキュー、マルサン／カンゲーイビーン）⇒

＊マルサン（丸い）

練習6　絵を見て、例のように質問に答え、日本語に訳しなさい。

例）　ヌーンチ　アヌ　'イナゴー　ウッサ　ソーイビーガ。⇒ウムヤーグヮートゥ
　　ニービチ　サビークトゥ（どうしてあの女性は嬉しそうにしているのです
　　か。―恋人と結婚しますから）。

1）ヌーンチ　ムヌビケーン　カマビーガ。⇒

2）ヌーンチ　アヌ　ッチョー　グジニ　ウキヤビーガ。⇒

3）ヌーンチ　アヌ　シートー　ウミハマティ　ビンチョー　サビーガ。⇒

4）ヌーンチ　アヌ　ッチョー　ジンヌ　ネーイビランガ。⇒

　　＊ウッサ　ソーイビーン（嬉しそうにしています）、ウムヤーグヮー（恋人）、～ビケーン（～ばかり）

練習7　例にならって、次の文を終助詞**サ**をつけた文に変え、日本語に訳しなさ
い。

例）　アヌ　ッチョー　ジンムチ　ヤイビーン。⇒アヌ　ッチョー　ジンムチ
　　ヤイビサ（あの人は金持ちですよ）。

1）チューヤ　'イー　'ワーチチ　ヤイビーン。⇒

2）タルーヤ　シグ　チャービーン。⇒

3）ウヌ　スムチェー　グマンエン　ヤイビーン。⇒

4）ワーガ　チャンプルー　チュクイビタン。⇒

　　＊'イー　'ワーチチ（いい天気）、シグ（すぐ）、グマンエン（5万円）、チュクイビーン（作ります）

ヌーガナ ウフィ カミブサイビーンヤー

 11

ナカジョー：ウフィグヮー　ヤーシコー　ネーイビラニ。

フィジャ：　ウー、ヌーガナ　ウフィ　カミブサイビーンヤー。

ナカジョー：タコライソー　チャー　ヤイビーガ。

フィジャ：　タコライス　ヤイビーンナー。ワンネー　イッペー　タコライス
　　　　　　ジョーグー　ヤイビーンドー。

ナカジョー：イフェー　マッチョーティ　クィミソーレー。

フィジャ：　マーガナンカイ　タコライス　コーイガ　イチャビーミ。

ナカジョー：スーパーンカイドゥ　イチャビール。チーズトゥ　トマトー、シ
　　　　　　シンデーヌ　アイネー、タコライソー　シグ　チュクラリヤビー
　　　　　　サ。

フィジャ：　ナカジョーサノー　リョーリ　スシェー　シチ　ヤイビーンヤー。

ナカジョー：ウー、イッペー　シチ　ヤイビーン。アイ、ヌミムノー　フサコー
　　　　　　ネーイビラニ。

フィジャ：　アンシェー、コーラ　コーティ　ッチ　クィミソーレー。

何かちょっと食べたいですね

仲門：　ちょっとお腹すきませんか。

比嘉：　はい、何かちょっと食べたいですね。

仲門：　タコライスはどうですか。

比嘉：　タコライスですか。私はタコライスが大好きなんですよ。

仲門：　ちょっと待っててください。

比嘉：　どこかにタコライスを買いに行くんですか。

仲門：　スーパーに行くんですよ。チーズとトマト、肉などがあったら、タコ
　　　　ライスはすぐ作れますよ。

比嘉：　仲門さんは料理をするのが好きなんですね。

仲門：　はい、大好きなんですよ。そうだ、飲み物は欲しくないですか。

比嘉：　じゃあ、コーラを買ってきてください。

● 本課で学ぶ語句 ●

トゥー　10（とお）

カミブサイビーン　食べたいです

ウフィグヮー　ちょっと

〜ジョーグー　〜（特に食べ物）が好きな人

マッチョーティ クィミソーレー　待っていてください

コーイガ イチャビーン　買いに行きます

シシ　肉

アイネー　あったら

チュクラリヤビーサ　作れますよ

スシェー　するのは

シチ ヤン　好きだ

アイ　そうだ

フサコー ネーイビラニ　欲しくないですか

コーティッチ クィミソーレー　買って来てください

タバク　タバコ

フチュン　吹く、（タバコを）吸う

チカグル　最近、近頃

マーサムン　おいしいもの

'ウドゥイ　踊り

サチュン　咲く

ワタシヨー　渡してね

● 文法解説 ●

1 動詞の連用形

　動詞の連用形の作り方を学びましょう。**ユマビーン／ユムン**（読みます／読む）を例に示します。

　　　ユマビーン yumabiiN／ユムン yumuN ⇒ ユミ yumi

　ユマビーンの**-abiiN**を**-i**、あるいは**ユムン**の**-uN**を**-i**に変えれば、連用形**ユミ yumi**になります。これを動詞の連用形（**V連**）といいます。ただし日本語の連用形とは違って、単独で用いられることはありません（**アン、'ウン**は用いられることがあります）。

1) 規則変化

　　　シナビーン（死にます）**sinabiiN／シヌン**（死ぬ）**sinuN ⇒ sini シニ**（死に-）

　　　ユマビーン（読みます）**yumabiiN／ユムン**（読む）**yumuN ⇒ yumi ユミ**（読み-）

　　　トゥバビーン（飛びます）**tubabiiN／トゥブン**（飛ぶ）**tubuN ⇒ tubi トゥビ**（飛び-）

　　　ササビーン（刺します）　**sasabiiN／サスン**（刺す）**sasuN ⇒ sasi サシ**（刺し-）

　　　カチャビーン（書きます）　**kacabiiN／カチュン**（書く）**kacuN ⇒ kaci カチ**（書き-）（※**カチュン**（勝つ）も同じ活用）

　　　タチャビーン（立ちます）**tacabiiN／タチュン**（立つ）**tacuN ⇒ taci タチ**（立ち-）

　　　ウィージャビーン（泳ぎます）**'wiijabiiN／ウィージュン**（泳ぐ）**'wiijuN ⇒ 'wiiji ウィージ**（泳ぎ-）

　　　ニンジャビーン（寝ます）**niNjabiiN／ニンジュン**（寝る）**niNjuN ⇒ niNji ニンジ**（寝-）

※丁寧体が**-ヤビーン、-イビーン**で終わる動詞は**ヤビーン、ビーン**を取るだけです：**ウキヤビーン**（起きます）⇒**ウキ**（起き-）、**トゥイビーン**（取ります）⇒**トゥイ**（取り-）

※**イヤビーン**（入ります）、**チヤビーン**（切ります）など、**-ヤビーン**の前が1字（1音）の動詞は**ヤビーン**を取った後、その音を長く伸ばし、**イー**（入り-）、**チー**（切り-）などとなりますので注意してください。

2) 不規則変化

　　不規則動詞では形がやや異なります。

　　　イチャビーン（行きます）**／イチュン**（行く）⇒**イチ**（行き-）

　　　チャービーン（来ます）**／チューン**（来る）⇒**チー**（来-）

　　　サビーン（します）**／スン**（する）⇒**シー**（し-）

イヤビーン（言います）／'ユン（言う）⇒イー（言い-）

　連用形はさまざまな形（⇨3節、6節）を作る時に必要な形なので、主な動詞についてはいつでも使えるよう覚えてしまいましょう。

2 フサイビーン「欲しいです」

「～が欲しいです」と言いたい時には、**フサイビーン**という形容詞を使います。起源的には日本語の「欲す（ほっす）」と同じです。

　2-1. ワンネー　ジン　フサイビーン。　私はお金が欲しいです。

　2-2. ヤマダサノー　ヌー　フサイビーガ。　山田さんは何が欲しいんですか。

　日本語と同じように（「お金 を／が 欲しい」）、欲求の対象はφ（「を」に相当）でもヌ（「が」に相当）でもどちらでもかまいません（このテキストではφに統一してあります）。また、これも日本語と同じですが、三人称を主語にした「×太郎はお金が欲しいです」のような言い切りの形では使いにくく（×**タルーヤ ジン フサイビーン**）、次のように終止形**フサン**に**(ン)ディ イチョーイビーン**「～と言っています」を付着させる必要があります。

　2-3. タルーヤ　ジン　フサンディ　イチョーイビーン。太郎はお金が欲しいと
　　　言っています。

　形容詞ですから、否定形は**フサコー ネーイビラン**、過去形は**フサイビータン**になります。

　2-4. アイ、ヌミムノー　フサコー　ネーイビラニ*。　そうだ、飲み物は欲し
　　　くないですか。

3 -ブサイビーン「～したいです」

1節で勉強した動詞の連用形に**-ブサイビーン**をつければ「～したいです」になります（普通体は**-ブサン**「～したい」です）。

　3-1. ヌーガナ　ウフィ　カミブサイビーンヤー*。　何かちょっと食べたいですね。

　3-2. オーシロサノー　クヌ　スムチ　ユミブサイビーミ。　大城さんはこの本
　　　を読みたいですか。

　　　—ウー、イッペー　ユミブサイビーン。　はい、とても読みたいです。

「～が欲しいです」と同じように、主語が三人称になる場合には次のような言い方になります。

　3-3. タルーヤ　スムチ　ユミブサンディ　イチョーイビーン。　太郎は本を読
　　　みたいと言っています。

4 ～ジョーグー「～好き」

日本語に「上戸」という言葉がありますが、「お酒が好きな人」という意味でしか用いられません。これに当たる沖縄語は**ジョーグー**で、食べ物や飲み物全般について「～が好きな人」「～が好きでよく食べる(飲む)人」の意味になります。飲食物を表す名詞の後にジョーグーをつけて、**スバジョーグー**「沖縄そば好きな人、沖縄そばをよく食べる人」のように言います。

4-1. **ワンネー　イッペー　タコライスジョーグー　ヤイビーンドー*。**　私はタコライスが大好きなんですよ。

4-2. **ヤマダサノー　サキジョーグー　ヤイビーシガ、チカグロー　アンスカ ヌマビラン。**　山田さんは酒が好きですが、最近はあまり飲みません。

ジョーグーは食べ物や飲み物に用いられ、×**テレビジョーグー**「テレビ好き」、×**'ウドゥイジョーグー**「踊り好き」のような使い方はしません。

5 シチ ヤイビーン「好きです」

「好きです」は**シチ ヤイビーン**と言います。「～するのが好きです」と言いたい時は、「動詞の尾略形+～**シェー**（～することは）」を前に置きます。

5-1. **ワンネー　スムチ　ユムシェー　シチ　ヤイビーン。**　私は本を読むのが好きです。

5-2. **ナカジョーサノー　リョーリ　スシェー　シチ　ヤイビーンヤー*。**　仲門さんは料理をするのが好きなんですね。

また、「好きではありません」と言う時は名詞文の否定形と同じで、**シチェー アイビラン**となります。

5-3. **ワッター　ックワー　アンスカ　ビンチョー　スシェー　シチェー　アイ ビラン。**　うちの子はあまり勉強するのは好きではありません。

6 「～したら」（ネー条件形）

動詞の連用形の末尾を長く伸ばしてから**ネー**をつけると、条件を表す「～したら」の形を作ることができます。

シヌン「死ぬ」⇒**シニ**⇒**シニーネー**「死んだら」

ユムン「読む」⇒**ユミ**⇒**ユミーネー**「読んだら」

アシブン「遊ぶ」⇒**アシビ**⇒**アシビーネー**「遊んだら」

サスン「刺す」⇒**サシ**⇒**サシーネー**「刺したら」

カチュン「書く」⇒カチ⇒**カチーネー**「書いたら」

ウィージュン「泳ぐ」⇒ウィージ⇒**ウィージーネー**「泳いだら」

'ンージュン「見る」⇒'ンージ⇒**'ンージーネー**「見たら」

ただし、丁寧体が**-ヤビーン**、-イビーンで終わる動詞と**スン**、**チューン**の場合は連用形に直接ネーをつけます。

ウキーン「起きる」⇒ウキ⇒**ウキネー**「起きたら」

トゥイン「取る」⇒トゥイ⇒**トゥイネー**「取ったら」

スン「する」⇒シー⇒**シーネー**「したら」

チューン「来る」⇒チー⇒**チーネー**「来たら」

6-1. ハル　<u>**ナイネー**</u>、サクラヌ　サチャビーン。　春になったら桜が咲きます。

6-2. タルーヌ　<u>**チーネー**</u>、クリ　ワタシヨー。　太郎が来たらこれを渡してね。

6-3. チーズトゥ　トマトー、シシンデーヌ　<u>**アイネー**</u>、タコライソー　シグ　チュクラリヤビーサ*。　チーズとトマト、肉などがあったら、タコライスはすぐ作れますよ。

　名詞、ナ形容詞＋**ヤン**、形容詞でも同じように条件形を作ることができます（**ヤイビーン**、-**サイビーン**からビーンを取った形にネーがつきます）。

ダイガクシー　ヤン「大学生である」⇒ダイガクシー　**ヤイネー**「大学生だったら」

ガンジュー　ヤン「元気である」⇒ガンジュー　**ヤイネー**「元気だったら」

マーサン「おいしい」⇒**マーサイネー**「おいしかったら」

6-4. チューヌ　ヤシミ　<u>**ヤイネー**</u>、イチブサイビーシガ。　今日が休みだったら、行きたいんだけどなあ。

6-5. ワンニン　<u>**ワカサイネー**</u>、ユスグニンカイ　イチブサイビーサ。　私も若かったら、外国に行きたいですよ。

練習問題

練習1 例にならって次の動詞の意味を答え、連用形に変えなさい。

例）ウチャビーン（打ちます）⇒ウチ　　イチャビーン（行きます）⇒イチ

a. ヌマビーン⇒　　b. ウィージャビーン⇒　　c. カチャビーン⇒　　d. ニンジャビーン⇒　e. フチャビーン⇒　　f. チャービーン　⇒　　g. トゥバビーン⇒　　h. カカイビーン⇒　　i. 'イヤビーン⇒　　j. イヤビーン　k. サビーン⇒　　l. ンジャサビーン⇒　　m. ヌブイビーン⇒　　n. 'ンージャビーン⇒　o. ンジャビーン⇒　　p. チヤビーン⇒

練習2 絵を見て、例のように文を作り、日本語に訳しなさい。

例1) ワン⇒ワンネー　クルマ　フサイビーン（私は車が欲しいです）。

例2) スズキサン⇒スズキサノー　カミムン　フサンディ　イチョーイビーン
（鈴木さんは食べ物が欲しいと言っています）。

1) ワン⇒　　2) シモジサン⇒　　3) アラサン⇒

練習3

3-1. 例にならって～ブサンの形を作り、意味を答えなさい。

例) ユムン⇒ユミブサン（読みたい）

a. ヌムン⇒　　b. ウィージュン⇒　　c. ウキーン⇒　　d. ニンジュン⇒

e. ナイン⇒　　f. チューン⇒　　g. トゥブン⇒　　h. 'ンージュン⇒

i. 'イーン⇒　　j. ヌジュン⇒　　k. イーン⇒

3-2. 絵を見て、例のように文を作り、日本語に訳しなさい。

例1) ワン⇒ワンネー　ビール　ヌミブサイビーン（私はビールが飲みたいで
す）。

例2) スズキサン⇒スズキサノー　ラーメン　カミブサンディ　イチョーイビー
ン（鈴木さんはラーメンが食べたいと言っています）。

1) ワン⇒　　2) ヤマダサン⇒　　3) トナキサン⇒　　4) ワン⇒　　5) キ
ナサン⇒　　6) ワン⇒

練習4　例にならって質問に答えなさい。

例) チャングトール　スムチ　ユミブサイビーガ。⇒ウィーリキサル　スムチ
ユミブサイビーン（面白い本を読みたいです）。

1) クンドゥヌ　ヤシメー　マーンカイ　イチブサイビーガ。⇒

2) ナマ　ヌー　カミブサイビーガ。⇒

3) チャングトール　ッチュトゥ　ニービチ　シーブサイビーガ。⇒

4) クンドゥヌ　ンマリビーヤ　ヌーヌ　フサイビーガ。⇒

練習5 絵を見て、例にならって文を作り、日本語に訳しなさい。

例)　　　1)　　　2)　　　3)　　　4)

例）アラカチサン⇒アラカチサノー　スバジョーグー　ヤイビーン（新垣さん
　　は沖縄そばが大好きです）

1) ナカジョーサン⇒　　2) オーシロサン⇒　　3) フィジャサン⇒

4) マエハラサン⇒

練習6 例にならって文を作り、日本語に訳しなさい。

例）ヤマダサン、スムチ ユムン⇒ヤマダサノー　スムチ　ユムシェー　シチ
　　ヤイビーン（山田さんは本を読むのが好きです）。

1) スズキサン、オンガク チチュン⇒　　2) ワン、サキ ヌムン⇒

3) トナキサン、サッカー スン　　4) ハラサン、ギター フィチュン⇒

*フィチュン（弾く）

練習7 例にならって、ネー条件形に変え、意味を答えなさい。

例）ウチャビーン⇒ウチーネー（打ったら）　ヌジャビーン⇒ヌジーネー（脱い
　　だら）　イチャビーン⇒イチーネー(行ったら)

a. カマビーン⇒　　b. ウィージャビーン⇒　　c.（ティガミ）カチャビーン⇒

d. ニンジャビーン⇒　e.（スーブ'ウティ）カチャビーン⇒　　f. チャーサビー
ン⇒　　g. トゥバビーン⇒　　h. カカイビーン⇒　　i. ユクイビーン⇒

j. イヤビーン⇒　　k. サビーン⇒　　l. ンジャサビーン⇒　　m. ヌブイビーン
⇒　　n. 'ンージャビーン⇒　　o. ンジャビーン⇒　　p. チヤビーン⇒

*スーブ（試合）

練習8 次の質問に答え、答えを日本語に訳しなさい。

例）クルマヌ　アイネー、ヌー　サビーガ。⇒クルマヌ　アイネー　ドライブ
　　サビーン（車があったらドライブをします）。

1) ハル　ナイネー、チャー　ナイビーガ。⇒

2) ヒャクマンエン　アイネー、ヌー　コーイビーガ。⇒

3) ミチ'ウティ　ドゥシンカイ　イチャイネー、ヌーンディ　イヤビーガ。⇒

ユクランダレー ナイビランドー

🔊 12

（ベッド'ウティ　ニントール　ナカジョーサンガ　オーシロサヌンカイ　ディンワ　ソーン）

ナカジョー：オーシロサン、チューヤ　マジュン　エーガ　'ンージーガ　イ
　　　　　　チュル　フィー　ヤイビーシガ…。

オーシロ：　ナマー　マーンカイ　'ウイビーガ。

ナカジョー：ワッター　ヤーンカイ　'ウイビーン。エーガンカエー　イチブサ
　　　　　　イビーシガ、ハナシチ　カカティ　ネーイビランクトゥ…。

オーシロ：　ウレー　イチデージ　ヤイビーサ。ニチェー　ネーイビラニ。

ナカジョー：ナマ　ハカイビーン…。アイ、サンジュークドゥン　アイビーサ。

オーシロ：　ハナシチ　ナイネー、ヌクタマティ　ユクランダレー　ナイビラ
　　　　　　ンドー。クスイムン　カディ　クィミソーリヨー。

ナカジョー：「クスイムン」ディ　'ユシェー　ヌーヌ　クトゥ　ヤイビーガ。

オーシロ：　クスイムンディ　'ユシェー　カラタンカイ　ユタサル　ムンヌ　ク
　　　　　　トゥ　ヤイビーン。

ナカジョー：アン　ヤイビーサヤー。ヌーガナ　'イームンヌ　アイビーガヤー。

オーシロ：　ムレー　シミソーランキヨー。エーガー　クンドゥ　イチャビラ。

休まなければいけませんよ

（ベッドで寝ている仲門さんが大城さんに電話している）

仲門：　大城さん、今日は一緒に映画に行く日ですが…。

大城：　今どこにいるんですか。

仲門：　私の家にいます。映画には行きたいんですが、風邪をひいてしまったので…

大城：　それは大変ですね。熱はありませんか。

仲門：　今測ります…。あれっ、39℃もありますよ。

大城：　風邪をひいたら暖かくして休まなければいけませんよ。クスイムンを食べてくださいね。

仲門：　「クスイムン」って何のことですか。

大城：　クスイムンっていうのは体にいいもののことです。

仲門：　そうなんですかあ。何かいいものありますかねえ。

大城：　無理しないでくださいよ。映画は今度行きましょう。

● 本課で学ぶ語句 ●

ヌクタマティ　暖かくして

ユクランダレー ナイビランドー　休まなければいけませんよ

ニントール　寝ている(連体形)

ディンワ ソーン　電話している

'ンージーガ イチュン　見に行く

フィー　日

ハナシチ　風邪

カカティ ネーイビラン　かかって(ひいて)しまいました

イチデージ　大変なこと、一大事

ニチ　熱

ハカイビーン　測ります

アイ　あれっ

ユクイン　休む

クスイムン　栄養のある食べ物

カディ クィミソーリヨー　食べてくださいね

～ンディ 'ユシェー　～というのは

カラタ　体

'イームン　いいもの

ムレー シミソーランキヨー　無理なさらないでくださいよ

ケーイン　帰る

ナチュン　泣く

1 動詞の否定形（普通体）

「行きます」「あります」「泳ぎます」は沖縄語でイチャビーン、アイビーン、ウィージャビーンでしたね。これらビーン体の動詞や形容詞はビーンの部分を変化させてさまざまな形を作ることができました。「行きます」を例に復習してみましょう。

	肯定	否定	勧誘
非過去	イチャビーン （行きます）	イチャビラン （行きません）	イチャビラ （行きましょう）
過去	イチャビタン （行きました）	イチャビラッタン （行きませんでした）	［なし］

また、ビーン体から普通体の終止形（Vン）と連体形（Vル）の作り方も勉強しました。ここでは、終止形から普通体の否定形（Vラン）の作り方を学びます。やや複雑に見えますが、覚える語を限定していますからそれほど難しくないはずです。

1）規則変化

規則動詞の否定形の活用のしかたは次の9とおりあります。終止形の語末の**-uN**の直前にくる音に注目してください。

終止形（Vン）　⇒　否定形（Vラン）　　　（動詞の種類）

シヌン「死ぬ」sinuN ⇒ sinaN シナン「死なない」（ナ行動詞）　※シヌンのみ

ユムン「読む」yumuN ⇒ yumaN ユマン「読まない」（マ行動詞）　※他にカムン（食べる）、ヌムン（飲む）など

トゥブン「飛ぶ」tubuN ⇒ tubaN トゥバン「飛ばない」（バ行動詞）　※他にアシブン（遊ぶ）、ユブン（呼ぶ）など

サスン「刺す」sasuN ⇒ sasaN ササン「刺さない」（サ行動詞）　※他にハナスン（話す）、ナラースン（教える）など

カチュン「書く」kacuN ⇒ kakaN カカン「書かない」（カ行動詞）　※他にタチュン（炊く）、ウチュン（浮く）など

カチュン「勝つ」kacuN ⇒ kataN カタン「勝たない」（タ行動詞）　※他にタチュン（立つ）、ウチュン（打つ）など

ウィージュン「泳ぐ」'wiijuN ⇒ 'wiigaN ウィーガン「泳がない」（ガ行動詞）　※他にヌジュン（脱ぐ）、イスジュン（急ぐ）など

ニンジュン「寝る」niNjuN ⇒ niNdaN ニンダン「寝ない」（ダ行動詞）　※他にカンジュン(かぶる)、‘ンージュン(見る)など

トゥイン「取る」tuiN ⇒ turaN トゥラン「取らない」（ラ行動詞）　※他にコーイン(買う)、ウキーン(起きる)、ハジマイン(始まる)など

　終止形が、カ行動詞とタ行動詞では-チュン、ガ行動詞とダ行動詞では-ジュンで終わるため、区別がつかないように思われるかもしれません。しかし、カ行動詞とタ行動詞は、対応する日本語の否定形からほぼ類推できます：「書く」⇒「書かない」（カ行動詞）／「勝つ」⇒「勝たない」（タ行動詞）。また、今の段階では、ガ行動詞は2つ（ウィージュンとヌジュン）、ダ行動詞は3つ（ニンジュン、カンジュン、‘ンージュン）だけ覚えてください。ガ行動詞の否定形（ウィーガン、ヌガン）も対応する日本語の動詞の否定形（「泳がない」「脱がない」）と類似しています。

　沖縄語の動詞は–iN (-yuN)で終わるラ行動詞が多く、ラ行動詞の否定形は-インを-ランに変えるだけです。動詞の活用に慣れる（自由に口をついて出るようになる）までは規則動詞の動詞活用のタイプ（「ナマバサカタガダラ」、これは否定形のンの直前の音を並べたものです）を覚え、それぞれの動詞が何行動詞なのかを意識するようにしてください。

2) 不規則変化

スン「する」⇒サン「しない」 ‘ユン、イーン「言う」⇒’ヤン、イラン「言わない」
イチュン「行く」⇒イカン「行かない」 チューン「来る」⇒クーン「行かない」
アン「ある」⇒ネーラン「ない」 ‘ウン「いる」⇒’ウラン「いない」

2 「〜しなければなりません」（義務）

　否定形Vランを使った文型として、まずVランダレー ナイビラン「〜しなければなりません」を勉強しましょう。Vランの後ろに-ダレー ナイビランをつければ、この形を作ることができます。

2-1. シートー　ガッコーンカイ　イカンダレー　ナイビラン。　学生は学校に行かなければなりません。

2-2. ヌクタマティ　ユクランダレー　ナイビランドー＊。　暖かくして休まなければいけませんよ。

　否定形で終わる文型ですから、過去形は-ダレー ナイビランタン、疑問形は-ダレー ナイビラニ、ダレー ナイビランガとなります。

2-3. タルーン　ケーランダレー　ナイビランタン。　太郎も帰らなければなら

なかった。

2-4. ワンニン　ヤーンカイ　'ウランダレー　ナイビラ<u>ニ</u>。　私も家にいなけれ
ばいけませんか。

3 「〜しないで」（禁止）

Vₗₐₙを述語にもってくると、禁止（「〜しないで」）を表す形になります。
終助詞 -ケー、-キヨー「よ、ね」をつけるのが普通です。

4-1. クマンカイ　<u>クーンケー</u>。　こっちへ来ないでね。

4-2. ナー　<u>ナカンキヨー</u>。　もう泣かないでよ。

4-3. ムレー　<u>シミソーランキヨー</u>＊。　無理しないでくださいよ（シミソーラン
は尊敬動詞シミシェーン「なさる」の否定形で、第26課で勉強します）。

なお、否定形の -aN を -una に換えると禁止専用の形ができます：ナカン
nakaN ⇒ nakuna ナクナ（泣くな）。これはかなり強制的な禁止を表します
（巻末の活用表「1」動詞・普通体」も参照）。

4 数量名詞＋ン「も」

日本語でも「50人」「3杯」のような数を表す名詞（数量名詞）に「も」を
付けると、その数が多いという気持ちを表します（「50人も来た」「ご飯を3杯
も食べた」）。沖縄語でも同様で、数量名詞にン「も」をつけるとその数が多
いという評価の意味を表します。

4-1. （ニチヌ）　<u>サンジュークドゥン</u>　アイビーサ＊。　（熱が）39度もあります
よ。

4-2. アヌ　ヤーヤ　<u>イチオクエヌン</u>　スンドー。　あの家は1億円もするんだよ。

4-3. アマンカエー　クルマー　<u>ヒャクダイン</u>　アンドー。　あそこには車が100
台もあるよ。

5 「〜という」

「いいます」は沖縄語でイヤビーンです。「N1はN2といいます」は第9課で勉
強した引用の助詞ンディ「と」を使って、N1 ヤ N2 ンディ イヤビーンとなり
ます。

5-1. ウヌ　ッチョー　ヤマダサンディ　<u>イヤビーン</u>。　この人は山田さんといいます。

5-2. 「サカナ」ヤ　ウチナーグチッシ　ヌーンディ　イヤビーガ。　「さかな」
は沖縄語では何といいますか。

　　　　　―**イユンディ　イヤビーン**。　「**イユ**」といいます。

イヤビーンは不規則動詞で、終止形は**'ユン**です（**イーン**ともいいます）。連体形は**'ユル**、連用形は**イー**です。

　また、**'ユン**の語尾ンを取った形（尾略形）に「～のもの」を表す形式名詞**シ**をつけると、「～というもの」という表現になります。

　5-3. **クスイムンディ　'ユシェー　カラタンカイ　ユタサル　ムヌヌ　クトゥ　ヤイビーン**＊。　クスイムンっていうのは体にいいもののことです。

　この**～ンディ　'ユシェー**「～というのは」は物事を説明する時によく使われる言い方です。

6　終助詞ガヤー／サヤー

　本課では終助詞を2つ（**ガヤー**と**サヤー**）勉強しましょう。これらは終助詞**サ**と同じように尾略形に接続します。

　ガヤーは、疑念を表す場合に用いられます（「～かなあ」）。

　6-1. **ヤマダサノー　チューヤ　チューガヤー**。　山田さんは今日は来るかなあ。

　6-2. **ヌーガナ　'イームンヌ　アイビーガヤー**＊。　何かいいものありますかねえ。

　サヤーは、軽い驚きを表す時に用いられます（「～よなあ」「～んだなあ」）。

　6-3. **ウチナーンカエー　スバヤーヌ　ウフォーク　アサヤー**。　沖縄には沖縄そば屋がたくさんあるんだなあ。

　6-4. **アン　ヤイビーサヤー**＊。　そうなんですかあ。

練習問題

練習1

1-1. 例にならって動詞を否定形に変え、意味を答えなさい。また、活用のタイプも答えなさい。

例）ヌジュン⇒ヌガン（脱がない）（ガ行）　ウチュン⇒ウタン（打たない）（タ行）　イチュン⇒イカン（行かない）（不規則）

a. ヌムン⇒　b. ウィージュン⇒　c. ニンジュン⇒　d.（スーブ'ウティ）カチュン⇒　e. チューン⇒　f. トゥブン⇒　g. 'ンージュン⇒　h. 'イーン⇒　i. 'ユン⇒　j. イーン⇒　k. カンジュン⇒　l. スン⇒　m. イチュン⇒　n.（プール'ウティ）ウチュン⇒　o. タチュン⇒

1-2. 例にならって、次の否定形の動詞の活用のタイプを答えなさい。また、終止形

に変えて意味を答えなさい。

例）シナン（ナ行）⇒シヌン（死ぬ）

a. ヌマン⇒　　b. ウィーガン⇒　　c. カカン⇒　　d. ニンダン⇒　　e. カタ
ン⇒　　f. クーン⇒　　g. トゥバン⇒　　h. 'ンーダン⇒　　i. 'イラン⇒
j. 'ヤン⇒　　k. カンダン⇒　　l. イカン⇒　　m. ウキラン⇒

【練習2】 例にならって次の質問に答え、答えの部分を日本語に訳しなさい。

例）メーニチ　ドゥヌグレー　ハタラカンダレー　ナイビランガ。⇒ハチジカン
　　グレー　ハタラカンダレー　ナイビラン（毎日8時間ぐらい働かなければ
　　いけません）。

1）ダイガクシーヤ　ヌー　サンダレー　ナイビランガ。⇒
2）ウフッチュ　ナイネー、ヌー　サンダレー　ナイビランガ。⇒
3）メーニチ　ナンジニ　ウキランダレー　ナイビランガ。⇒
4）'ウタトール　トゥチェー　チャー　サンダレー　ナイビランガ。⇒

*'ウタトール トゥチ（疲れた時）

【練習3】 例にならって文を作り、日本語に訳しなさい。

例）ウミブドー、レーゾーコ、イリーン⇒ウミブドー　レーゾーコンカイ　イリ
　　ランケー（海ぶどうを冷蔵庫に入れないでね）。

1）クヌ ティガミ、ユムン⇒
2）ワーク トゥ、ワシリーン⇒
3）ウヌ クヮーシ、ウチャク、タミヌ ムヌ、ヤン、クトゥ／カムン⇒
4）ウレー、テーシチ、ムヌ、ヤン、クトゥ／シティーン⇒

*ウチャク（お客）、タミ（ため）、テーシチ（大切）

【練習4】 絵を見て、例のように文を作り、日本語に訳しなさい。

104

*ユンフン（4本）、チヤビーン（釣ります）

例1）ヤー、メー（イン）⇒ヤーヌ　メーンカイ　インヌ　ユンピチン　'ウイ
　　　ビーン（家の前に犬が4匹もいます）

例2）マエハラサン、ヌマビーン（ビール）⇒マエハラサノー　ビール　ユンフ
　　　ヌン　ヌマビタン（真栄原さんはビールを4本も飲みました）。

1）チューシャジョー（フェラーリ）⇒　　2）ヤマダサン（ツクヮ）⇒　　3）
ワン、ジャシチ⇒　　4）ギンコー（ジン）⇒　　5）アラカチサン、チヤビー
ン（イユ）⇒　　6）オーシロサン、ユマビーン（エーゴヌ　スムチ）⇒　　7）
フィジャサン、カマビーン（ムヌ）⇒　　8）ナカジョーサン、ハーエー　サビー
ン（グキロ）

練習5　絵を見て、例のように**Nンディ　イヤビーン**の形を作り、日本語に訳しなさい。

例）　　　　　1）　　　　　2）　　　　　3）

例）a.（イユ、ヤマトゥグチ）⇒イヨー　ヤマトゥグチッシ　「サカナ」ンディ
　　　イヤビーン（イユは日本語では魚と言います）。
　　b.（サカナ、ウチナーグチ）⇒「サカナ」ヤ　ウチナーグチッシ　イユン
　　　ディ　イヤビーン（魚は沖縄語ではイユといいます）

1）（ハサミ、ウチナーグチ）⇒　　2）（スバ、ヤマトゥグチ）⇒　　3）（ミズ、
　　ウチナーグチ）⇒

練習6　例にならって文を作り、日本語に訳しなさい。

例1）アチャ、アミ、フイビーン（ガヤー）⇒アチャ　アミヌ　フイガヤー（明日
　　　雨が降るかな）。

1）チュー、パーティー、ッチュ、イクタイ、チューン（ガヤー）
2）クンチチ、ティマー、チャッサ、ヤン（ガヤー）
3）タルー、コンシュー、ン、ヒャクテン、トゥイビタン／ディキヤー、ヤイビー
　　ン（サヤー）

*イクタイ（何人）、ティマ（給料）、チャッサ（いくら）、ディキヤー（よくできる人）

第12課 ナーダ チラリヤビーガヤー

ジューニ

🔊 13

オーシロ： タチチェー アラサンヌ ニービチ ウユウェー ヤイビーン
　　　　　ヤー。ニービチ ウユウェーンカエー ウフォークヌ ッチュヌ
　　　　　チャーガ チャービーンディドー。

ナカジョー： ワンニン ウユウェーンカイ イチャビーサ。

オーシロ： アラサントゥ ニービチ スル ッチョー チャングトール
　　　　　ッチュ ヤイビーガ。

ナカジョー： イッペー 'イーカーギー ヤイビーンドー。オーシロサン、ウユ
　　　　　　ウェーヌ タミニ チール チノー ナー シコーイビティー。

オーシロ： ワンネー ナー チュラジン コーイビタサ。

ナカジョー： オーシロサン、クヌ チノー ナーダ チラリヤビーガヤー。

オーシロ： ヤイビーサヤー…チラリヤビーシガ、イフェー フルサンネー サ
　　　　　ビーンヤー。

ナカジョー： アンシェー、アラサンヌ ウユウェーヌ タミニ ミージン チュ
　　　　　　クイビラ'ウー。ヤシガ アンスカ ジノー ネーイビランサ。

オーシロ： チノー ジン カキラン グトゥ チュクラリヤビーンドー。ヌヌ
　　　　　コーティッチ ドゥークルッシ チュクイシェー マシ ヤイ
　　　　　ビーン。ワーガ ナカジョーサヌンカイ ナラーサビーサ。

106

まだ着られますかねえ

大城：　来月は新良さんの結婚式ですね。結婚式にはたくさんの人たちが来る
　　　　そうですよ。

仲門：　私も結婚式に行きますよ。

大城：　新良さんと結婚する人ってどんな人ですか。

仲門：　とてもきれいな方ですよ。大城さん、結婚式のために着る服はもう準
　　　　備しましたか。

大城：　私はもうきれいな服を買いましたよ。

仲門：　大城さん、この服、まだ着られますかねえ。

大城：　そうですね、着られますけど、ちょっと古いみたいですね。

仲門：　じゃあ、新良さんの結婚式のために、新しい服を作りましょうね。で
　　　　も、あまりお金がないんですよ。

大城：　服はお金をかけずに作れますよ。布を買ってきて、自分で作るといい
　　　　ですよ。私が仲門さんに教えますよ。

● 本課で学ぶ語句 ●

チラリヤビーン　着られます

ニービチ ウユウェー　結婚式（単にウユ
　　ウェーともいう）

チャービーンディドー　来るそうですよ

タミ　ため

チーン　着る

シコーイビーン　準備します

チュラジン　きれいな服

フルサンネー サビーンヤー　古いよう
　　ですね

ナーダ　まだ（マーダの別の形）

ミージン　新しい服

チュクイビラ'ウー　作りましょうね（意
　　志を表す）

ジン カキラン グトゥ　お金をかけずに

ヌヌ　布

コーティ ッチ　買ってきて

ドゥークルッシ　自分自身で

チュクイシェー マシ ヤイビーン　作る
　　といいです

ンジーン　出る

イチチェー 'ウラン　生きているのでは
　　ない

ガンチョー　眼鏡

カキーン　掛ける

カタジキーン　片づける

ハチュン　履く

サバ　草履

クムン　履く

カンジュン　かぶる

1 可能形①（リーン形）

　日本語ではその人ができるかどうか（能力可能「私は泳げない」）と条件や状況によって可能かどうか（条件可能「今日は波が高くて泳げない」）の区別はありませんが、沖縄語にはこの区別が見られます。ある条件のもとで可能・不可能を表すのは、沖縄語では**-リーン**を使います。**ユマリーン**「読める」、**カマリーン**「食べられる」、**アッカリーン**「歩ける」のように否定形から**ン**をとって**リーン**をつけます。否定形の**ン**の前に**リー**が入ると考えてもいいでしょう。

a）リーン形の作り方

1）規則変化

	終止形（**V**ン）	否定形（**V**ラン）	リーン形
[ナ行動詞]	シヌン	シナン	シナリーン（死ねる）
[マ行動詞]	ユムン	ユマン	ユマリーン（読める）
[バ行動詞]	トゥブン	トゥバン	トゥバリーン（飛べる）
[サ行動詞]	サスン	ササン	ササリーン（刺せる）
[カ行動詞]	カチュン	カカン	カカリーン（書ける）
[タ行動詞]	タチュン	タタン	タタリーン（立てる）
[ガ行動詞]	ウィージュン	ウィーガン	ウィーガリーン（泳げる）
[ダ行動詞]	ニンジュン	ニンダン	ニンダリーン（寝られる）
[ラ行動詞]	トゥイン	トゥラン	トゥラリーン（取れる）

2）不規則変化

　　'ユン、イーン「言う」⇒**'ヤリーン、イラリーン**「言える」

　　イチュン「行く」⇒**イカリーン**「行ける」

　　チューン「来る」⇒**クーラリーン**「来られる」　　**'ウン**⇒**'ウラリーン**「いられる」

　　※ただし、**スン**「する」のみは**ナイン**「できる」になります。

b）リーン形の変化

　リーン形自体はラ行動詞ですが、否定形は**-リラン**ではなく**-ラン**になります。

　　カマリール（クサ）「食べられる（草）」　　**カマリタン**「食べられた」

　　カマラン（×カマリラン）「食べられない」　　**カマランタン**「食べられなかった」

　　カマリヤビーン「食べられます」　　**カマリヤビラン**「食べられません」

c）リーン形の意味

　上に述べたように、この形の表す「可能」は、ある条件のもとで可能（あ

るいは不可能）という場合に使われる「条件可能」です。

1-1. ウヌ　ギューニューヤ　マーダ　ヌマリーンドー。　この牛乳はまだ飲めるよ。

1-2. アミヌ　フトークトゥ、フカンカイ　ンジララン。　雨が降っているので外へ出られない。

1-3. ナミヌ　タカサクトゥ、ウィーガリヤビランタン。　波が高かったので、泳げませんでした。

1-4. クヌ　チノー　ナーダ　チラリヤビーガヤー＊。　この服、まだ着られますかねえ。

「太郎は泳げます」「私は沖縄語が話せます」など能力があるという意味の可能は‐**ユースン**という形で表します。これについては第17課で勉強します。

2 「〜するために」（目的）

目的を表す時には**タミニ**「ために」を使います。**タミニ**の前にくるのは動詞の連体形（**V**ル）です。

2-1. ダイガクンカイ　イールタミネー　ウミハマティ　ビンチョー　サンダレー　ナイビラン。　大学に入るためには、一生懸命勉強しなければなりません。

2-2. カムル<u>タミニ</u>　イチチェー　'ウラン。イチュル　<u>タミニドゥ</u>　ムヌ　カムル。　食べるために生きているのではない。生きるためにこそ食べるのだ。

Nヌが**タミニ**の前にくることもあります。

2-3. アラサンヌ　ウユウェーヌ　<u>タミニ</u>　ミージン　チュクイビラ'ウー＊。　新良さんの結婚式のために、新しい服を作りましょうね。

3 「〜せずに」

「〜しないで／〜せずに」は沖縄語では**V**ラン　**グトゥ**という形を使います。

3-1. タンメーヤ　ガンチョーヤ　<u>カキラン　グトゥ</u>　テレビ　'ンージャビーン。　祖父は眼鏡をかけずにテレビを見ます

3-2. ナチヌ　ヤシメーヤ　ビンチョーン　<u>サン　グトゥ</u>　メーニチ　ドゥシトゥ　アシバビタン。　夏休みは勉強もしないで毎日友達と遊びました。

3-3. ワンネー　ジャシチェー　<u>カタジキラン　グトゥ</u>　ニンジャビタン。　私は部屋を片づけないで寝ました。

3-4. チノー　ジン　<u>カキラン　グトゥ</u>　チュクラリヤビーンドー＊。　服はお金をかけずに作れますよ。

4 着脱を表す動詞

衣服などの着用には以下の動詞を用います。

チン／シャツ／ブラウス チーン「服／シャツ／ブラウスを着る」

ズボン／スカート ハチュン「ズボン／スカートを履く」

クツ／サバ／クツシタ クムン「靴／草履／靴下を履く」

ボーシ／カツラ カンジュン「帽子／かつらをかぶる」

ガンチョー カキーン「眼鏡をかける」

4-1. ワー ックワー マーダ ティーチ ヤイビーシガ、ナー ドゥークルッシ チン **チヤビーン**。 私の子どもはまだ1歳ですが、もう自分で服を着ます。

4-2. ウミンカイ イチーネー サバ **クマビーン**。 海に行ったら草履を履きます。

4-3. クヌ チノー ナーダ **チラリヤビーガヤー***。 この服、まだ着られますかねえ。

「脱ぐ」「取る」場合には次の動詞を用います。

チン／ズボン／クツ ヌジュン「服／ズボン／靴を脱ぐ」

ボーシ／ガンチョー トゥイン「帽子／眼鏡を取る」

5 「〜しましょうね」（一人称の意志）

第6課で勉強したように**（マジュン）V**ビラは「（一緒に）しましょう」という意味でしたが、一人称の意志（決意）を表すためにも用いられます（この点は日本語も同じです。「じゃあ、私が行きましょう」などなら日本語でも意志を表しますね）。しかし、沖縄語の場合は終助詞**'ウー**が一緒に用いられると意志の意味でしか用いられないものとなります。

5-1. ワーガ **イチャビラ'ウー**。 私が行きましょうね。

5-2. ハサンッシ **チヤビラ'ウー**。 はさみで切りましょうね。

5-3. アラサンヌ ウユウェーヌ タミニ ミージン **チュクイビラ'ウー***。
新良さんの結婚式のために、新しい服を作りましょうね。

ウチナーヤマトゥグチでは「〜しましょうね」が勧誘ではなく意志でよく用いられるのですが（しばしば混乱を引き起こします）、それはこの形の影響を残しているといえそうです。

6 「～たち」（人を表す名詞の複数形）

　人を表す名詞は「名詞＋**ヌ**（の）＋**チャー**（たち）」で複数を表すことができます。主語になる場合は助詞はヌでなく**ガ**になります：**ウットゥヌ／ウットゥヌチャーガ　チャービタン**「弟・妹／弟たち・妹たちが来ました」。

　　6-1. アチャー　<u>シートゥヌチャーガ</u>　ウフォーク　チューンドー。　明日は生徒たちがたくさん来るよ。

　　6-2. ニービチ　ウユウェーンカエー　ウフォークヌ　<u>ッチュヌチャーガ</u>　チャービーンディドー＊。　結婚式にはたくさんの人たちが来るそうですよ。

　また、**ワラビンチャー**「子供たち」など、よく使われる複数は**ヌ**が**ン**に変わるので注意してください。

　　6-3. <u>ワラビンチャーヤ</u>　ジドーカン 'ウティ　アシブンナー。　子どもたちは児童館で遊ぶの？

練習問題

練習1 例にならって次の動詞をリーン形に変え、何行動詞かを答えなさい。また、意味を書きなさい。

例）ヌムン（マ行）⇒ヌマリーン（飲める）
　　イチュン（不規則）⇒イカリーン（行ける）

a. クムン⇒　　b. ウィージュン⇒　　c. カチュン（カ行）⇒　　d. ニンジュン⇒　　e. カチュン（タ行）⇒　　f. チューン（不規則）⇒　　g. トゥブン⇒　h. 'ンージュン⇒　　i. 'イーン⇒　　j. 'ユン⇒　　k. イーン⇒　　l. カンジュン⇒　　m. イチュン⇒　　n. スン ⇒　　o. キーン⇒　　p. チーン⇒　　q. ヤシムン⇒

練習2 例にならって質問に答え、日本語に訳しなさい。

例）A：チューヤ　ウミ 'ウティ　ウィーガリヤビーミ。（'ウー 'ウー、ナミ、タカサン）⇒
　　B：'ウー 'ウー、ナミヌ　タカサクトゥ、ウィーガリヤビラン（いいえ、波が高くて泳げません）。

1）　A：クマ 'ウティ　タバク　フカリヤビーミ。（'ウー 'ウー、ンマ、キンエン）
　　⇒

2）　A：チューヤ　シクチ　ナイビーミ。（'ウー 'ウー、ハナシチ ヤイビーン）
　　⇒

3) A：ヤマダサノー　ユスグニ'ウティ　クルマヌ　ウンテン　ナイビーミ。
（'ウー'ウー、コクサイメンキョヌ　ネーラン）⇒

（練習3）

3-1. 例にならって、**V ル タミニ**を使って文を完成させ、日本語に訳しなさい。

例）'イーティン、トゥイビーン／ウミハマティ、ビンチョー　サビーン⇒
　　'イーティン　トゥイルタミニ、ウミハマティ　ビンチョー　サビーン（良
　　い点を取るために一生懸命勉強します）。

1) ウチナーグチ　ナライビーン／クタチチ　ウチナーンカイ　チャービタン。
　　⇒
2) クルマ　コーイビーン／ジン　タミヤビタン⇒
3) イサ、ナイビーン／イガクブンカイ、イヤビーン、-ンディチ　ヤイビーン⇒
4) ラフテー、チュクイビーン／シシ、コーイビタン⇒

　　　　　　　　　　　　*'イーティン（（テストなどの)いい点）、タミヤビーン（貯めます）

3-2. 例にならって、**N ヌ タミニ**を使って文を完成させ、日本語に訳しなさい。

例）チヌー、ックヮ／ケーキ　コーイビーン⇒チヌー　ックヮヌ　タミニ　ケーキ
　　コーイビタン（昨日子どものためにケーキを買いました）。

1) ッチュ／ウミハマティ　ハタラチブサイビーン⇒
2) ヤンメームン／カチューユー、チュクイビーン⇒
3) センシュー、ワラビンチャー／'イーヌ　スムチ、コーイビーン⇒

*ヤンメームン（病人）、カチューユー（鰹汁；沖縄では病気になるとよく作る）、'イーヌ　スムチ（絵本）

（練習4）絵を見て、例のように文を作りなさい。

例） 1) 2) 3) 4)

例）ガンチョー　カキーン／スムチ　ユマビーン⇒ガンチョー　カキラン　グトゥ
　　スムチ　ユマビーン（眼鏡をかけないで本を読みます）。

1) コーレーグス　カキーン／チャンプルー　カマビーン⇒
2) カサ　ムチュン／ガッコーンカイ　イチャビタン⇒
3) シートベルトー　スン／ウンテン　サビーン⇒
4) サーター　イリーン／コーヒー　ヌマビーン⇒

（練習5）絵を見て、例のように文を作り、日本語に訳しなさい。

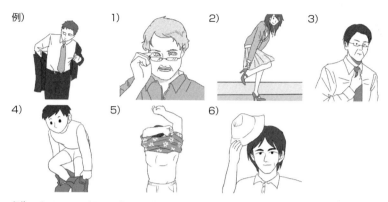

例） タルー、チン⇒タルーヤ　チン　チヤビーン（太郎は服を着ます）。

1）ボストンサン、ガンチョー⇒　　2）ミサキサン、ゲンカン、クツ⇒

3）クニシサン、ネクタイ⇒　　　　4）'イキガワラビ、ズボン⇒

5）マエハラサン、シャツ⇒　　　　6）アラカチサン、ボーシ⇒

練習6 例にならって文を作り、日本語に訳しなさい。

例） カティムン、ネーイビラン、-クトゥ／フリカケ、ムヌ、カマビーン⇒カティ
　　ムノー　ネーイビランクトゥ　フリカケッシ　ムヌ　カマビラ'ウー（おか
　　ずがないので、ふりかけでごはんを食べましょう）。

1）ターン、イチャビラン、-クトゥ／ワン、イチャビーン　　2）ハサン、ネー
イビラン、-クトゥ／ハー、-ッシ、チヤビーン　　3）ユス、ッチュ、イカン、
-クトゥ／ワッター、イチャビーン

*ユス（ほか）

練習7 例にならって、語を組みあわせ、必要なら形を変えて文を作り、日本語に
訳しなさい（どこかで**〜ヌチャー（〜ンチャー）**を使いなさい）。

例） アチャーヤ、ッチュ、ンマ、ウフォーク、チャービーン⇒アチャーヤ　ッ
　　チュヌチャーガ　ンマンカイ　ウフォーク　チャービーン（明日は人々が
　　ここにたくさん来ます）。

1）クマ、シートゥ、グジューニン、'ウイビーン⇒　　2）ウットゥ、キッサ、
ヤー、ケーイビタン⇒　　3）ワラビ、'ンマ、クワーシ、カマビタン⇒

第13課 クルマッシ ソーティンジ クイミソーレー
ジューサン

🔊 14

ナカジョー：アイ、ナマ　ナンジ　ナトーイビーガ。

アヤー：　　ナー、ハチジ　ナトーサ。

ナカジョー：アキサミヨー、アサニ　ッシ　ネーラン。アヤー、クルマッシ
　　　　　　ソーティ　ンジ　クィミソーレー。

アヤー：　　チューヤ　ワンニン　ナマカラ　ドゥシトゥ　ヤクスクヌ　アシガ
　　　　　　…シカター　ネーランサ。ミサキ　ヤクスマディ　ソーティ　ンジ
　　　　　　カラ　ドゥシトゥ　イチャイサ。

ナカジョー：ニフェー　デービル。シグ　シコーイビークトゥ、ウフィグワー
　　　　　　マッチョーティ　クィミソーレー。マドゥヌ　ネーランクトゥ　チ
　　　　　　ヌートゥ　'イヌチン　チチ　イチャビーサ。

アヤー：　　ケショーヤ　サンティン　シムミ。

ナカジョー：アン　スル　マドー　ネーイビランサ。クルマヌ　ナーカ'ウティ
　　　　　　サビーサ。

アヤー：　　ナー　ニッカマディ　テレベー　'ンーダンキヨー。

車で送っていってください

仲門：　あれ、今何時ですか。

母：　　もう、8時よ。

仲門：　ええっ、朝寝坊しちゃった。お母さん、車で送っていってください。

母：　　今日は私も今から友達と約束があるんだけど…仕方ないわね、みさき
　　　　を市役所に送っていってから友達と会うわ。

仲門：　ありがとう。すぐ支度しますから、ちょっと待っててください。時間
　　　　がないから昨日と同じ服を着て行きますよ。

母：　　お化粧しなくていいの？

仲門：　そんな時間ないですよ。車の中でしますよ。

母：　　もう、遅くまでテレビ見てるんじゃないよ。

● 本課で学ぶ語句 ●

ソーティ ンジ クィミソーレー　送って
　いってください

ナトーイビーン／ナトーン　なりました
　／なった

アキサミヨー　えっ、あれっ、ああ

アサニ　朝寝坊

ウキティ ネーラン　起きてしまった

ヤクスク　約束

シカター ネーラン　仕方がない

ソーティカラ　送ってから

イチャイン　会う

シグ　すぐ

シコーイ　準備

アン スン　そうする

マドゥ　（何かをするための）時間

'イヌ～　同じ～

ニッカ　（時刻が）遅く

サンティン シムン　しなくてよい

グブリー ヤイビーシガ　失礼ですが

マース　塩

イチュター　ちょっと

マチュン　待つ

カドゥ　角

マガイン　曲がる

ソーイン　送る

イラースン　貸す

ケースン　返す

チル　鶴（女性の名前）

カトーン　借りている

クワッチー　ごちそう

シッチョーミ　知っているか

クーワ　来い、来なさい

ウワイン　終わる

● 文法解説 ●

1 「〜して」（動詞のティ形）

　日本語の動詞には「書いて」「走って」「読んで」など「〜して」の形があります。終止形と異なり、音便の形があるため、やや複雑な変化をします。沖縄語でも同様で、動詞の種類によって語尾の部分がティ、ディ、チなどに変化します。これをラ行動詞の形を取って**V**ティと表し、ティ形と呼ぶことにします。終止形ではカ行、タ行動詞が同じ形になってしまう（**カチュン**や**ウチュン**など）ので否定形から変化させます。

1) 規則変化

	否定形(**V**ラン)	⇒	ティ形(**V**ティ)	

[ナ行動詞] **シナン**「死なない」 ⇒ **シジ**「死んで」　　ナ⇒ジ

[マ行動詞] **ユマン**「読まない」 ⇒ **ユディ**「読んで」　　マ
[バ行動詞] **トゥバン**「飛ばない」 ⇒ **トゥディ**「飛んで」　　バ ⇒ ディ

※他の例：**ヌマン**「飲まない」⇒**ヌディ**「飲んで」、**アシバン**「遊ばない」⇒**アシディ**「遊んで」

[サ行動詞] **ササン**「刺さない」 ⇒ **サチ**「刺して」　　サ
[カ行動詞] **カカン**「書かない」 ⇒ **カチ**「書いて」　　カ ⇒ チ

※他の例：**ハナサン**「話さない」⇒**ハナチ**「話して」、**ウクサン**「起こさない」⇒**ウクチ**「起こして」、**ナカン**「泣かない」⇒**ナチ**「泣いて」

[タ行動詞] **タタン**「立たない」 ⇒ **タッチ**「立って」　　タ⇒ッチ

※他の例：**カタン**「勝たない」⇒**カッチ**「勝って」、**ウタン**「打たない」⇒**ウッチ**「打って」

[ガ行動詞] **ウィーガン**「泳がない」 ⇒ **ウィージ**「泳いで」　　ガ ⇒ ジ

※他の例：**ヌガン**「脱がない」⇒**ヌジ**「脱いで」

[ダ行動詞] **ニンダン**「寝ない」 ⇒ **ニンティ**「寝て」　　ダ
[ラ行動詞] **トゥラン**「取らない」 ⇒ **トゥティ**「取って」　　ラ ⇒ ティ

※例外：**'ンーダン**「見ない」⇒**'ンーチ**「見て」

※他の例：**カンダン**「被らない」⇒**カンティ**「被って」、**ウキラン**「起きない」⇒**ウキティ**「起きて」

「**ナ・ジ、マバ・ディ、サカ・チ、タ・ッチ、ガ・ジ、ダラ・ティ**」のようにルールを覚え、最初は何行動詞で否定形は何か、とひとつひとつ確認しながら唱えているうちに、自然に口について出るようになるはずです。

2) 不規則変化
スン「する」⇒ッシ「して」　イチュン「行く」⇒ンジ(＜往じ(おうじ))「行って」
チューン「来る」⇒ッチ「来て」　'ユン、イーン「言う」⇒イチ「言って」

2 「～してください」

　Vティを使った言い方を勉強しましょう。**V**ティと**クィミソーレー**「ください」
を組み合わせると、依頼をする時の表現「～してください」になります。
- 2-1. グブリー　ヤイビーシガ、マース　トゥティ　クィミソーレー。　すみま
せんが、塩を取ってください。
- 2-2. イチュター　マッチ　クィミソーレー。　ちょっと待ってください。
- 2-3. アヌ　カドゥ　ニジリンカイ　マガティ　クィミソーレー。　あの角を右
に曲がってください。
- 2-4. クルマッシ　ソーティ　ンジ　クィミソーレー＊。　車で送っていってくだ
さい。

　クィミソーレーの代わりに**クィミソーリ**、**クィミソーリヨー**の形もあります。
- 2-5. ウヌ　マンガ　イラーチ　クィミソーレー。　この漫画貸してください。
- 　―アチャ　ケーチ　クィミソーリヨー。　明日返してよ。

3 「同じ～」

　沖縄語で「同じ」ことを表す言葉**'イヌ-**は日本語の「同じだ」とは少し異
なっています。日本語では「同じだ」のように述語にすることができますが、
'イヌ-は常に後ろに名詞を伴った形でしか用いられません。「～と～は同じだ」
と言いたい時には**N1ヤ N2トゥ 'イヌN3 ヤン**「N1はN2と同じN3だ」とい
う形で表します。
- 3-1. ウヌ　スムチトゥ　アヌ　スムチェー　'イヌムン　ヤイビーン。　この本
とあの本は同じ(もの)です。
- 3-2. ワートゥ　アリトー　ンマリビーヤ　'イヌフィー　ヤイビーンドー。　私
とあいつとは誕生日は同じ日ですよ。
- 3-3. チヌートゥ　'イヌチン　チチ　イチャビーサ＊。　昨日と同じ服を着て行き
ますよ。
- 3-4. クヌ　ペントゥ　'イヌイルヌ　ペン　クィミソーレー。　このペンと同じ
色のペンをください。

4 指小辞-グワー

　日本語と同じように、沖縄語にも語の後ろについてさまざまな語彙的な意味を付け加える働きをする接尾辞があります。中でも沖縄語でよく用いられる -グワーは、1) 小さい／少ないこと、2) かわいいこと、3) 粗末なこと、などを表すので、「指小辞」といわれることがあります。

> 4-1. アマンカイ　イング<u>ワー</u>ヌ　'ウイビーン。　あそこに子犬がいます。
>
> 4-2. ウフィ<u>グワー</u>　マッチョーティ　クィミソーレー*。　ちょっと待っててください。
>
> 4-3. スムチ　トゥティ　クィミソーレー、チルー<u>グワー</u>。　本を取ってください、鶴ちゃん。
>
> 4-4. アヌ　クワーシ<u>グワー</u>　コーティ　クィミソーレー。　この駄菓子を買ってください。
>
> 4-5. ワンネー　コーエンジンディ　'ユル　トゥクルンカイ　ヤー<u>グワー</u>　カトーン。　私は高円寺というところに粗末な部屋を借りている。

5 「〜してしまう」

　動詞のティ形に**ネーラン**「ない」を組み合わせると、「〜してしまう」という「完了」あるいは「後悔」の意味を表します

> 5-1. クワッチーヤ　ナー　<u>カディ　ネーイビラン</u>。　ごちそうはもう食べてしまいました。
>
> 5-2. アサニ　<u>ッシ　ネーラン</u>*。　朝寝坊しちゃった。
>
> 5-3. ウヌ　スムチ　シッチョーミ。イッペー　ウムサクトゥ、シグ　<u>ユディ　ネーランサ</u>。　この本、知ってる？とても面白かったから、すぐに読んでしまったよ。

　日本語には「してしまう」（現在、未来）、「してしまった」（過去）の区別がありますが、沖縄語の**Vティ ネーラン**にはこの区別はありません。日本語に訳す時は意味に応じて訳し分けてください。

　なお、沖縄語を強く保持している話者の日本語では、これを直訳した「〜してない」という形が用いられることがあります。確かにしたのに「してない」と言われるとびっくりしますが、これは「してしまった」の意味で用いられているのです。

6 「～してから」

　もうひとつティ形から作る形を勉強しておきましょう。**V**ティカラは日本語の「～てから」と同様に、「動作が終わってから」いう意味を表します。

6-1. ティー　<u>アラティカラ</u>　ムヌ　カマビーン。　手を洗ってからご飯を食べます。

6-2. ビンチョーヌ　<u>ウワティカラ</u>　アシブンディチ　ヤイビーン。　勉強が終わってから遊ぶつもりです。

6-3. ハー　<u>アラティカラ</u>　ニンダンダレー　ナイビラン。　歯を磨いてから寝なければなりません。

6-4. ミサキ　ヤクスマディ　ソーティ　<u>ンジカラ</u>　ドゥシトゥ　イチャイサ*。　みさきを市役所まで送っていってから友達と会うわ。

練習問題
....

〔練習1〕

1-1. 例にならって、次の動詞が何行動詞か答えなさい。また、ティ形に変えて日本語の意味を答えなさい。

例）アライン（ラ行）⇒アラティ（洗って）　　ウチュン（タ行）⇒ウッチ（打って）

a. ヌムン⇒　　b. ハナスン⇒　　c. カチュン（カ行）⇒　　d. ニンジュン⇒　e. マチュン（タ行）⇒　　f. チューン⇒　　g. トゥブン⇒　　h. 'ンージュン⇒　i. ウタイン⇒　　j. 'ユン⇒　　k. サスン⇒　　l. アシブン⇒　　m. イチュン⇒　　n. ウィージュン⇒　　o. シヌン⇒　　p. スン⇒　　q. ウチュン（カ行）⇒

1-2. 例にならって日本語の意味を答え、下線部の動詞の終止形と何行動詞かを答えなさい。

例）'イー <u>カチ</u>⇒絵をかいて　（カチュン）（カ行）

a. ガンチョー <u>カキティ</u>⇒　　b. ツクエヌ ウィーンカイ <u>タッチ</u>⇒　　c. ッチュ <u>マッチ</u>⇒　　d. ックワ <u>ウクチ</u>⇒　　e. スーブ'ウティ <u>カッチ</u>⇒　　f. クマンカイ <u>ッチ</u>⇒　　g. ティント <u>トゥディ</u>⇒　　h. エーガ 'ンーチ⇒　　i. チラ <u>アラティ</u>⇒　　j.「アガー」ンディ <u>イチ</u>⇒　　k. ボーシ <u>カンティ</u>　　l. トーキョーンカインジ⇒

*スーブ（試合、勝負）、ティン（空）

119

2-1. 例にならって文を作り、日本語に訳しなさい。

例）ティー アライビーン⇒ティー アラティ クィミソーレー（手を洗ってくだ
　　さい）。

1）スムチ コーイン⇒　　2）クマンカイ チューン⇒　　3）ナーファンカイ
イチュン⇒　　4）エーガ 'ンージュン⇒　　5）サバ クムン⇒　　6）ボーシ
ハンスン⇒

＊サバ（草履）、ハンスン（はずす）

2-2. 絵を見て、例のように文を作り、日本語に訳しなさい。

例）クルマ（ヌイン）⇒クルマンカイ ヌティ クィミソーレー（車に乗ってく
　　ださい）。

1）エンピツ（カチュン）⇒　　2）メンキョショー（ミシーン）⇒
3）サシン（トゥイン）⇒　　4）ドア（ミチーン）⇒

＊ヌイン（乗る）、ミシーン（見せる）、ミチーン（閉める）

練習3　絵を見て、例のように文を作り、日本語に訳しなさい。

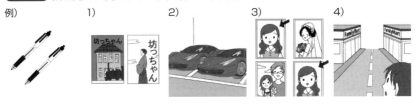

例）ウヌ ペントゥ⇒ウヌ ペントゥ ウヌ ペノー 'イヌペン ヤイビーン
　　（このペンとこのペンは同じペンです）。

1）ウヌ スムチトゥ⇒　　2）アヌ クルマトゥ⇒　　3）ウヌ ッチュトゥ⇒
4）アヌ コンビニトゥ⇒

練習4　文中の-グヮーに注意して日本語に訳しなさい。

例）アマンカイ イングヮーヌ ニヒチ 'ウイビーン。⇒あそこに小犬が2匹
　　います。

1）チルーグヮー、スムチ トゥティ クィミソーレー。⇒

2）ワー　イング<u>ヮ</u>ーヤ　ナマ　インヌ　ヤーグ<u>ヮ</u>ーンカイ　'ウイビーン。⇒

3）スバンデー　ウフィグ<u>ヮ</u>ー　カミブサイビーンヤー。⇒

練習5 例にならって、**V**ティ **ネーイビラン**の文を作り、日本語に訳しなさい。

例） 1） 2） 3） 4）

例）　タルーヤ　アメリカンカイ　<u>イチャビタクトゥ</u>、ワンネー　サビッサイビー
　　ン。⇒タルーヤ　アメリカンカイ　<u>ンジ　ネーイビラン</u>クトゥ、ワンネー
　　サビッサイビーン（太郎はアメリカに行ってしまいましたので、私はさび
　　しいです）。

1）　イッペー　マーサイビータクトゥ　ケーキ　ムル　<u>カマビタン</u>。⇒

2）　イッペー　'ウタトータクトゥ　ジュージカヌ　<u>ニンジャビタン</u>。⇒

3）　イスジ　ハーエー　サビタシガ、バソー　ナー　<u>イチャビタン</u>。⇒

4）　チヌーヤ　ドヨービ　ヤイビータクトゥ、ゲーム　ジュージカン　<u>サビタン</u>。
　　⇒

　　　　＊サビッサイビーン（さびしいです）、ムル（全部）、'ウタトータクトゥ（疲れていたので）

練習6 2つの文を1つにして、日本語に訳しなさい。

例）　デンワ　カキーン／ドゥシヌ　ヤーンカイ　イチュン。⇒ディンワ　カキティカ
　　ラ、ドゥシヌ　ヤーンカイ　イチャビーン（電話をかけてから友達の家に
　　行きます）。

1）　シュクダイ　スン／ニンジュン⇒

2）　シクチヌ　ウワイン／サキ　ヌムン⇒

3）　アメリカンカイ　イチュン／エーゴ　ナライン⇒

4）　ギンコー　'ウティ　ジン　ンジャスン／コーイムン　スン⇒

第14課 ナマ ヌー ソーイビーガ

ジューシ

🔊 15

（デンワッシ）

オーシロ： ハイタイ、フィジャサン　ヤイビーミ。

フィジャ： ウー、ター　ヤイビーガ。

オーシロ： オーシロ　ヤイビーシガ。

フィジャ： オーシロサンナー。

オーシロ： フィジャサノー　ナマ　ヌー　ソーイビーガ。

フィジャ： シクチ　ソーサ。コンシューヤ　シクチヌ　マンドーッサー。

オーシロ： シクチ　ウチナチ　ナミノウエビーチンカイ　メンソーレー。
クワッチーン　ウフォーク　アイビーンドー。

フィジャ： ヌーンチ　クワッチーヌ　アガ。

オーシロ： チューヤ　ビーチパーティー　サビークトゥ。

フィジャ： ビーチパーティーナー。ニニンメーニ　チュケーン　ンジャシガ…。

オーシロ： ナマ　'ンナッシ　シシトゥカ　ヤシェームヌン　チッチ、パー
ティーヌ　シコーイ　ソーイビーンドー。

フィジャ： アンシェー、シグ　シクチ　ウチナチ、イスジ　チューサ。サキ
トゥ　ワイン　ムッチ　チューサ。

オーシロ： タクシーカラ　メンソーレー。クルマッシ　ケーイネー、インシュ
ウンテン　ナイビークトゥヤー。

今何してるんですか

(電話で)

大城： こんにちは、比嘉さん？

比嘉： はい、誰ですか。

大城： 大城ですよ。

比嘉： 大城さんか。

大城： 比嘉さんは今何してるんですか。

比嘉： 仕事してるよ。今週は仕事が多いんだよー。

大城： 仕事終わらせて波の上ビーチに来てください。ごちそうもたくさんありますよ。

比嘉： なんでごちそうがあるの？

大城： 今日はビーチパーティーをしますから。

比嘉： ビーチパーティー？2年前に1度行ったけど…。

大城： 今、皆で肉とか野菜を切ってパーティーの準備しているんですよ。

比嘉： じゃあ、すぐ仕事終わらせて、急いで行くよ。お酒とワイン持っていくよ。

大城： タクシーで来てください。車で帰ったら飲酒運転になりますからね。

● 本課で学ぶ語句 ●

ソーイビーン／ソーン　しています／している	カーラチュン　乾く
ハイタイ　こんにちは（女性が用いる；男性はハイサイという）	ミーシ　新しいもの
	ケーイン　替える
マンドーッサー　多いんだよ	クィミシェービレー　ください
ウチナスン　終わらせる	ワライン　笑う
メンソーレー　いらっしゃい	クンダサラリヤビタン　取りやめられました
ニニンメー　2年前	'ウタイン　疲れる
チュケーン　1度	ナチカサン　悲しい、懐かしい
ンジャシガ　行ったけど	シラシ　知らせ
'ンナ　みんな	チチュン　聞く
イスジュン　急ぐ	'ウドゥイン　踊る
チューン　行く／来る	サーター　砂糖
ムッチ チューン　持っていく／くる	フィッチー　1日
カメーイン　探す、見つける	～ナカイ　～に
ストゥミティ　朝	ネー　地震
フタン　降った	イキラサン　少ない
カジ　台風	ナガサン　長い
アガイン　上がる	アカングワー　赤ん坊
'ンチャ　土	

123

1 「～している」（オーン形）

　日本語に継続を表す「～している」という言い方がありますね。沖縄語にもこれに相当する形があります。ティ形（**V**ティ）の語末の**-i**を**-ooN**に変えて作るので動詞のオーン形と言います。

a) オーン形の作り方

1) 規則変化

否定形　　⇒　　ティ形　　⇒　　オーン形

[ナ行動詞] シナン「死なない」⇒シジ「死んで」**siji** ⇒ **sijooN** シジョーン「死んでいる」

[マ行動詞] カマン「食べない」⇒カディ「食べて」**kadi** ⇒ **kadooN** カドーン「食べている」

[バ行動詞] トゥバン「飛ばない」⇒トゥディ「飛んで」**tudi** ⇒ **tudooN** トゥドーン「飛んでいる」

[サ行動詞] ハナサン「話さない」⇒ハナチ「話して」**hanaci** ⇒ **hanacooN** ハナチョーン「話している」

[カ行動詞] カカン「書かない」⇒カチ「書いて」**kaci** ⇒ **kacooN** カチョーン「書いている」

[タ行動詞] タタン「立たない」⇒タッチ「立って」**taQci** ⇒ **taQcooN** タッチョーン「立っている」

[ガ行動詞] ウィーガン「泳がない」⇒ウィージ「泳いで」**'wiiji** ⇒ **'wiijooN** ウィージョーン「泳いでいる」

[ダ行動詞] ニンダン「寝ない」⇒ニンティ「寝て」**niNti** ⇒ **niNtooN** ニントーン「寝ている」

[ラ行動詞] トゥラン「取らない」⇒ トゥティ「取って」**tuti** ⇒ **tutooN** トゥトーン「取っている」

2) 不規則変化

　　イチュン「行く」⇒ンジ「行って」⇒ンジョーン「行っている」

　　チューン「来る」⇒ッチ「来て」⇒チョーン「来ている」

　　スン「する」⇒ッシ「して」⇒ソーン「している」

　　'ユン「言う」⇒イチ「言って」⇒イチョーン「言っている」

　丁寧な言い方にするには**-ooN**の**-N**をとり、**-ibiiN**をつけて、**-ooibiiN**の形

にします。

1-1. ワンネー　メーニチ　ルクジニ　ウキトーイビーン。　私は毎日6時に起き
ています。

b）オーン形の意味・用法

　オーン形は基本的に継続を表します（そのため継続形とも呼ばれます）。日
本語でも「食べる」「走る」などの動きを表す動詞の継続形（「食べている」
「走っている」など）は、現在進行中の動作、すなわち動きの継続を表しま
す。沖縄語でも同様で、以下の下線部の動詞はそれぞれ、**ワカスン**「沸か
す」、**サゲースン**「探す」、**フイン**「降る」、**スン**「する」の動きの継続を表し
ます。

1-2. ナマ　ユー　ワカチョーイビーン。　今湯を沸かしています。

1-3. サイフ　サゲーチョーシガ　マーダ　カメーララン。　財布を探している
がまだ見つからない。

1-4. ストゥミティカラ　アミヌ　フトーイビーン。　朝から雨が降っています。

1-5. ナマ　ヌー　ソーイビーガ＊。　今何してるんですか。

　一方、**イチュン**「行く」、**チューン**「来る」、**ケーイン**「帰る」などの移動
を表す動詞や、**チリーン**「切れる」、**カワイン**「変わる」などの変化を表す動
詞では、オーン形は変化の結果が継続していることを表します（日本語でも
「来ている」は「今来ている途中だ（来つつある）」ではなく「来て、その結
果ここにいる」という意味ですね）。

1-6. タマシロサノー　ナマ　アメリカンカイ　ンジョーイビーン。　玉城さん
は今アメリカに行っています。

1-7. カジヌ　ナマ　ウチナーンカイ　チョーン。　台風がいま沖縄に来ている。

1-8. ティーダヌ　ティンカイ　アガトーン。　太陽が空に上がっている

**1-9. チヌー　アミヌ　フタシガ、チューヤ　'ンチャヌ　ナー　カーラチョー
イビーン。**　昨日雨が降ったが、今日は土がもう渇いています。

**1-10. デンチヌ　チリトーイビーン。ミーシンカイ　ケーティ　クィミシェービ
レー。**　電池が切れています。新しいのに替えてください。

2 「〜して」（動詞の中止用法①）

日本語に「て形」という形があり（「書いて」「読んで」「食べて」など）、
次のように文をつないだり修飾したりします。

　学校に行って、勉強する。（継起）

いすに座って、本を読む。(動作のしかた)

車に引かれて、けがをした。(原因・理由)

　沖縄語のティ形も日本語と同じような用法で用いることができます。

a) 継起：続いて起こる動作を表します。

　　2-1. ストゥミティ　<u>ウキティ</u>、チラ　<u>アラティ</u>、ムヌ　<u>カディ</u>、ガッコーンカイ　イチャビーン。　朝起きて、顔を洗って、ご飯を食べて、学校に行きます。

　　2-2. シクチ　<u>ウチナチ</u>　ナミノウエビーチンカイ　メンソーレー＊。　仕事終わらせて波の上ビーチに来てください。

b) 動作のしかた：「<u>立って</u>食べる」「<u>寝転んで</u>勉強する」など、どのように動作するかを表します。

　　2-3. ガッコーンカイ　ハーエー　<u>ッシ</u>　イチャビーン。　学校に走って行きます。

　　2-4. ハー　<u>ミシティ</u>　ワラーンケー。　歯を見せて笑わないでね。

c) 原因・理由：後ろにくる事態の理由を表します。

　　2-5. アミヌ　<u>フティ</u>、ウンドーカエー　クンダサラリヤビタン。　雨が降って運動会は中止でした。

　　2-6. 1000メートルン　<u>ウィージ</u>、'ウタトーイビーン。　1000メートルも泳いで、疲れました。

　　2-7. ナチカサル　シラシ　<u>チチ</u>、ナチャビタン。　悲しい知らせを聞いて、泣きました。

---

3 特殊なラ行動詞

　ラ行動詞は**-ラン**（否定形）、**-ティ**（ティ形）のように活用しますが、**イーン**「入る」、**'イーン**「座る」、**チーン**「着る」、**チーン**「切る」、**キーン**「蹴る」、**イリーン**「入れる」、**シーン**「知る」では、ティ形は特殊な変化をします（否定形は**-ラン**で他のラ行動詞と同じです）。

　　イーン「入る」⇒**イッチ**「入って」　　**'イーン**「座わる」⇒**'イチ**「座って」

　　チーン「着る」⇒**チチ**「着て」　　**チーン**「切る」⇒**チッチ**「切って」

　　キーン「蹴る」⇒**キッチ**「蹴って」　　**シーン**「知る」⇒**シッチ**「知って」

　　イリーン「入れる」⇒**イッティ**「入れて」

　イーンは「入る（いる）」が「入って（いって＝**イッチ**）」、**'イーン**は「居る（ゐる）」が「居て（ゐて＝**'イチ**）」と、日本語からの類推が可能です。また、**チーン**は「着る」が「着て（＝**チチ**）」、「切る」が「切って（＝**チッチ**）」、

キーンも「蹴って（＝キッチ）」と、これらも類推が可能です。ただ、**イリー**ンは「入れる」から「入れて（イリティ）」にならず、**イッティ**になりますから、注意が必要です。

3-1. ヘヤンカイ　**イッチ**、ムヌ　トゥティ　チャービタン。　部屋に入って、物を取ってきました。

3-2. イスンカイ　**'イチ**　スムチ　ユマビーン。　椅子に座って本を読みます。

3-3. チュラサル　チン　**チチ**　'ウドゥイビタン。　きれいな服を着て踊りました。

3-4.　ナマ　'ンナッシ　シシトゥカ　ヤシェームヌン　チッチ、パーティーヌ　シコーイ　ソーイビーンドー＊。　今、皆で肉とか野菜を切ってパーティーの準備しているんですよ。

3-5. ボール　**キッチ**、ゴールンカイ　イリヤビタン。　ボールを蹴って、ゴールに入れました。

3-6. サーター　**イッティ**、コーヒー　ヌマビーン。　砂糖を入れて、コーヒーを飲みます。

4 回数を表す言い方（-ケーン）

回数は次のように**-ケーン**をつけて表します。

チュケーン(1回)、**タケーン**(2回)、**ミケーン**(3回)、**ユケーン**(4回)、**イチケーン**(5回) …**ヤケーン**(8回)、**ククヌケーン**(9回)、**トゥケーン**(10回) …**イクケーン**(何回)

4-1. オーシロサノー　ヤマトゥンカエー　イクケーン　イチャビタガ。　大城さんはヤマトには何度行きましたか。

4-2. ビーチパーティーナー。ニニンメーニ　チュケーン　ンジャシガ…＊。　ビーチパーティー？2年前に1度行ったけど…。

また、「日（週／月など）に…回」と言いたい時は、**〜ナカイ**「〜に」を使って、**フィッチーナカイ　チュケーン**「1日に1回」のように表します。

4-3. フィッチー**ナカイ**　チュケーン　サキ　ヌマビーン。　1日に1回お酒を飲みます。

4-4. ヤマダサノー　イッシューカン**ナカイ**　ミケーン　スバ　カマビーン。　山田さんは週に3回沖縄そばを食べます。

5 「〜は…が多い／少ない」

「東京は 人が 多い」のように主語が2つ現れる文が日本語にありますが、沖

縄語でも同じような文が使われます。

  5-1. **コンシューヤ　シクチヌ　<u>マンドーッサー</u>**＊。　今週は仕事が多いんだ
    よー。

  5-2. **ヤマトー　ネーヌ　<u>ウフサイビーン</u>**。　ヤマトは地震が多いです。

  5-3. **ウチナーヤ　ホンヤヌ　<u>イキラサン</u>**。　沖縄は本屋が少ない。

　また、日本語では全体と部分の関係を表す場合にも同じ文型を用います
（「象は鼻が長いです」は「象」が全体、「鼻」が部分を表します）。沖縄語で
も同じ構造の文を作ることができます。

  5-4. **ゾーヤ　ハナヌ　ナガサイビーン**。　象は鼻が長いです。

  5-5. **アカングヮーヤ　チラヌ　マルサイビーン**。　赤ちゃんは顔が丸いです。

6　終助詞ッサー

　発見や強調を表す場合、終助詞**ッサー**が用いられます。**サ**と同じように述
語の尾略形につきます。

  6-1. **ヤサ、チューヤ　ワー　ンマリビー　ヤタッサー**。　そうだ、今日は私の
    誕生日だったんだ。

  6-2. **ナークヌ　ウメー　チュラサッサー**。　宮古の海はきれいだなあ。

  6-3. **コンシューヤ　シクチヌ　<u>マンドーッサー</u>**＊。　今週は仕事が多いんだ
    よー。

練習問題
....

練習1

1-1. 例にならって次の動詞をオーン形に変えなさい。また日本語の意味を答えなさい。
例）ウチュン（夕行）⇒ウッチョーン（打っている）、
a. ヌムン⇒　　b. ワカスン⇒　　c. カチュン（カ行）⇒　　d. カンジュン⇒
e. カチュン（夕行）⇒　　f. チューン⇒　　g. トゥブン⇒　　h. 'ンージュン
⇒　　i. アライン⇒　　j. 'ユン⇒　　k. 'イーン⇒　　l. カンジュン⇒　　m.
イチュン⇒　　n. ウィージュン⇒　　o. スン⇒

1-2. 絵を見て、例のように質問と答えを作り、日本語に訳しなさい。

例）ミサキ⇒A：ミサケー　ナマー　ヌー　ソーイビーガ。　B：モートーイ
　　ビーン（A：みさきは今何をしていますか。　B：踊っています。）

1）ミサキヌ アヤー⇒　　2）マヤー⇒　　3）フィジャサン⇒　　4）ワラ
ビ⇒　　5）マエハラサン⇒　　6）オーシロサン⇒　　7）アラカチサン⇒
8）ボストンサン⇒　　9）ミヤギサン⇒

*モーイン（踊る）

1-3. 絵を見て、例のように質問に答え、日本語に訳しなさい。

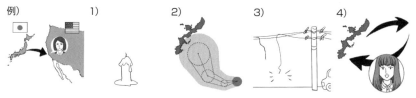

例）ナカジョーサン、アメリカ、イチュン⇒ナカジョーサノー　アメリカンカイ
　　ンジョーイビーン（仲門さんはアメリカに行っています）。

1）フィー、チャーイン⇒　　2）ウフカジ、ウチナー、チューン⇒　　3）デ
ンセン、チリーン⇒　　4）オーシロサン、ナー、ウチナー、ケーイン⇒
　　　　　　*フィー（火）、チャーイン（消える）、ウフカジ（台風）、チリーン（切れる）

練習2

2-1. 例にならって文を作り、日本語に訳しなさい。

例）チン　アライビタン／ナーンカイ　フシヤビタン。⇒チン　アラティ　ナー
　　ンカイ　フシヤビタン（服を洗って庭に干しました）。

1）ドヨービニ　ウチナーンカイ　イチャビーン／ドゥシトゥ　イチャイビー
　　ン。⇒

2）チヌー　トショカヌンカイ　イチャビタン／スムチ　ユマビタン。⇒

3) クジュ　ウチナーンカイ　チャービタン／シクチ　ソーイビタン。⇒
4) コーヒー　イリヤビタン／'ンナッシ　ヌマビタン。⇒

＊ナー（庭）、フスン（干す）、

2-2. 絵を見て、例のように文を作り、日本語に訳しなさい。

例） ウキーン、イチュン、ビンチョー　スン⇒ストゥミティ　ウキティ、ガッ
　　　コーンカイ　ンジ、ビンチョー　サビーン（朝起きて、学校に行って、勉
　　　強します）。
1)　ビンチョー　スン、テレビ　'ンージュン、ニンジュン⇒
2)　ドゥシ、イチャイン、ハナスン、ヤー、ケーイン⇒
3)　ビール、ヌムン、'イーン、タクシー、ケーイン⇒

＊'イーン（酔う）

2-3. 絵を見て、例のように文を作り、日本語に訳しなさい。

例）　ハーエー⇒ハーエー　ッシ　ガッコーンカイ　イチャビーン（走って学校
　　　に行きます）。
1) イスンカイ、'イーン⇒　　 2) ガンチョー、カキーン⇒　　 3) パソコン、チ
カイン⇒　　 4) タチュン⇒

＊チカイン（使う）

練習3　絵を見て、例のように**Vティ クィミソーレー**の文を作り、日本語に訳しなさ

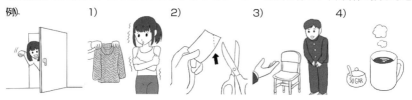

例）　1）　2）　3）　4）

例）ジャシチ、イーン⇒ジャシチンカイ　イッチ　クィミソーレー（部屋に入っ
　　てください）。

1）セーター、チーン⇒　　2）ンマ、チーン⇒　　3）ンマ、'イーン⇒　　4）
サーター、イリーン⇒

練習4　例にならって次の質問に答えなさい。（○○には自分の名前を入れなさい）

例）ニンジノー　ナママディ　イクケーン　ウフイクサ　サビタガ（人類は今ま
　　で何回大きな戦争をしましたか）⇒タケーン　サビタン（2回しました）。

1）○○サノー　フィッチーナカイ　イクケーン　ムヌ　カマビーガ。

2）オリンピッコー　ナンニンナカイ　チュケーン　アイビーガ。

3）○○サノー　ナママディ　イクケーン　ユスグニンカイ　イチャビタガ。

＊ニンジン（人間）、ウフイクサ（大きな戦争）

練習5　絵を見て、例のように文を作り、日本語に訳しなさい。

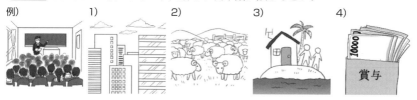

例）　1）　2）　3）　4）

例）キョーシツ⇒キョーシツォー　ッチュヌ　マンドーイビーン。

1）シンジュク⇒　　2）ニュージーランド⇒　　3）ウヌ シマ⇒　　4）クヌ
メーヌ ボーナス⇒

アメリカンビレッジンカイ ンジャル クトー アミ

🔊 16

オーシロ： アメリカンビレッジンカイ　ンジャル　クトー　アミ。

ナカジョー：イー、ミケーングレーヤ　アイガ　スラ。

オーシロ： ワンネー　マーダ　チュケーヌン　ンジェー 'ウランサー。アメ
リカンビレッジンカエー　チャヌヨーナ　ムンヌ　アガ。

ナカジョー：マジェー　ルクジューメーターヌ　カンランシャヌ　アティ、ウリ
カラ　アメリカンデポンディ　'ユル　トゥクルンカエー　イルイ
ルナ　マチヤヌ　アティ、ヨーフクヤーニ　ザックヮヤーン　ア
ンドー。タティムノー　アメリカフージ　ヤクトゥ、アメリカンカ
イ　'ウンネー　スンドー。アンシ　カフェトゥカ　マーサル　レ
ストラヌン　ウフォーク　アサ。ヤサ、サンセットビーチンディ
'ユル　ビーチン　アンドー。ユサンディ　イチーネー　イッペー
チュラサンドー。

オーシロ： アメリカンビレッジェー　イッペー　ウムッサギサンヤー。クン
ドー　ンジ 'ンージュサ。

アメリカンビレッジに行ったことある？

大城：　アメリカンビレッジに行ったことある？

仲門：　うん、3回ぐらいはあるかな。

大城：　私、まだ一度も行ってないのよ。アメリカンビレッジにはどんなもの
　　　　があるの？

仲門：　まず、60メートルの大きな観覧車があって、それから、アメリカンデ
　　　　ポっていうところにはいろいろな店があって、服屋とか雑貨屋もある
　　　　のよ。建物はアメリカ風だから、アメリカにいるみたいな気がするの
　　　　よ。それから、カフェとかおいしいレストランもいっぱいあるよ。そ
　　　　うだ、サンセットビーチっていうビーチもあるのよ。夕方行くととて
　　　　もきれいよ。

大城：　アメリカンビレッジって、とっても面白そうね。今度行ってみるね。

● 本課で学ぶ語句 ●

ンジャル クトー アミ　行ったことはあ
　るか

イー　うん（同等・目下に対する肯定の
　返事）

〜ガ　疑問箇所を強調する係助詞

ンジェー 'ウラン　行っていない

マジェー　まず（は）

イルイル　いろいろ

タティムン　建物

フージ　様子

'ウンネー スン　いるみたいだ

ユサンディ　夕方

ウムッサギサン　面白そうだ

ンジ 'ンージュン　行ってみる

ンブサン　重い

シダサン　すずしい

ウムイン　思う

クサリーン　腐る

● 文法解説 ●

1 動詞の過去形（普通体）

　普通体の過去形「〜した」は、ティ形の**-i**を**-aN**に取り換えれば作ることができます。

1) 規則変化

　　　　否定形　　⇒　　ティ形　　⇒　　過去形

　　　［ナ行動詞］　シナン ⇒ シジ **siji** ⇒ **sijaN** シジャン「死んだ」

　　　［マ行動詞］　ユマン ⇒ ユディ **yudi** ⇒ **yudaN** ユダン「読んだ」

　　　［バ行動詞］　トゥバン ⇒ トゥディ **tudi** ⇒ **tudaN** トゥダン「飛んだ」

　　　［サ行動詞］　ササン ⇒ サチ **saci** ⇒ **sacaN** サチャン「刺した」

　　　［カ行動詞］　カカン ⇒ カチ **kaci** ⇒ **kacaN** カチャン「書いた」

　　　［タ行動詞］　タタン ⇒ タッチ **taQci** ⇒ **taQcaN** タッチャン「立った」

　　　［ガ行動詞］　ウィーガン⇒ ウィージ **'wiiji** ⇒ **'wiijaN** ウィージャン「泳いだ」

　　　［ダ行動詞］　ニンダン ⇒ ニンティ **niNti** ⇒ **niNtaN** ニンタン「寝た」

　　　※例外：‘ンーダン⇒‘ンーチ⇒‘ンーチャン「見た」

　　　［ラ行動詞］　トゥラン ⇒ トゥティ **tuti** ⇒ **tutaN** トゥタン「取った」

　　　※第14課3節の特殊なラ行動詞は以下のように活用します。

　　　チーン「着る」⇒**チチ**「着て」⇒**チチャン**「着た」

　　　チーン「切る」⇒**チッチ**「切って」⇒**チッチャン**「切った」

　　　‘イーン「座る」⇒**‘イチ**「座って」⇒**‘イチャン**「座った」

　　　イーン「入る」⇒**イッチ**「入って」⇒**イッチャン**「入った」

　　　イリーン「入れる」⇒**イッティ**「入れて」⇒**イッタン**「入れた」

　　　キーン「蹴る」⇒**キッチ**「蹴って」⇒**キッチャン**「蹴った」

2) 不規則変化

　　　イチュン「行く」⇒**ンジャン**「行った」　　**チューン**「来る」⇒**チャン**「来た」

　　　スン「する」⇒**サン**「した」　　　**‘ユン**「言う」⇒**イチャン**「言った」

　第11課で普通体の否定形を勉強しましたが、**スン**「する」の否定形は**サン**、上に見たように過去形も**サン**です。これは一見紛らわしいように思えますが、第3課4節で勉強したように否定形の前には**N**ヤがくるので紛れることはほとんどないようです。

　　　<u>ニジカン</u>　ビンチョー　<u>サン</u>。　2時間勉強した。

　　　<u>ニジカノー</u>　ビンチョー　<u>サン</u>。　2時間は勉強しない。

2 「～したことがあります」

　経験を表す場合、日本語では「～したことがあります」といいますが、沖縄語でもそれに相当する形、すなわち動詞の過去の連体形に**クトゥヌ／クトー アン**を組み合わせた形が用いられます。

　　2-1. **フィージャー　カダルクトー　アイビーミ。**　山羊肉は食べたことがありますか。

　　　　―ウー、チュケーン　アイビーン。　はい、1回あります

　　2-2. **アメリカンビレッジンカイ　ンジャル　クトー　アミ＊。**　アメリカンビレッジに行ったことある？

　未経験を表す場合は **Vタルクトー　ネーラン／ネーイビラン**「～したことがない／ありません」となります。

　　2-3. **ワンネー　チュケーヌン　ユスグニンカイ　ンジャル　クトー　ネーラン。**　私は一度も外国に行ったことがない。

3 「～そうです」（様態）

　動詞の連用形（**V連**）に**-ギサン／-ギサイビーン**がついた形は、見たり聞いたりした様子から判断して間もなく起こりそうだという場合に使います。

　　3-1. **アヌ　ワラベー　ナチギサイビーン。**　あの子は泣きそうです

　　3-2. **アミヌ　フイギサイビーン。**　（雲が黒いのを見て）雨が降りそうです。

　形容詞から**サン**を取った形にも**-ギサン／-ギサイビーン**は接続します（**マーサン**のみ**マーサギサン**となります）。この場合は、話し手は直接知覚できないことを外見から判断したという意味をもちます。

　　3-3. **アメリカンビレッジェー　イッペー　ウムッサギサンヤー＊。**　アメリカンビレッジって、とっても面白そうね。

　　3-4. **ンブギサイビーンヤー。ヌーヌ　イッチョーイビーガ。**　重そうですね。何が入っているんですか。

　-ギサンを連体形**-ギサル**にすると、後に続く名詞を修飾する言い方になります。

　　3-5. **フィジャサノー　シダギサル　チン　チチョーイビーン。**　比嘉さんは涼しそうな服を着ています。

4 「〜かな」（疑念を表す係り結び）

第7課で係助詞**ドゥ**を使った係り結びについて勉強しましたが、沖縄語にはもうひとつ文末の述語に影響を与える係り結びがあります。強調する語の後ろに係助詞**ガ**をつけ、文末は尾略形に**ラ**をつけて結ぶので**ラ**形と呼びます。疑念（「〜かな」「〜だろうか」）を表します。

    4-1. チューヤ　タルーガ　クマンカイ　チューン。

        ⇒チュー**ガ**　タルーガ　クマンカイ　チュー**ラ**。　今日、太郎がここに来るかな。

        ⇒チュー　タルーガ**ガ**　クマンカイ　チュー**ラ**。　今日、太郎がここに来るかな。　※この場合、格助詞ガと係助詞ガが連続します。

        ⇒チュー　タルーガ　クマンカイ**ガ**　チュー**ラ**。　今日太郎がここに来るかな。

なお、会話文にある形はやや特殊で、動詞が強調されています。これは動詞**アン**を連用形**アイ**と**スン**とに分解し、その間に**ガ**を挿入したものです（日本語でも「ありはする」のように動詞の内部に助詞が入ることがありますね）。

    4-2. ミケーングレーヤ　アイ**ガ**　ス**ラ**＊。　3回ぐらいはあるかな。

5 「もう〜しました／まだ〜していません」

第7課で**ナー**「もう」、**マーダ**「まだ」という副詞を勉強しました：**ハーヤ　ナー　アライビティー**（歯はもう磨きましたか）／**'ウー'ウー、マーダ　ヤイビーン**（いいえ、まだです）。**マーダ**の後に**V**テ－**'ウラン**／**'ウイビラン**を続けると、「まだ〜していない／いません」と言うことができます。

    5-1. ヤマダサノー　ナー　アサバノー　カマビティー。　山田さんはもう昼ご飯を食べましたか。

        ―ウー、ナー　カマビタン。　はい、もう食べました。

        ―'ウー'ウー、マーダ　カデー　'ウイビラン。　いいえ、まだ食べていません。

    5-2. ワンネー　マーダ　チュケーヌン　ンジェー　'ウランサー＊。　私、まだ一度も行ってないのよ。

6 「〜してみる」

ティ形（**V**ティ）に**'ンージュン**「見る」をつけると「〜してみる」という言

い方になります。これまでしたことがないことについて、「できるかどうか（どんな結果になるか）わからないが試しにする」という意味で用いられます。

6-1. ムチカサンデー　ウムイシガ、<u>ッシ　'ンージュサ</u>。　難しいとは思うけど、やってみるよ。

6-2. ウヌ　クワーシ　<u>カディ　'ンーチャガ</u>、イフィ　クサリトータサ。　そのお菓子を食べてみたけど、ちょっと腐っていたよ。

6-3. クンドー　ンジ　'ンージュサ*。　今度行ってみるね。

Vティ'ンージュンは'ンージュン「見る」と同じように変化します。

カディ'ンージュン「食べてみる」　カディ'ンーダン「食べてみない」　カディ'ンーチャン「食べてみた」　カディ'ンージブサン「食べてみたい」

カディ'ンージーネー「食べてみたら」

練習問題

練習1　例にならって動詞を過去形に変え、何行動詞かを答えなさい。また、意味も答えなさい。

例）ウチュン⇒ウッチャン（タ行）（打った）　チューン⇒チャン（不規則）（来た）

a. ヌムン⇒　b. ウィージュン⇒　c. マチュン⇒　d. ニンジュン⇒　e. ウチナスン⇒　f. チューン⇒　g. アシブン⇒　h. ユブン⇒　i. 'イーン⇒　j. 'ユン⇒　k. スン⇒　l. カメーイン⇒　m. カタジキーン⇒　n. ワチュン⇒　o. ヤシムン⇒

練習2

2-1. 絵を見て、例のように文を作り、日本語に訳しなさい。（自分の体験を書いてください）

例）　　　　　1)　　　　　2)　　　　　3)　　　　　4)

*オニポー（＝ポーク玉子おにぎり；ポーク・ランチョンミートと玉子を挟んだ大きめのおにぎり）

例）ウチナー⇒ワンネー　ウチナーンカイ　ンジャル　クトゥヌ　アイビーン。

1）オニポー⇒　　2）タバク⇒　　3）ビール⇒　　4）オモロソーシ⇒

2-2. 例にならって次の質問に答え、日本語に訳しなさい（自分の経験を言ってください）。

例1）トーキョースカイツリーンカイ　ヌブタル　クトゥヌ　アイビーミ。⇒

ウー、タケーン　アイビーン（はい、2回あります）。

例2) ロッポンギンカイ　ンジャル　クトゥヌ　アイビーミ。⇒ 'ウー' 'ウー、
　　　チュケーヌン　ネーイビラン（いいえ、一度もありません）。

1) エーガカン'ウティ　エーガ　'ンーチャル　クトゥヌ　アイビーミ。⇒

2) ムラカミハルキヌ　スムチ　ユダル　クトゥヌ　アイビーミ。⇒

3) ユスグニンカイ　ンジャル　クトゥヌ　アイビーミ。⇒

練習3 絵を見て、例のように［　　　　］の中から適当な動詞を選んで文を作り、
日本語に訳しなさい。

例)　　　　1)

2)　　　3)　　　4)

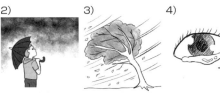

　　　　　　　　　　　　　*ナダ（涙）、トーリーン（倒れる）、ウティーン（落ちる）

例)　ボタン⇒ボタンヌ　ウティギサイビーン（ボタンが取れそうです）。

1) コップ⇒　　2) アミ⇒　　3) キー⇒　　4) ナダ⇒
　　　　　[　ンジーン　　フイン　　トーリーン　　ウティーン　]

練習4 絵を見て、例のように［　　　　］の中から適当な形容詞を選んで文を作
り、日本語に訳しなさい。

例)　　　1)　　　　2)　　　　3)　　　　4)

例)　アヌ　ニー⇒アヌ　ニーヤ　ンブギサイビーン。

1) アヌ　ワラビ⇒　　2) アヌ　スシ⇒　　3) アヌ　'イキガ⇒　　4) アヌ　チン⇒
　　　[　デーダカサン　　サビッサン　　マーサン　　フィーサン　]

練習5

5-1. 例にならって動詞をラ形に変え、意味も答えなさい。

例1）トゥイン⇒トゥイラ（取るかな）

例2）カッチャン⇒カッチャラ（勝ったかな）

a. ユドーン⇒　b. イスジュン⇒　c. アライン⇒　d. ニンタン⇒　e. アッチュ
ン⇒　f. チョーン⇒　g. トゥドーン⇒　h. ユバン⇒　i. 'イチャン⇒　j. 'ウ
ドゥトーン⇒　k. マガトーン⇒

5-2. 例にならって、**～ガ…～ラ**の文を作り、日本語に訳しなさい。

例）フィジャサノー　チューヤ　<u>カレーライス</u>　カムン。⇒フィジャサノー

チューヤ　カレーライスガ　カムラ（今日はカレーライスを食べようかな）。

1）ナマ　スズキサノー　<u>ウチナーンカイ</u>　'ウン⇒　2）アチャ　タルーガ　ン

<u>マンカイ</u>　チューン。⇒　　3）ジルーガ　<u>クマ'ウティ</u>　タバク　フチャン。⇒

4）<u>チルーグヮーガ</u>　ティガミ　ユダン。⇒

🟦 練習6

6-1. 例にならって次の動詞を「～していない」の形に変え、日本語に訳しなさい。

例）シメーイン⇒シメーテー　'ウラン（住んでいない）

1）ユドーン⇒　2）ハナチョーン⇒　　3）カチョーン⇒　　4）ウィー

ジョーン⇒　　5）カッチョーン⇒　6）ニントーン⇒　　7）アシドーン⇒

6-2. 例にならって、次の質問に対する答えを作り（すべて**'ウー'ウー**で）、日本語に

訳しなさい。

例）ナー　アサバノー　カマビティー。⇒'ウー'ウー、マーダ　カデー　'ウイビ

ラン（いいえ、まだ食べていません）。

1）シュクダエー　ナー　ウチナサビティー。⇒　　2）ウヌ　スムチ　ナー

ユマビティー。⇒　　3）ヤマダサノー　ナー　ケーイビティー。⇒

🟦 練習7

7-1. 例にならって「～してみる」の形を作り、日本語に訳しなさい。

例）イチュン⇒ンジ 'ンージュン（行ってみる）

a. カムン⇒　b. ヌムン⇒　c. スン⇒　d.（ウタ）チチュン⇒　e. アッチュン⇒

f. トゥブン⇒　g. 'ウドゥイン⇒　h. アライン⇒　i. イチュン⇒　j. 'ンージュン⇒

k. チューン⇒

7-2. 例にならって、日本語訳に合う形を作りなさい。

例）食べてみる⇒カディ 'ンージュン

1）飛んでみた⇒　　2）泳いでみたい⇒　　3）（何を）作ってみるか⇒

4）行ってみなかった⇒　　5）聞いてみない⇒

7-3. 次の質問に答え、全体を日本語に訳しなさい。

1）マーヌ　クニンカイ　ンジ　'ンージブサイビーガ。⇒

2）ジンヌ　ウフォーク　アイネー　チャングトール　クトゥ　ッシ　'ンージ

ブサイビーガ。⇒

3）ナマ　ヌ　ヤティン　カミブサル　ムヌ　カマリーネー、ヌー　カディ

'ンージブサイビーガ。⇒

第**16**課
ジュールク

サーターアンダギー アギタイ、
サンシン フィチャイ…

🔊 17

ナカジョー：ナマ ヌー ソーイビーガ。

フィジャ： サーターアンダギー アギトーサ。

ナカジョー：フィジャサノー サーターアンダギー アギタイ、サンシン フィ
チャイ、ヌー ヤティン ナイビーンヤー。

フィジャ： アラン。サンシノー アンスカ ジョージェー アランサ。サー
ターアンダギーヤ ナー アガトーガヤー…。ウネ、アガトーサ。
トー、ティーチ カディン シムンドー。

ナカジョー：ニフェー デービル。アイ、アチコーコー。 イッペー マーサ
イビーンヤー。ウングトール マーサル サーターアンダギーヤ
チャー ッシ アギヤビーガ。

フィジャ： ヤサヤー…。クーヤ 'イークー、サーターヤ ウチナーヌ クル
ジャーター チカリヨー。アンシ、アギール バソー アンダー
ドゥク アチコー ッシェー ナラン。アンスカ アチコー ネー
ラン アンダッシ ヨーンナー アギリヨー。

ナカジョー：ヤイビーミ。クンドゥ ワッター ヤー'ウティン アギティ 'ン
ージャビラ'ウー。

サーターアンダギーを揚げたり三線を弾いたり…

仲門：　今何しているんですか。

比嘉：　サーターアンダギーを揚げてるんだよ。

仲門：　比嘉さんはサーターアンダギーを揚げたり、三線を弾いたり、何でもできるんですね。

比嘉：　いやいや、三線はあまり上手じゃないよ。サーターアンダギーもう揚がっているかな。ほら、揚がってるよ。さあ、ひとつ食べてもいいよ。

仲門：　ありがとうございます。あっ、熱い！とてもおいしいですね。こんなおいしいサーターアンダギー、どうやって作るんですか。

比嘉：　そうだねえ…。粉はよい粉を、砂糖は沖縄の黒砂糖を使うんだよ。そして、揚げる時は油をとても熱くしてはだめ。あまり熱くない油でゆっくり揚げるんだよ。

仲門：　そうなんですね。今度うちでも作ってみますね。

● 本課で学ぶ語句 ●

サーターアンダギー　丸い形をした揚げ菓子（＜砂糖油揚げ）

アギタイ　揚げたり

サンシン　三線

フィチャイ　弾いたり

アギーン　揚げる、（揚げものを）作る

アラン　そうではない、ちがう

ジョージ　上手

アガイン　揚がる

ウネ　ほら（注意を促す時にいう）

トー　さあ（相手に動作を促す時にいう）

アチコーコー　あつあつ

カディン シムンドー　食べてもいいよ

クー　粉

クルジャーター　黒砂糖

チカリヨー　使うんだよ

アギール バソー　揚げる時は

アンダ　油

ドゥク　とても、非常に

ッシェー ナランサ　してはだめだよ

ヨーンナー　ゆっくり

アギリヨー　揚げるんだよ

チチジチヌ ティマ　月給

フィタ　下手

フェーサン　早い

フィルマシー ムン　珍しいもの

シワ　心配（＜世話）

ウトゥスン　落とす

● 文法解説 ●

1 「〜したり〜したり」

　動詞の過去形（**V**タン）の語尾ンをイに変えれば、タイ形（**V**タイ）ができます。日本語の「〜したり」に当たる形です。

1) 規則変化

　　［ナ行動詞］**シナン**「死なない」⇒**シジャン**「死んだ」⇒**シジャイ**「死んだり」

　　［マ行動詞］**ユマン**「読まない」⇒**ユダン**「読んだ」⇒**ユダイ**「読んだり」

　　［バ行動詞］**トゥバン**「飛ばない」⇒**トゥダン**「飛んだ」⇒**トゥダイ**「飛んだり」

　　［サ行動詞］**ササン**「刺さない」⇒**サチャン**「刺した」⇒**サチャイ**「刺したり」

　　［カ行動詞］**カカン**「書かない」⇒**カチャン**「書いた」⇒**カチャイ**「書いたり」

　　［タ行動詞］**タタン**「立たない」⇒**タッチャン**「立った」⇒**タッチャイ**「立ったり」

　　［ガ行動詞］**ウィーガン**「泳がない」⇒**ウィージャン**「泳いだ」⇒**ウィージャイ**「泳いだり」

　　［ダ行動詞］**ニンダン**「寝ない」⇒**ニンタン**「寝た」⇒**ニンタイ**「寝たり」

　　※'**ンーダン**「見ない」⇒'**ンーチャン**「見た」⇒'**ンーチャイ**「見たり」

　　［ラ行動詞］**トゥラン**「取らない」⇒**トゥタン**「取った」⇒**トゥタイ**「取ったり」

2) 不規則変化

　　イチュン「行く」⇒**ンジャン**「行った」⇒**ンジャイ**「行ったり」

　　チューン「来る」⇒**チャン**「来た」⇒**チャイ**「来たり」

　　スン「する」⇒**サン**「した」⇒**サイ**「したり」

　　'**ユン**「言う」⇒**イチャン**「言った」⇒**イチャイ**「言ったり」

　　1-1. ウチナー '**ウテー**　ナチェー　ユー　アミヌ　<u>フタイ　アガタイ</u>　サビーン。　沖縄では夏はよく雨が降ったり止んだりします。

　　1-2. フィジャサノー　サーターアンダギー　<u>アギタイ</u>、サンシン　<u>フィチャイ</u>、ヌー　ヤティン　ナイビーンヤー*。　比嘉さんはサーターアンダギーを揚げたり、三線を弾いたり、何でもできるんですね。

　Vタイ**V**タイの形で対義語や類義語を組み合わせると、動詞をたくさん覚えることができます：**ンジャイ　チャイ**（行ったり来たり）、**フタイ　アガタイ**（降ったり止んだり）、**カダイ　ヌダイ**（食べたり飲んだり）、'**ンーチャイ　チチャイ**（見たり聞いたり）、**ユダイ　カチャイ**（読んだり書いたり）、**イッタイ　ンジャチャイ**（入れたり出したり）。

　形容詞、名詞述語なども-**タン**を-**タイ**に取り換えることによって、「〜した

142

り」の形にすることができます。

- **1-4.** ワー　チチジチヌ　ティマー　<u>ウフサタイ　イキラサタイ</u>　サビーン。
私の月給は多かったり少なかったりします。
- **1-5.** ニチヨーベー　<u>ヤシミ　ヤタイ　シクチ　ヤタイ</u>　サビーン。　日曜日は
休みだったり仕事だったりします。

2 「〜してもいい」（許可）

　動詞のティ形にン「も」をつけ、**シムン**（済む）／**ユタサン**（いい）と組み
あわせると、日本語の「〜してもいい」に対応する言い方になります。

- **2-1.** ナー　<u>ケーティン　ユタサイビーミ</u>。　もう帰ってもいいですか。
　　―ウー、<u>ケーティン　ユタサイビーン</u>。　はい、帰ってもいいです。
- **2-2.** トー、ティーチ　<u>カディン　シムンドー</u>*。　さあ、ひとつ食べてもいいよ。
また、以下のように形容詞や名詞述語でもこの文型を作ることができます。
- **2-3.** <u>タカサティン　シマビーン</u>。コーティ　クィミソーレー。　高くてもいいで
す。買ってください。
- **2-4.** <u>ター　ヤティン　ユタサイビーン</u>。フェーク　メンソーレー。　誰でもい
いです。早く来てください。

「〜しなくてもいい」は**V**ラン／**A**コー　**ネーラン／Nヤ アラン**（「〜ではない」）
に**ティン**をつけ、**シムン／シマビーン**を加えて作ります。

- **2-5.** サーターヤ　イリ<u>ランティン　シマビーン</u>。　砂糖は入れなくてもいいです。
- **2-6.** ヤッコー　ネー<u>ランティン　シマビーン</u>。　安くなくてもいいです。

3 「〜してはいけない」（不許可）

　動詞のティ形に助詞ヤをつけた形（「〜しては」）に**ナラン**「いけない」を
組み合わせると、不許可の表現（「〜してはいけない」）になります。

- **3-1.** クマ'ウテー　<u>アシデー　ナイビラン</u>。　ここで遊んではいけません。
- **3-2.** アマンカイ　<u>ンジェー　ナイビラン</u>。　あそこに行ってはいけません。
- **3-3.** ワラビンチャーヤ　クヌ　スムチ　<u>ユデー　ナイビラン</u>。　子供たちはこ
の本を読んではいけません。
- **3-4.** アギール　バソー　アンダー　ドゥク　アチコー　<u>ッシェー　ナラン</u>*。
揚げる時は油をとても熱くしてはだめ。

4 感動詞

　感動詞とは、感情（「ああ」「あっ」など）、呼びかけ（「ねえ」「さあ」など）や応答（「はい」「いいえ」など）を表す言葉です。応答を表す**ウー**「はい」、**'ウー'ウー**「いいえ」はこれまで勉強してきましたが、ここで代表的な感動詞をいくつか見ておきましょう。

アイ：驚きの気持ちを表す（「あら」「おや」など）。

　　4-1. **アイ、フェーサタンヤー。**　おや、早かったねえ。

　　4-2. **アイ、アチコーコー*。**　あっ、熱い！

アガー：痛いときに叫ぶ声（「いてっ」）。

　　4-3. **アガー、ヌーガナ　ウティ　チャサ。**　いてっ、何か落ちてきたぞ。

アネ、ウネ：①珍しいもの、意外なものに出会った時の気持ちを表す（「おやっ」「あれっ」など）；②注意を促す時にいう（「ほら」「それ」など）。

　　4-4. **ウネ、フィルマシー　ムンヤー。**　あれ、珍しいものだなあ。

　　4-5. **ウネ、アガトーサ*。**　ほら、揚がってるよ。

トー：①命令や疑問と共起して、相手に動作を促す時に発する（「さあ」）；②了解がついた時に発する（「よし」）。

　　4-6. **トー、チャー　スガヤー。**　さあ、どうしようか。

　　4-7. **トー、マジュン　イチャビラ。**　さあ、一緒に行こう。

　　4-8. **トー、ティーチ　カディン　シムンドー*。**　さあ、ひとつ食べてもいいよ。

　　4-9. **トー、ナー　シワー　ネーランサ。**　よし、もう心配ないよ。

　　トーの連続だけで次のような意味を表すこともできます。

　　4-10. **トートートー、トー…、トーッ！**　（ビールを注いでもらいながら）はいはいはい、もうちょっと…、ストップ！

ダー：①相手に動作を促す時に発する（「ほら」「さあ」など）；②注意を促す時に発する（「おい」「ねえ」など）；③動作を始める時に発する（「どれ」）。

　　4-11. **ダー、カメー、カメー。**　ほら、食べなさい、食べなさい。

　　4-12. **ダー、シッチョーミ。**　おい、知ってるか。

　　4-13. **ダー、クワッチー　スサヤー。**　どれ、ご馳走になろう（食べてみよう）。

アキサミヨー／ハッサミヨー／ハッサ：驚き呆れた気持ちを表す（「なんてこと！」「えーっ！」など）

　　4-14. **アキサミヨー、スマホ　ウトゥチ　ネーランサー。**　なんてこった、スマホ落としちゃったよー。

5 命令形

命令形「〜しろ」は、動詞の否定形から **-aN** を取って **-i** をつけて作ります。

1）規則変化

[ナ行動詞]　シナン「死なない」sina**N** ⇒ sini シニ「死ね」

[マ行動詞]　ユマン「読まない」yuma**N** ⇒ yumi ユミ「読め」

[バ行動詞]　トゥバン「飛ばない」tuba**N** ⇒ tubi トゥビ「飛べ」

[サ行動詞]　ササン「刺さない」sasa**N** ⇒ sasi サシ「刺せ」

[カ行動詞]　カカン「書かない」kaka**N** ⇒ kaki カキ「書け」

[タ行動詞]　タタン「立たない」tata**N** ⇒ tati タティ「立て」

[ガ行動詞]　ウィーガン「泳がない」'wiiga**N** ⇒ 'wiigi　ウィーギ「泳げ」

[ダ行動詞]　ニンダン「寝ない」niNda**N** ⇒ niNdi　ニンディ「寝ろ」

[ラ行動詞]　トゥラン「取らない」tura**N** ⇒ turi トゥリ「取れ」

2）不規則変化

イチュン「行く」⇒**イキ**「行け」　　**チューン**「来る」⇒**クー**「来い」　　**'ユン**
⇒**イリ**「言え」　　**スン**⇒**シーヨー、セー**「しろ」

5-1. フェーク　<u>ニンディヨー</u>。　　早く寝なさいよ。

5-2. アンスカ　アチコー　ネーラン　アンダッシ　ヨーンナー　<u>アギリヨー</u>＊。
あまり熱くない油でゆっくり揚げるんだよ。

また、命令形の語尾 **-i** を伸ばして **-ee** にすると柔らかい命令になります。終
助詞ヨーををつけるとさらに柔らかい響きになります。

5-3. <u>カメー、カメー</u>。　　食べなさい、食べなさい。（※沖縄のおばあさんがたく
さん食べろと勧める言葉）

5-4. ジカンヌ　アイネー、ヤマダサヌン　<u>イケーヨー</u>。　　時間があったら山田
さんも行きなさいね。

練習問題

・・・

【練習1】

1-1. 例にならって、次の動詞のペアをタイ形に変え、意味も答えなさい。

例）タチュン、'イーン⇒タッチャイ 'イチャイ（立ったり座ったり）

a. カムン、ヌムン⇒　　b. イラースン、ケースン⇒　　c. カチュン、ユムン⇒
d. チキーン、チャースン⇒　　e. イチュン、チューン⇒　　f. ンジーン、イー

ン⇒　　g. ニンジュン、ウキーン⇒　　h. チーン、ヌジュン⇒　　i. マギサン、グマサン⇒　　j. 'イキガ ヤン、'イナグ ヤン⇒　　k. ンジャスン、イリーン⇒　l. ナガサン、インチャサン⇒

*チャースン（消す）、インチャサン（短い）

1-2. 絵を見て、例のように文を作り、日本語に訳しなさい。

例）ンジーン、イーン（ジャシチ）⇒ジャシチンカイ　ンジタイ　イッチャイ
　　サビーン（部屋に出たり入ったりします）。

1）テレビ、'ンージュン、ラジオ、チチュン（ヤー）⇒　　2）カムン、ヌム
ン（パーティー）⇒　　3）ニンジュン、ウキーン⇒　　4）タチュン、'イーン
⇒

練習2

2-1. 絵を見て、例のように文を作り、日本語に訳しなさい。

例1）ボールペン、カチュン（'ウー 'ウー）⇒A：ボールペンッシ　カチン　シ
　　マビーミ。　B：ウー、シマビーンドー。（ボールペンで書いてもいいです
　　か。―はい、いいですよ。）

例2）ニホン'ウティ、ジューハチヌ、ッチュ／タバク、フチュン（'ウー 'ウー）
　　⇒A：ニホン'ウテー　ジューハチヌ　ッチョー　タバク　フチン　シマ
　　ビーミ。　B：'ウー 'ウー、タバク　フチェー　ナイビラン。（日本では18
　　歳の人はタバコを吸ってもいいですか。―いいえ、吸ってはいけません。）

1）クワーシ、カムン（ウー）⇒　　2）ンマ'ウティ、タバク、フチュン（'ウー
'ウー）⇒　　3）ナー、ケーイン（ウー）⇒　　4）デンシャ、ナーカ、スマホ、
ハナスン（'ウー'ウー）⇒　　5）シケン'ウティ　ユスタニン、コタエ、'ンージュン
⇒（'ウー'ウー）　　6）ウンテンメンキョ、ムッテー'ウラン、ッチュ／クルマ、ウ
ンテン、スン⇒（'ウー'ウー）　　7）ユスグニカラヌ、シートゥ／アルバイト、ス
ン⇒（ウー、ウフィグヮー　ヤラー）　　8）ニホン'ウティ、ジュールクヌ'イナグ、
ニービチ、スン⇒（ウー、ウヤヌ　ユルセー）

　　　＊ユスタニン（他の人）、ウフィグヮー　ヤラー（少しなら）、ウヤ（親）、ユルセー（許せば）

2-2. 絵を見て、例のように文を作り、日本語に訳しなさい。

例）　サーター　イリーン⇒サーターヤ　イリランティン　ユタサイビーン（砂
　　糖を入れなくてもいいです）。

1）ビョーイン、イチュン⇒　　2）ベントー、コーイン⇒　　3）ナマー、ムヌ
カムン⇒　　4）クスイ、ヌムン⇒

【練習3】

3-1. 次の動詞を命令形に変えて、何行動詞かを答えなさい。また、日本語の意味も
答えなさい。

例）ヌムン⇒ヌミ、ヌメー（マ行）（飲め）

a. チュクイン⇒　　b. トゥブン⇒　　c. ンジャスン⇒　　d. タヌシムン⇒
e. マチュン⇒　　f. カメーイン⇒　　g. イチャイン⇒　　h. 'ンージュン⇒
i.（チン）チーン⇒　　j. スン⇒　　k. 'ユン⇒　　l. チューン⇒　m. 'イーン⇒
n. ヌジュン⇒　　o. カンジュン⇒

　　　　　　　　　　　　　　　　　　　＊タヌシムン（楽しむ）

3-2. 例にならって命令形の文を作り、日本語に訳しなさい。

例）ニッカ、ナタン、-クトゥ／フェーク、ケーイン⇒ニッカ　ナタクトゥ、
　　フェーク　ケーリヨー（遅くなったから早く帰りなさいね）。

1）ユレー、アン／マーサムン、コーティ　チューン⇒　　2）ハナシチ　ナタン／
クスイ　ヌムン⇒　　3）アチャ、シキン、アン／ビンチョー、スン⇒

　　　　　　　　　　　　　　　　　＊ユレー（寄り合い）、シキン（試験、テスト）

第17課 ジューシチ イッシューカンッシ フィチユースル グトゥ ナインドー

🔊 18

（アラカチサンガ　ギター　フィチ、ウィーリキサ　ゾーン）

オーシロ：　アラカチサノー　ギターヌ　イッペー　ジョージ　ヤイビーン
ヤー。

アラカチ：　'イー'イー、アンスカ　ジョージェー　アランドー。

オーシロ：　ワンニン　ギター　フィチユースル　グトゥ　ナイブサイビーシガ
…。チャー　シーネー、アラカチサンヌ　グトゥ　ギター　ジョー
ジニ　フィチユースル　グトゥ　ナイビーガ。

アラカチ：　ッチュヌ　カワイネー、チークヌ　シカタン　カワユンディ　ウム
イシガ…。ヌーヤカン、メーニチ　チーク　スル　クトゥ　ヤン
ヤー。ドゥーヤッサル　ウタ　ヤレー、イッシューカンッシ　フィ
チユースル　グトゥ　ナインドー。

オーシロ：　ヤイビーミ。ワンニン　ウミハマティ　チーク　サビーサ。チーク
ヌ　シカタヌ　ワカラン　バソー、アラカチサヌンカイ　デン
ワ　ッシ　シマビーミ。

アラカチ：　アタイメー　ヤサ。ヤサ、ウヌ　スムチ　'ヤーンカイ　クィーサ。
ウミハマティ　チーク　シーヨー。

オーシロ：　イッペー　ニフェー　デービル。

1週間で弾けるようになるよ

（新垣さんがギターを弾いて楽しそうにしている）

大城：新垣さんはギターがとても上手ですね。

新垣：ううん、そんなに上手じゃないよ。

大城：私もギターが弾けるようになりたいんですけど…。どうしたら、新垣さんのようにギターが上手に弾けるようになりますか。

新垣：人によって練習の仕方は違うと思うけど。何よりも、毎日練習することだね。簡単な曲なら、1週間で弾けるようになるよ。

大城：そうなんですか。私も頑張って練習しようかな。練習の仕方がわからない時は、新垣さんに電話してもいいですか。

新垣：もちろんだよ。そうだ、この本、君にあげるよ。がんばって練習してね。

大城：どうもありがとうございます。

● 本課で学ぶ語句 ●

フィチユースン　弾ける
グトゥ　ように
フィチュン　弾く
ウィーリキサ ソーン　楽しそうにしている
‘イー‘イー　ううん（同等・目下に対する否定の返事）
カワイン　変わる
チーク　練習（＜稽古）
シカタ　やり方、仕方
ヌーヤカン　何よりも
ドゥーヤッサン　易しい
シマビーン　いいです
アタイメーサ　もちろんだよ
’ヤー　君
クィーン　あげる、くれる
シカン　嫌いだ、好きでない
ナーギムン　土産
ミートゥンダ　夫婦
ンマリーン　生まれる
‘ンメー　おばあさん
‘ンマガ　孫
‘イーリムン　おもちゃ
ヤッチー　兄
ウサギムン　贈り物
トゥジミーン　仕上げる
クィミシェーミ　ください（ますか）

● 文法解説 ●

1 可能形②（能力可能）

　動詞の連用形（⇨第10課）に-**ユースン**をつけると、可能を表す表現「～できる」になります。これは第12課で勉強した「条件可能」と異なり、その人の能力としてできるかどうかを表す「能力可能」の意味を持ちます。

1) 規則変化

終止形	⇒	連用形	⇒	可能形②
シヌン(死ぬ)	⇒	シニ	⇒	シニユースン(死ねる)
ヌムン(飲む)	⇒	ヌミ	⇒	ヌミユースン(飲める)
トゥブン(飛ぶ)	⇒	トゥビ	⇒	トゥビユースン(飛べる)
サスン(刺す)	⇒	サシ	⇒	サシユースン(刺せる)
カチュン(書く)	⇒	カチ	⇒	カチユースン(書ける)
タチュン(立つ)	⇒	タチ	⇒	タチユースン(立てる)
ウィージュン(泳ぐ)	⇒	ウィージ	⇒	ウィージユースン(泳げる)
ニンジュン(寝る)	⇒	ニンジ	⇒	ニンジユースン(寝られる)
トゥイン(取る)	⇒	トゥイ	⇒	トゥイユースン(取れる)

2) 不規則変化

　　スン(する)⇒シーユースン(できる)

　　チューン(来る)⇒チーユースン(来られる)

　　イチュン(行く)⇒イチユースン(行ける)　　'ユン⇒イーユースン(言える)

1-1. **エーゴヌ　スムチ　ユミユーサビーミ。**　英語の本が読めますか。

1-2. **タルーヤ　クルマヌ　ウンテン　シーユーサビラン。**　太郎は車の運転ができません。

1-3. **ウヌ　ワラベー　ナー　ドゥーチュイッシ　チン　チーユースサ。**　この子はもう一人で服を着れるよ。

1-4. **ワンニン　ギター　フィチユースル　グトゥ　ナイブサイビーシガ…*。** 私もギターが弾けるようになりたいんですけど…。

　なお、日本語では「ギター<u>が</u>弾ける」とも「ギター<u>を</u>弾ける」とも言えますが、沖縄語では可能の形では**N ヌ**「N が」という形はとりません。

　　アレー　ウチナーホーチュー φ（×ウチナーホーチューヌ）　チュクイユーサビーン。　彼は沖縄料理が作れます。

150

2 「〜するようになる」

第7課で、**N**や**A**ｸを**ナイン**の前に置いて変化を表す表現「〜に／〜くなる」を学びました。では、**ナイン**の前に動詞がくる場合はどうなるでしょうか。日本語では「子供は1歳半くらいで離乳食を食べる<u>ように</u>なります」など、動詞の後ろに「ように」を付着させてから「なります」をつけます。沖縄語の場合、以下のように、動詞の連体形（**V**ル）に**グトゥ**「ように」をつけてから**ナイン／ナイビーン**を続けます。

- 2-1. ドゥーヤッサル　ウタ　ヤレー、イッシューカンッシ　フィチユースル　<u>グトゥ　ナインドー</u>＊。　簡単な曲なら、1週間で弾けるようになるよ。
- 2-2. ワンネー　ゴーヤー　シカンタシガ、クヌグロー　カムル　<u>グトゥ　ナイビタン</u>。　私はゴーヤーが嫌いだったが、最近は食べるようになりました。

否定「〜しないようになる」の場合には動詞の否定形に直接**ナイン／ナイビーン**を続けます。

- 2-3. ワンネー　チカグロー　テレベー　<u>'ンーダン　ナタン</u>。　私は最近テレビを見ないようになった。

3 「〜する／した時」

「〜する／した時、…」（**V1**ル　**バス**、**V2**）という文は、沖縄語でも日本語とほぼ同じ意味・用法で用いることができます（**バス**は「場所」からきたもので、最近は**トゥチ**「時」という言葉もよく使われます）。

- 3-1. ワンネー　ウチナーグチ　ナライル　<u>バス</u>、インターネットヌ　ジテン　チカイビーン。　私は沖縄語を勉強する時、インターネットの辞書を使います。

V1が否定の場合は、そのまま**バス**を接続します。

- 3-2. チークヌ　シカタヌ　<u>ワカラン　バソー</u>、アラカチサヌンカイ　デンワ　ッシ　シマビーミ＊。　練習の仕方がわからない時は、新垣さんに電話してもいいですか。

さて、「〜する時」と「〜した時」の違いについて考えてみましょう。以下の3-3では**イチュル**（行く）**バス**（時）なので、沖縄に行く前にどこかで買ったということになりますが、3-4では**ンジャル**（行った）**バス**（時）なので、沖縄に行った時に沖縄で買ったという意味になります。

- 3-3. ウチナーンカイ　**イチュル　バス**、ナーギムノー　トーキョーバナナ　コーイビタン。　沖縄に行く時、お土産は東京バナナを買いました。

3-4. ウチナーンカイ　ンジャル　バス、ナーギムノー　サーターアンダギー
コーイシェー　マシヤサ。　　沖縄に行った時、お土産はサーターアンダ
ギーを買うといいよ。

4 形容詞の名詞形＋スン

　ウッサン（嬉しい）、**カナサン**（可愛い）、**アタラサン**（大事だ）、**ナチカサ
ン**（悲しい）などの形容詞は、名詞形（**A**サンから**ン**をとった形）にして**スン**
をつけると、次のように動詞として用いることができます。

4-1. アヌ　ミートゥンダー　ックヮヌ　ンマリティ　ウッサ　ソーイビーン。
あの夫婦は子供が生まれて喜んでいます。

4-2. タンメートゥ　ンメーヤ　ンマガ　カナサ　ソーイビーン。　　おじいさん
とおばあさんは孫をかわいがっています

4-3. デーダカサル　ムヌ　ヤクトゥ、アタラサ　ッシ　クィミソーレー。　　高
価なものだから大事にしてください。

4-4. アラカチサンガ　ギター　フィチ、ウィーリキサ　ソーン*。　　新垣さん
がギターを弾いて楽しそうにしている。

　そのほか、名詞＋**スン**の形でも動詞が作れる場合があります。

4-5. ボストンサノー　エーゴ／ウチナーグチ　スン。　　ボストンさんは英語／
沖縄語を話す。

5 「あげる／くれる」と「もらう」

　日本語の「あげる／くれる」「もらう」に対応する沖縄語の動詞は**クィー
ン**、**'イーン**です。日本語では授与を表す動詞に一人称→二人称→三人称の方
向に向かう「あげる」と、三人称→二人称→一人称の方向に向かう「くれる」
の区別があります。

　　私は 太郎に 本を あげた（×くれた）　（一人称→三人称）
　　太郎は 私に 本を くれた（×あげた）　（三人称→一人称）
　　君は 太郎に 本を あげた？（×くれた？）　（二人称→三人称）
　　太郎は 君に 本を くれた？（×あげた？）　（三人称→二人称）

　しかし、沖縄語にはこのような区別はなく、すべて**クィーン**になります
（英語の**give**にもそのような区別はありませんね）。

5-1. ワンネー　ワラビンチャーンカイ　'イーリムン　クィヤビタン。　　私は子
供たちにおもちゃをあげました。

- **5-2.** ヤッチーヤ　ワンニンカイ　スムチ　**クィヤビーン**。　兄は私に本をくれます。
- **5-3.** ウヌ　スムチ　**'ヤーンカイ　クィーサ***。　この本、君にあげるよ。

　一方、「もらう」を表すのは**'イーン**です。日本語では、「先生に／からもらった」というように授与者を表す助詞は「に」「から」いずれも可能ですが、沖縄語では、授与者は常に**カラ**で表し、**ンカイ**は使いません。

- **5-4.** ワンネー　ソーグヮチニ　シートゥ**カラ**　ウサギムン　**'イヤビタン**。　私は正月に学生から贈り物をもらいました。

6 完了までにかかる時間

　第4課2節で期間を表す時間名詞について触れました。日本語では、完了の意味を含まない動作には、時間名詞に何もつかない形で動作が持続した時間を表します（「2時間φ勉強した」「30分φ走った」など）。一方、完了の意味を含む動作では時間名詞に助詞「で」がついて完了までにかかる時間を表します（「30分でカレーを作った」「1年で英語をマスターした」など）。この違いは沖縄語でも何もつかない形と**ッシ**「で」がつく形とで区別されます。

- **6-1.** サンジップン**ッシ**　トゥジミティ　クィミシェーミ。　30分で終わらせてください。
- **6-2.** ドゥーヤッサル　ウタ　ヤレー、イッシューカン**ッシ**　フィチユースル　グトゥ　ナインドー*。　簡単な曲なら、1週間で弾けるようになるよ。
- **6-3.** ユニン**ッシ**　ガッコー　ウチナチャン。　4年で学校を卒業した。

練習問題

練習1

1-1. 次の動詞を「〜できる」（能力可能）の形に変え、日本語の意味を答えなさい。

例）ヌムン⇒ヌミユースン（飲める）（ボール）ウチュン⇒ウチユースン（（ボールを）打てる）

a. ヌブイン⇒　　b. アギーン⇒　　c. ンジャスン⇒　　d. ハナスン⇒
e. カチュン⇒　　f. ムチュン⇒　　g. チカイン⇒　　h. 'ンージュン⇒
i.（チン）チーン⇒　　j. スン⇒　　k. 'ユン⇒　　l. チューン⇒

1-2. 例にならって次の質問に答え、日本語に訳しなさい。（○○には自分の名前を入れなさい）

例）　○○サノー　クルマヌ　ウンテン　シーユーサビーミ。⇒ウー、シーユー
　　　サビーン（はい、できます）。
1)　○○サノー　ナニゴ　ハナシユーサビーガ。⇒
2)　○○サノー　ナンメートルグレー　ウィージユーサビーガ。
3)　○○サノー　サキ　ヌミユーサビーミ。

■練習2■ 例にならって文を作り、日本語に訳しなさい。

例）　ワン、サキ、ヌミユーサビランタン／クヌグル、ウフィグヮー、ヌミユー
　　　サビーン⇒ワンネー　サキ　ヌミユーサビランタシガ、クヌグル　ウフィ
　　　グヮー　ヌミユースル　グトゥ　ナイビタン（私はお酒が飲めませんでし
　　　たが、最近少し飲めるようになりました）。
1)　ヤマダサン、メーヤ、サキ、ユー、ヌマビタン／クヌグル、ヌマビラン⇒
2)　ミヤギサン、メーヤ、ジュギョー、マルケーティ、ヤシマビランタン／クヌ
　　　グル、ヤシムン⇒
3)　クリ、マディ、ウチナーグチ、ハナシユーサビランタン／クヌグル、ピリン
　　　パラン、ハナシユースン⇒

*ピリンパラン（ぺらぺら）

■練習3■ 絵を見て、例のように文を作り、日本語に訳しなさい。

例）　ウムヤーグヮートゥ　イチャル　バソー、ヌー　サビーガ。（チュラジン
　　　チーン）⇒ウムヤーグヮートゥ　イチャル　バス、チュラジン　チヤビーン
　　　（恋人と会う時、きれいな服を着ます）。
1)　ウチナーンカイ　ンジャル　バス、ヌー　シーブサイビーガ。（チュラウミ、
　　　ウィージブサン）⇒
2)　ニンジュル　バソー、ヌー　サビーガ。（ハー　アライン）⇒
3)　'ウタトール　バス、チャングトール　ムヌ　カミブシク　ナイビーガ。（ア
　　　マサル　ムヌ　カムン）⇒
　　*ウムヤグヮー（恋人）、チュラジン（きれいな服）、チュラウミ（きれいな海）、'ウタイン（疲れる）

■練習4■ 絵を見て、[　　　]の中から形容詞を選んで適切な形に変えて（　　　）
に入れ、日本語に訳しなさい。

154

例）　シクチヌ　ウフサクトゥ、メーニチ　（イチュナサ）ソーイビーン（仕事
　　　が多いので毎日忙しくしています）。

1)　ミヤギサノー　チカナトータル　イングヮーヌ　シジ、（　　　）ソーン。⇒

2)　ヤマダサノー　ックヮ　ナチ、メーニチ　（　　　）ソーイビーン。⇒

3)　チカグルヌ　ッチョー　ムヌ　（　　　）ソーイビラン。ヌー　ヤティン
　　　シグ　シティ　ネーラン。⇒

4)　ヤマダサノー　'イナグングヮビケーンドゥ　（　　　）ソール。⇒
　　　　　　　　　　　　　　　［カナサン　ナチカサン　ウッサン　アタラサン］

　　　*チカナイン（飼う）、ックヮ　ナスン（子供を産む）、シティーン（捨てる）、'イナグングヮ（娘）

練習5　絵を見て、例のように**クィーン、'イーン**を使って文を作り、日本語に訳し
なさい。

例）　ワラビ、ターリー、'イー⇒ワラベー　ターリーンカイ　'イー　クィヤビー
　　　ン（子供はお父さんに絵をあげます）。

1)　ワラビ、アラカチサン、'イーリムン⇒

2)　マエハラサン、アラカチサン、サキ⇒

3)　ナカジョーサン、アヤー、ジン⇒

4)　シンシー、シートゥ、スムチ⇒

　　　　　　　　　　　　　　　　　　　　　　　　　　　　　*ターリー（お父さん）

練習6　例にならって次の質問に答えなさい。

例）　ヤマダサンヌ　ヤーカラ　ガッコーンカエー　チャヌグレーッシ　チチャ
　　　ビーガ。（サンジップン）⇒サンジップンッシ　チチャビーン。

1)　ウヌ　ムチカサル　スムチ　ナンニチッシ　ユマビタガ。（ミッカ）⇒

2)　カップラーメノー　チャヌグレーッシ　チュクラリヤビーガ。（サンプン）⇒

3)　ウミハマティ　ビンチョー　シーネー、ナンニンッシ　ロシアゴ　ハナシ
　　　ユースルグトゥ　ナイビタガ。（サンニングレー）⇒

第18課 マギサル フニヌ ミーンドー
ジューハチ

🔊 19

（タイッシ　クルマ　ハラシガチー）

マエハラ：　トー、ナー　ウフィグヮー　ンジ、ウミヌ　ユー　ミール　'ンナ
　　　　　トゥ'ウティ　クルマ　トゥミラナ。

（ウミンカイ　チチカラ）

アラカチ：　'イー　ティンチ　ヤンヤー。ウチナーヌ　ウメー　イチ　'ー
　　　　　チン　チュラサンヤー。アマ'ウテー　ビーチパーティー　ソーン
　　　　　ドー。

マエハラ：　ウフッチュン　ワラビン　ウィーリキサ　ソーンヤー。アイ、アマ
　　　　　ンカイ　マギサル　フニヌ　ミーンドー。

アラカチ：　ヤサヤー。ユスグニカラヌ　フェリー　ヤサ。シデーシデーニ
　　　　　ンマンカイ　チカジチ　チューサ。

マエハラ：　イチカ　フェリーカラ　シケーヌ　アマクマ　ミグティ　'ンージ
　　　　　ブサッサー。メーニチ　ウミ　'ンージガチー　ビールンデー　ヌ
　　　　　ミーネー、イッペー　'イーアンベー　ヤサ。

アラカチ：　ウレー　イッセンマンエングレー　カカインディサ。クンチチカラ
　　　　　ジン　タミランダレー　ナランサ。タバクン　ヤミーシェー　マシ
　　　　　ヤンドー。

マエハラ：　タバコー　ヤミーグリサクトゥ、サケー　ヤミーンディチ　ヤサ。

大きな船が見えるよ

（二人でドライブしながら）

真栄原：よし、もうちょっと行って、海のよく見える港で車を止めよう。

（海に着いてから）

新垣：　いい天気だなあ。沖縄の海はいつ見てもきれいだなあ。あそこでビーチパーティーやってるよ。

真栄原：大人も子どもも楽しそうにしているね。あれ、あそこに大きな船が見えるよ。

新垣：　そうだね。外国からのフェリーだね。だんだんこっちに近づいてくるよ。

真栄原：いつかフェリーで世界をあちこち巡ってみたいなあ。毎日海を見ながらビールでも飲んだら、最高だよ。

新垣：　それ、1000万円くらいお金がかかるんだって。今月からお金貯めないとね。タバコもやめた方がいいよ。

真栄原：タバコはやめにくいから、酒をやめるつもりだよ。

● **本課で学ぶ語句** ●

ミーン　見える	タミーン　貯める
ハラシガチー　走らせながら	ヤミーン　やめる
'ンナトゥ　港	ヤミグリサクトゥ　やめにくいから
トゥミラナ　止めよう	カーマ　遠く
シデーシデーニ　だんだんと（＜次第次第に）	ウトゥ　音
チカジチュン　近づく	クィー　声
シケー　世界	キラマ　慶良間諸島
アマクマ　あちこち	マチギ　まつ毛
ミグイン　めぐる、回る	アッタニ　急に
'ンージガチー　見ながら	トゥマイン　止まる
'イーアンベー ヤサ　最高だよ	ニムチ　荷物
カカインディサ　かかるんだって	ドゥー　自分
	～ヤカ　～よりも

157

1 「～が見える／聞こえる」

「見る」は'ンージュン、「聞く」はチチュンでしたが、それぞれの自動詞「見える」「聞こえる」はミーン、チカリーン（チチュンの可能形と同形）となります。

- 1-1. アイ、アマンカイ　マギサル　フニヌ　<u>ミーンドー</u>*。　あれ、あそこに大きな船が見えるよ。
- 1-2. カーマカラ　デンシャヌ　ウトゥヌ　<u>チカリヤビーン</u>。　遠くから電車の音が聞こえます。
- 1-3. ヤーヌ　フカカラ　ムシヌ　クィーヌ　<u>チカリーン</u>。　家の外から虫の声が聞こえる。

なお、沖縄語には次のような言葉もあります。

キラマー　ミーシガ、マチゲー　ミーラン。　慶良間は見えるが、まつ毛は見えない。

慶良間諸島は那覇からフェリーで2時間ほどのところですが、首里は高台にありますから晴れた日には慶良間諸島が見えます。「遠くは見えるが近くは見えない（灯台元暗し）」という意味のクガニクトゥバ（ことわざ）です。

2 自動詞と他動詞

英語は自動詞と他動詞が同じ形が多いのですが（**I opened the door.／The door opened.**）、日本語は多くの場合、自動詞と他動詞の形が異なります（「私はドアを<u>開ける</u>」「ドアが<u>開く</u>」）。そして日本語の自動詞と他動詞の対応には多様なパターンがあります。ごく一部を示してみても、「直る」**naoru**／「直す」**naosu**（**-ru**／**-su**）、「止まる」**tomaru**／「止める」**tomeru**（**-aru**／**-eru**）など、様々です。沖縄語にも日本語と同じように自動詞と他動詞の使い分けがあります（自動詞と他動詞の対応はp.244を参照）。

- 2-1. アッタニ　クルマヌ　<u>トゥマイン</u>。　急に車が止まる。

  ケーサツカンヌ　クルマ　<u>トゥミーン</u>。　警察官が車を止める。
- 2-2. カバンヌ　ハクヌ　ナーカンカイ　<u>イーン</u>。　カバンが箱の中に入る。

  カバン　ハクヌ　ナーカンカイ　<u>イリーン</u>。　カバンを箱の中に入れる。

3 「～していく／～してくる」

　沖縄語には動詞のティ形に**チューン**、**イチュン**を組み合わせた言い方があります。日本語の「～してくる／～していく」の意味・用法によく似ています。

　ひとつは、「～して（から）くる／いく」という意味で用いられるものです。他の場所へ行く前に現在話している場所でするか（**V**ティ **イチュン**「～していく」）、現在話しているところとは別の場所でするか（**V**ティ **チューン**「～してくる」）という違いになります。

> 3-1. **クマンカイ　ニムチ　ウチ　イチャビラ。**　ここに荷物を置いていきましょう。

> 3-2. **スミスサノー　ドゥーヌ　クニ'ウティ　ヤマトゥグチ　ナラティ　チャービタン。**　スミスさんは自国で日本語を勉強してきました。

　また、話し手に近づくか（**V**ティ **チューン**）、遠ざかるか（**V**ティ **イチュン**）を表すためにも用いられます。

> 3-3. **シートゥヌ　ローカカラ　キョーシツンカイ　イッチ　イチャビタン。**
> 学生が廊下から教室に入っていきました(話し手は廊下にいる)。

> 3-4. **シートゥヌ　キョーシツカラ　ローカンカイ　ンジティ　チャービタン。**
> 学生が廊下に出てきました(話し手は廊下にいる)。

> 3-5. **シデーシデーニ　ンマンカイ　チカジチ　チューサ**＊。　だんだんこっちに近づいてくるよ。

4 「～しながら」

　動詞の連用形（**V**連）に-**ガチー**をつけると、何かを同時に行う「～しながら」という意味になります。

> **ユムン**(読む)⇒**ユミガチー**（読みながら）
> **チチュン**(聞く)⇒**チチガチー**（聞きながら）
> **ヌムン**(飲む)⇒**ヌミガチー**（飲みながら）
> **アッチュン**(歩く)⇒**アッチガチー**（歩きながら）
> **スン**(する)⇒**シーガチー**、**サガチー**（しながら）
> **'ユン**(言う)⇒**イーガチー**（言いながら）

> 4-1. **ムヌ　カミガチー　アッチェー　ナイビラン。**　食べながら歩いてはいけません。

159

4-2. メーニチ　ウミ　'ンージガチー　ビールンデー　ヌミーネー、イッペー
　　　'イーアンベー　ヤサ*。　　毎日海を見ながらビールでも飲んだら、最高だよ。

5 「～した方がいい」

　第16課で「～してもいい」という許可の表現を学びましたが、相手に「～
した方がいい」とアドバイスする場合はV略シェー　マシ　ヤンで表すことが
できます。マシは日本語の「まし」と似ていますが、沖縄語のマシは比較の基
準が示されていなければ、必ずしも何かと何かを比べる意味をもたず、単に
「いい」という意味になります。

　　5-1. タバクン　<u>ヤミーシェー　マシ　ヤンドー</u>*。　タバコもやめた方がいいよ。
　　5-2. パーティーンカイ　<u>イチュシェー　マシ　ヤタッサー</u>。　パーティーに
　　　　行った方がよかったよ。
　　5-3. ガンチョーヤカ　コンタクト　<u>イリーシェー　マシ　ヤイビーンドー</u>。
　　　　眼鏡よりコンタクトを入れた方がいいですよ。

6 「～しやすい／しにくい」

　動詞の連用形に-ブサン／-ブサイビーンをつけると「～したい（です）」と
いう言い方になりましたが（⇨第10課3節）、同じように連用形に-ヤッサン、
-グリサンが接続すると、それぞれ「～しやすい」「～しにくい」という意味
になります。

　　6-1. ウヌ　スムチェー　<u>ユミヤッサンドー</u>。　この本は読みやすいよ。
　　6-2. クヌ　イノー　<u>チカナイグリサイビーン</u>。　この犬は飼いにくいです。
　　6-3. タバコー　<u>ヤミーグリサクトゥ</u>、サケー　<u>ヤミーンディチ</u>　ヤサ*。　タ
　　　　バコはやめにくいから、酒をやめるつもりだ。

練習問題

・・

【練習1】

1-1. 絵を見て、例のように文を作り、日本語に訳しなさい。

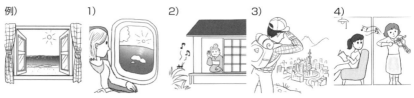

例）　　　　　1)　　　　　2)　　　　　3)　　　　　4)

例）マドゥ／ウミ⇒マドゥカラ　ウミヌ　ミーヤビーン（窓から海が見えます）。
1）ヒコーキ、マドゥ／シマ⇒　　2）ヤー、フカ／ムシ、クィー⇒　　3）ヤマ、
ウィー／マチ、アカガイ⇒　　4）トゥナイ、ジャシチ／バイオリン、ウトゥ⇒

*アカガイ（灯り）

1-2. 次の質問に答えなさい。（○○には自分の名前を入れなさい）
1）○○サンヌ　ジャシチカラ　ヌーヌ　ミヤビーガ。⇒
2）ナチ　ナイネー　ヌーヌ　クィーヌ　チカリヤビーガ。⇒
3）キョーシツカラ　ヌーヌ　ミヤビーガ。⇒

（練習2）

2-1. 例にならって、自動詞／他動詞ペアの空欄を埋め、意味を答えなさい。（p.
244参照）

例）イーン／イリーン（入る／入れる）
a. チチュン／チキーン　　b. チワミーン／（　　）c.（　　）／ノースン　　d.
（　　）／ンジャスン　　e. ナラブン／（　　）　f. ハジマイン／（　　）g. タ
マイン／（　　）h.（　　）／メースン　　i. シーン／シラスン　　j. スダチュ
ン／（　　）k.（　　）／トゥミーン　　l. ウキーン／（　　）

2-2. 絵を見て、例のように [　　] から適当な動詞を選んで文を作りなさい。

例1）クルマ⇒クルマヌ　トゥマイン。
例2）ッチュ⇒ッチュヌ　マドゥ　アキーン。
1）ケーサツカン⇒　2）サーターアンダギー⇒　3）スマホ⇒　4）ッチュ⇒
5）ワラビ⇒　6）マチヤヌ ッチュ⇒　7）アヤー⇒　8）アヤー⇒
[イリーン　ウキーン　ウクスン　アガイン　イーン　ミチーン　トゥミーン
アギーン]

（練習3）

3-1. 例にならって、語を並べ替えて文を作り、日本語に訳しなさい。

例） スターバックス、コーヒー、ヌムン、イチャビーン⇒スターバックス'ウ
ティ　コーヒー　ヌディ　イチャビーン（スターバックスでコーヒーを飲
んでいきます）。
1）　スバヤー、スバ、カムン、チャービーン⇒
2）　アヌ、エーガカン、エーガ、'ンージュン、チャービーン⇒
3）　スポーツクラブ、ハーエー スン、イチャビーン⇒

3-2. 絵を見て、例のように文を作り、日本語に訳しなさい。

例）　シートゥ／キョーシツンカイ⇒シートゥヌ　キョーシツンカイ　イッチ
チャービタン（学生が教室に入ってきました）。
1）　シートゥ／キョーシツカラ⇒　　2）　シートゥ／キョーシツンカイ⇒
3）　タルー／フカンカイ⇒　　4）　ッチュヌチャー／ビルヌ ナーカカラ⇒

（練習4）

4-1. 例にならって、**～ガチー**「～しながら」の形を作り、日本語に訳しなさい。
例）　ユムン⇒ユミガチー（読みながら）
1）　チチュン⇒　2）　ヌムン⇒　3）　アッチュン⇒　4）　スン⇒　5）　'ンージュン
⇒　6）　カンゲーイン⇒　7）　ハーエー スン

4-2. 絵を見て、例のように文を作り、日本語に訳しなさい。

例）　テレビ'ンージュン／ビンチョー スン⇒テレビ　'ンージガチー　ビン
チョー　ソーン（テレビを見ながら勉強している）。
1）　ムヌ カムン／アッチュン⇒　　2）　スマホ ハナスン／ウンテン スン⇒
3）　クワーシ カムン／ユンタク スン⇒　　4）　アッチュン／スマホ チカイン⇒

（練習5）　例にならって、（　　）内の言葉を組み合わせて文を作り、日本語に訳しな
さい。

例) ワンネー ニチヌ アイビーン (シグ、ニンジュン)⇒シグ ニンジュ
シェー マシ ヤイビーン (すぐ寝た方がいいです)。
1) ワー トゥジェー ヤンメー ヤイビーン (ヤー、ケーイン) ⇒
2) ワンネー ヨーガリブサイビーン (メーニチ、ハーエー スン) ⇒
3) ワンネー ジン フサイビーン (ジン、チカラン) ⇒

*ヤンメー (病気)、ヨーガリーン (やせる)

> 練習6

6-1. 例にならって「〜しやすい」「〜しにくい」の形を作り、日本語に訳しなさい。

例) ユムン、ヤッサン⇒ユミヤッサン (読みやすい)

1) チカイン、グリサン⇒ 2) アッチュン、ヤッサン⇒ 3) ヌムン、グ
リサン⇒ 4) ヤンジュン、ヤッサン⇒ 5) カムン、グリサン⇒
6) ヌジュン、グリサン⇒ 7) クムン、ヤッサン⇒

6-2. 絵を見て、例のように [ ] から動詞を選んで文を作り、日本語に訳しなさい。

例)   1)   2)   3)   4)

例) アヌ グラソー アチサクトゥ、(ワリーグリサン) (あのグラスは厚いの
で割れにくいです)。
1) アヌ ハンバーガーヤ イッペー マギサクトゥ、クチヌ マギサル ッ
チュ ヤティン (   )。
2) アヌ インピチェー (   ) クトゥ、ミッタンガ チカラン。
3) ウヌ サケー イッペー (   ) クトゥ、サンゴービン サンボヌン ヌ
ディ ネーランタン。
4) アヌ フター (   ) クトゥ、'イキガ ヤティン アキララン。
[アキーン   カムン   ヌムン   カチュン]

*ワリーン (割れる)、ミッタンガ (めったに)

第19課 デーヤ ビチヤカ タカサシガ…
ジューク

🔊 20

（ナーファヌ　クーコーヌ　ニーケー'ウティ　ナーギムン　サゲーチョーン）

アラカチ：　ヤマダサンヌ　ナーギムノー　ヌーヌ　マシ　ヤガヤー。

マエハラ：　ヤマダサノー　イッペー　サキジョーグー　ヤッサーヤー。

アラカチ：　アネ、クメセンヌ　アマンカイ　アンドー。ヤシガ、クメセノー　トーキョー'ウティン　コーラリーンディ。ナー　ウフェー　ミジラサシェー　ネーランガヤー。

マエハラ：　アイ、アマンカイ　アワナミヌ　アンドー。

アラカチ：　アワナミナー。

マエハラ：　アワナメー　ハティルマ'ウティ　チュクトール　サキ　ヤサ。クメセンアタエー　ナーダカコー　ネーランシガ。

アラカチ：　アワナミトゥ　クメセントー　ヌーヌ　マシ　ヤガヤー。

マエハラ：　デーヤ　ビチヤカ　タカサシガ、アワナメー　ウチナー'ウティン　アンスカ　コーラランネー　スッサー。イッペー　ミジラサル　サキ　ヤンドー。

アラカチ：　アンシェー　アワナミ　コーラ。'ヤーヤ　サキヌ　クトゥ　ユーシッチョーサヤー。

マエハラ：　アネー　アランサ。アイ、ナマ　フィジャサンガ　'ウタサ。アマヌ　エレベーターッシ　ヌブティ　イチュタンドー。

アラカチ：　ヌーンチ　フィジャサンガ　クーコーンカイ　'ウガヤー。

値段は他のより高いけど…

（那覇の空港の2階でお土産を探している）

新垣：　山田さんのお土産は何がいいかなあ。

真栄原：山田さんはとてもお酒が好きだったよね。

新垣：　あっ、久米仙があそこにあるよ。でも久米仙なら東京でも買えるって。もうちょっと珍しいのないかなあ。

真栄原：あっ、あそこに泡波があるよ。

新垣：　泡波？

真栄原：泡波は波照間島で作っている泡盛だよ。久米仙ほど有名じゃないけど。

新垣：　泡波と久米仙、どっちがいいかなあ。

真栄原：値段は他のより高いけど、泡波は沖縄でもなかなか買えないようなんだよ。とても珍しい泡盛だよ。

新垣：　じゃあ、泡波にしよう。君は酒のことよく知ってるよね。

真栄原：そうでもないよ。あれ、今比嘉さんがいたよ。あそこのエレベーターで上っていったよ。

新垣：　なんで比嘉さんが空港にいるのかなあ。

● 本課で学ぶ語句 ●

ニーケー　2階
コーラリーンディ　買えるって
ミジラサシェー　珍しいものは
アタイ　ほど、くらい
ナーダカサン　有名だ
ビチ　他、別
コーラランネー スン　買えないようだ
フドゥ　背丈

トゥミグシク　豊見城（地名）
ユカイ　かなり
ダテーン　大きく、うんと
ウジニー　栄養のあるもの
フィルサン　拾い
ジンムチ　金持ち
ナゲー ナトーン　時間が経っている、古い

165

● 文法解説 ●

1 「〜って」（伝聞）

自分の体験や判断ではなく他人からの情報を伝える場合には助詞**ディ**を文の最後につけます（これは引用の助詞**ンディ**「と」が文末に来たものです）。

1-1. クメセノー　トーキョー'ウティン　コーラリーン<u>ディ</u>＊。　　久米仙なら東京でも買えるって。

情報源を示す場合は次のように**〜ンカイ　ユレー**「〜によれば」などをつけます。

1-2. シンブヌンカイ　ユレー　コーツージコー　シデーシデーニ　イキラク　ナトーン<u>ディ</u>。　　新聞によると交通事故はだんだん少なくなっているんだって。

また、次のように**ドー**、**サ**などの終助詞を後ろにつけることも可能です。

1-3. テレビッシ　'ンーチャシガ、アチャー　フィーク　ナイン<u>ディサ</u>。　　テレビで見たけど、明日は寒くなるってさ。

1-4. イサムカラ　チチャシガ、ヒロシェー　シクチ　ウチナチャン<u>ディドー</u>。　　勇から聞いたけど博は仕事を終わらせたってよ。

これらは親しい友人や目下の人に言う場合ですが、初対面やそれほど親しくない人に丁寧に言う場合には直前の動詞をビーン体に変えます。日本語に訳す場合は「そうです」を用いるとよいでしょう。

1-5. ニービチ　ウユウェーンカイ　ナカジョーサヌン　<u>チャービーンディサ</u>。　　結婚式に仲門さんも来るそうですよ。

2 「どちらが〜ですか」

2つを比較して「どちらが〜ですか」と尋ねたい場合は、**N1 トゥ N2 トーヌーヌ 〜**の文型を使います。

2-1. アワナミトゥ　クメセントー　ヌーヌ　マシ　ヤガヤー＊。　　泡波と久米仙、どっちがいいかなあ。

物と物とを比べる場合には上のように**ヌーヌ**を使いますが、人と人の場合は**ターガ**、場所と場所の場合は**マーガ**を使います。

2-2. タルートゥ　ジルートー　<u>ターガ</u>　フドゥヌ　タカサイビーガ。　　太郎と次郎とではどちらが背が高いですか。

2-3. ナーファートゥ　トゥミグシクトー　<u>マーガ</u>　ッチュヌ　マンドーイビーガ。　　那覇と豊見城とではどちらが人が多いですか。

　　　　—ナーファーヌ　ユカイ　マンドーイビーン。　　那覇の方がかなり多いです。
「どちらが」を表す言葉として**ジルガ**もありますが、上記の言い方の方がよ
く用いられるようです。
　　2-4. スーパートゥ　コンビニトー　ジルガ　ヤッサイビーガ。　　スーパーとコ
　　　　ンビニとではどちらが安いですか。
　　　　—スーパーヌ　ダテーン　ヤッサイビーン。　スーパーの方がずっと安いです。
　なお、沖縄語では「N1とN2とでは」の「で」に当たる助詞は用いず、**N1
トゥN2トー**「N1とN2とは」の形を用います。また、これは**ウー／'ウー'ウー**
で答える疑問文ではないので、疑問詞疑問文のように語尾は**-ガ**となります。

3 「～より…」（比較の表現）

比較の対象を表したいときには助詞**ヤカ**「より」を使います。
　　3-1. ゾーヤ　ウシ<u>ヤカ</u>　マギサイビーン。　　象は牛より大きいです。
　　3-2. ギューニューヤ　サンピンチャ<u>ヤカ</u>　ウジニー　ヤイビーン。　　牛乳はさ
　　　　んぴん茶(ジャスミン茶)より栄養があります。
　　3-3. チューゴコー　インド<u>ヤカ</u>　ッチュヌ　マンドーイビーン。　中国はインド
　　　　より人口が多いです。
　　3-4. デーヤ　ビチ<u>ヤカ</u>　タカサシガ＊　　値段は他のより高いけど
　なお、沖縄語では「牛乳の<u>方が</u>栄養があります」の「～の方が」に当たる
言葉は用いません。

4 「～と同じくらい…」

2つを比較して「同じくらい」と言う場合には**アタイ**という言葉を使います。
　　4-1. スバー　チャンポン<u>アタイ</u>　ヤッサイビーミ。　　沖縄そばはチャンポンと
　　　　同じくらい安いですか。
　同程度であることを否定する場合（「～ほど…でない」）も**アタイ**を使って
表します。
　　4-2. オーサカー　トーキョー<u>アタエー</u>　フィルコー　ネーイビラン。　　大阪は
　　　　東京ほど広くないです。
　　4-3. クメセン<u>アタエー</u>　ナーダカコー　ネーランシガ＊。　　久米仙ほど有名
　　　　じゃないけど。
　　4-4. ワンネー　アヌ　ッチュ<u>アタエー</u>　ジンムチェー　アイビラン。　　私はあ
　　　　の人ほどはお金持ちではないです。

4-5. オーシロサノー　ナカマサンアタ<u>エー</u>　フェーク　ハーエー　シーユーサ
ビラン。　大城さんは仲間さんほどは速く走れません。

5 「〜（する）ようだ」（〜ネー スン）

　動詞、形容詞、**ヤン**に**ネー**をつけた後に**スン**を続けると、「〜（する）ようだ」
という推量の意味を表します。

　　5-1. アワナメー　ウチナー'ウティン　アンスカ　コーラランネー　スッサー*。
　　　　泡波は沖縄でもなかなか買えないようなんだよ。

　　5-2. アヌ　ッチョー　ウチナーンチュ　ヤンネー　スサ。　あの人はウチナー
　　　　ンチュのようだね。

　　5-3. アイ、クルマヌ　ウトゥヌ　スンドー。ターガナガ　チョーンネー　ソー
　　　　ン。　あっ、車の音がするよ。誰か来たみたいだね。

　この構文では**スン**「する」と**ソーン**「している」で意味の違いはあまりあ
りません。また、以下のように比喩で使われることもあります。

　　5-4. ウヌ　パノー　ナゲー　ナトークトゥ、イシ　ヤンネー　ソーン。　この
　　　　パンは古いので石のようだ。

6 シヨッタ形（過去の直接的知覚）

　例えば、**カムン**「食べる」の過去形は**カダン**「食べた」でしたが、沖縄語
には過去を表す形がもうひとつあります。

　　6-1. タルーガ　コンビニ'ウティ　マンガ　<u>ユムタン</u>ドー。　太郎がコンビニで
　　　　マンガを読んでいたよ。

　この形は、目の前で見た、音を直接聞いた、など、話し手が直接五感でと
らえた過去の出来事を表す形です。西日本方言の「〜しよった」と意味が似
ていることからシヨッタ形といわれています（事実、今でも沖縄の人は同じ
文脈で「あいつが窓ガラス破りよった」のようにいいます）。この形は動詞の
尾略形（⇨第8課4節）に**タン**をつけて作ります（**V略タン**）。

　　ユムン⇒ユムタン（読みヨッタ）　**イチュン⇒イチュタン**（行きヨッタ）

　　カチュン⇒カチュタン（書きヨッタ、勝ちヨッタ）　**カムン⇒カムタン**（食べヨッタ）

　　ヌムン⇒ヌムタン（飲みヨッタ）　**イーン⇒イータン**（入りヨッタ）

　　'イーン⇒'イータン（座りヨッタ、もらいヨッタ）

　　クィーン⇒クィータン（あげヨッタ）

　ラ行動詞のうち**ーン**で終わるものは次のようになります。

クィーン⇒クィータン（あげヨッタ）　cf. クィタン（あげた）

ショッタ形は自分が実際に見たり聞いたりしたことを伝える形なので、臨場感をもちます。また、目撃したことについていうものですから、当然一人称の文は作れません：×ワンネー　チヌー　イザカヤ'ウティ　サキ　ヌムタン。

6-2. アイ、ナマ　フィジャサンガ　'ウタサ。アマヌ　エレベーターッシ　ヌブティ　イチュタンドー*。　あれ、今比嘉さんがいたよ。あそこのエレベーターで上っていったよ（上っていくのを見た）。

6-3. クヌ　ウィーカラ　ヒコーキヌ　ミーチ　トゥディ　イチュタンドー。
この上を（通って）飛行機が3つ飛んで行ったよ（飛んで行くのを目撃した）。

6-4. ヤキューヌ　スーブ'ウティ　タルーガ　ホームラン　ウチュタンドー。
（見てきた試合について話しているところで）野球の試合で太郎がホームランを打ったよ（打つのを目撃した）。

6-5. ターガナ　クマンカイ　クーンティー。　誰かここに来なかったか？
—ヨーガリトール　'イキガヌ　アマンカイ　ハーエー　ッシ　イチュタンドー。　痩せた男があっちへ走って行ったよ（走って行くのを見た）。

ビーン体の場合は、過去形のVビタンの後ろをVビータンに変えることによってショッタ形を作ることができます。

6-6. タルーガ　コンビニ'ウティ　チヌーン　サンドイッチ　コーイビータン。
太郎がコンビニで昨日もサンドイッチを買っていましたよ（買っているのを見た）。

練習問題
....

練習1 例にならって、次の沖縄語を日本語に訳しなさい。

例）テレビ　'ンージーネー　アチャー　ハリーンディ（テレビ見てたら明日は晴れるって）。

1）テレビンカイ　ユレー　ライシュー　ウフカジヌ　チューンディサ。

2）フィジャサンガ　イチャシガ、タルーヤ　タチチ　ヤマトゥンカイ　イチュンディ。

3）ラジオカラ　チチャビタシガ、ヤマトゥ'ウティ　ウフネーヌ　アイビータンディ。

4）ヤーン　ゼイキンヌ　タカク　ナイビーン。

*ハリーン（晴れる）、ウフネー（大地震）

2-1. 例にならって会話文を作り、日本語に訳しなさい。

例） トーキョー、オーサカ、ッチュ マンドーン⇒

A： トーキョートゥ　オーサカトー　マーガ　ッチュヌ　マンドーイビーガ（東京と大阪はどちらが人が多いですか）。

B： オーサカヤカ　トーキョーガ　マンドーイビーン（大阪より東京の方が多いです）。

1） タイ、ウチナー、アチサン⇒

2） バイオリン、チェロ、マギサイビーン⇒

3） ロシア、カナダ、フィルサン⇒

4） ウチナー、ヤマトゥ、サクラヌ フェーク サチュン⇒

5） ステーキ、スバ、デーダカサン⇒

2-2. 次の質問に答えなさい（4と5は自分のことを答えてください）。

1） トーキョートゥ　ナーファトー　マーガ　ッチュヌ　マンドーイビーガ。

2） トーキョーカラ　オーサカマディ　イチュシェー、バストゥ　ヒコーキトー　ジルガ　タカサイビーガ。

3） ナーファトゥ　ヨコハマトー　マーガ　ッチュヌ　マンドーイビーガ。

4） ストゥミティムノー　パントゥ　ウブントー　ヌーヌ　シチ　ヤイビーガ。

5） シクチトゥ　シュミトー　ヌーヌ　テーシチ　ヤイビーガ。

*ウブン（ご飯）、テーシチ（大切）

例にならって、次の質問に答え、日本語に訳しなさい。（○○には自分の名前を入れなさい）

例） ウチナーグチェー　エーゴアタイ　ムチカサイビーミ。⇒'ウー 'ウー、ウチナーグチェー　エーゴアタエー　ムチカシコー　ネーイビラン。（沖縄語は英語と同じくらいむずかしいですか。―いいえ、英語ほど難しくありません。）

1） ジューグヮチヌ　トーキョーヤ　ナーファアタイ　アチサイビーミ。

2） ヤマトゥ　ウメー　ウチナーヌ　ウミアタイ　チュラサイビーミ。

3） トヨタヌ　クルマー　ベンツアタイ　デーダカサイビーミ。

4） ○○サノー　マラソンヌ　センシュアタイ　ナガコー　ハーエー　シーユーサビーミ。

*ジューグヮチ（10月）

絵を見て、例のように後半の文を作り、全体を日本語に訳しなさい。

170

例）　チラヌ　アカササ／ニチ、アン⇒ニチヌ　アンネー　スンヤー（顔が赤い
　　　よ。熱があるようだね）

1）　ディンキヌ　チャートーン／フィジャサン、ヤー、'ウラン⇒

2）　'イーカジャヌ　スンドー／マーガナ、カレーライス、チュクトーン⇒

3）　マチヤヌ　ッチュヌ　ホーチカチ　ソーン／マチヤ、ミチャイン⇒

4）　フィジャサノー　チヌーン　スバヤ　ンジャサ／スバジョーグー、ヤン⇒

　　　　　　　　　　　　　　　　*カジャ（匂い）、ホーチカチ（掃除）、ミチャイン（閉まる）

練習5

5-1. 例にならって動詞をショッタ形に変え、意味も答えなさい。

例）　ヌジュン⇒ヌジュタン（脱ぎヨッタ）

a. ヌムン⇒　　b. アビーン⇒　　　c.（ティガミ）カチュン⇒　　　d. カンジュン
⇒　　e.（イスカラ）タチュン⇒　　f. チューン⇒　　g. イチュン⇒　　　h. ユ
ブン⇒　　i. ワカスン⇒　　j.（ジン）'イーン⇒　　　k. スン⇒　　　l. ユムン⇒
m. ハーエーッシ イチュン⇒　　　n. ヌスムン

5-2. 例にならって、次の文を沖縄語に訳しなさい。

例）　A：比嘉さんを見ませんでしたか。　　B：さっきコンビニで本を読みヨリ
　　　ましたよ。⇒
　　　A：フィジャサン　'ンージャビランティー。　B：キッサ　コンビニ'ウティ
　　　スムチ　ユマビータンドー。

1）　A：山田さんを見ませんでしたか。　　B：スターバックスでコーヒーを飲
　　　みヨリましたよ。⇒

2）　生徒：先生。　先生：何？　生徒：山田君が学校から出ていきヨリました
　　　よ。⇒

3）　A：あれ、ここにケーキがありませんでしたか。　B：さっき山田さんが
　　　食ベヨリましたよ。⇒

第20課 スーツケースンカイ イットーチャビタン

ニジュー

🔊 21

フィジャ： ナークンカイ　イチガ　イチュラ、ナー　チワマトーンナー。

ナカジョー：ルクグヮチヌ　ウワイグル　ヤイビーン。

フィジャ： ルクグヮチヌ　ウワイグルナー。ウヌ　バソー　スーマンボー
スーン　ウワトール　ハジ　ヤサ。ウリカラ　ヒコーキトゥカ　ホ
テルンデーヤ　ヤシク　ナトール　ハジ　ヤンドー。ナーク'ウ
ティ　ヌーガ　スラ　ナー　チワミトーミ。

ナカジョー：ナークンカエー　シュノーケリング　シーガ　イチャビーン。

フィジャ： ナー　シコーエー　ウワティー。

ナカジョー：シュノーケルトゥ　ライフジャケットー　スーツケースンカイ
イットーチャビタン。

フィジャ： ナークヌ　ウメー　シケー'ウティン　イッチン　チュラサッサー。
マーヤカン　チュラサンディ　アラカチサヌン　イチョータサ。

ナカジョー：ユスグニンカイ　ウフォーク　ンジョール　アラカチサンガ　イ
チョークトゥ　フントー　ヤイビーンヤー。

フィジャ： ワンビケーンドゥ　シッチョール　ウミヌ　アサ。ナカジョーサン
ビケーヌンカイ　ナラースサ。

ナカジョー：アイ、フントー　ヤイビーミ。イッペー　ニフェー　デービル！

フィジャ： ククリティ　イキヨー。

スーツケースに入れておきました

比嘉：　宮古島にいつ行くか、もう決まったの？

仲門：　6月の終わり頃です。

比嘉：　6月の終わり頃か。その時は梅雨も終わっていると思うよ。そして飛行機やホテルも安くなってるよ。宮古島で何をするかもう決めたの？

仲門：　宮古島にはシュノーケリングしに行くんです。

比嘉：　もう準備は終わった？

仲門：　シュノーケルとライフジャケットはスーツケースに入れておきました。

比嘉：　宮古島の海は世界でも一番きれいだよ。どこよりもきれいだって新垣さんも言ってたよ。

仲門：　外国にたくさん行ってる新垣さんが言ってるから、本当ですね。

比嘉：　僕しか知らない海があるんだ。仲門さんだけに教えるよ。

仲門：　えっ、本当ですか。ありがとうございます。

比嘉：　気をつけて行ってきてね。

● 本課で学ぶ語句 ●

イットーチャビーン　入れておきます
イチガ イチュラ　いつ行くか
チワマイン　決まる
ルクグヮチ　6月
ウワイグル　終わり頃
スーマンボースー　沖縄の梅雨期
ヌーガ スラ　何をするか
チワミーン　決める
シーガ イチャビーン　しに行きます
イッチン　一番

イチョータン　言っていた
クヮックヮチェール　秘密の
ククリーン　気をつける
トゥラシェー　（ティ形に接続して）（〜して）くれ
スイ　首里（地名）
ティガミ　手紙
ヌチ　命
ムーチー　鬼餅（旧暦の正月前に作って食べる月桃の葉で包んだ餅）

● 文法解説 ●

1 「～しておく」

a) 形の作り方

　日本語の「～しておく」に当たる形は、動詞のティ形の**-i**を**-oocuN**に変えて作ります。これは**V**ティに**ウチュン**「おく」が融合したもので、オーン形（「～している」）の語末のンの前に**チュ**が入った形と考えてもいいでしょう。

1) 規則変化

　　［マ行動詞］**ユムン⇒ユドーン**(読んでいる)**⇒ユドーチュン**(読んでおく)

　　［バ行動詞］**ユブン⇒ユドーン**(呼んでいる)**⇒ユドーチュン**(呼んでおく)

　　［サ行動詞］**ハナスン⇒ハナチョーン**(話している)**⇒ハナチョーチュン**(話しておく)

　　［カ行動詞］**カチュン⇒カチョーン**(書いている)**⇒カチョーチュン**(書いておく)

　　［タ行動詞］**ウチュン⇒ウッチョーン**(打っている)**⇒ウッチョーチュン**(打っておく)

　　［ガ行動詞］**ヌジュン⇒ヌジョーン**(脱いでいる)**⇒ヌジョーチュン**(脱いでおく)

　　［ダ行動詞］**ニンジュン⇒ニントーン**(寝ている)**⇒ニントーチュン**(寝ておく)

　　※**'ンージュン**(見る)**⇒'ンーチョーン**(見ている)**⇒'ンーチョーチュン**(見ておく)

　　［ラ行動詞］**トゥイン⇒トゥトーン**(取っている)**⇒トゥトーチュン**(取っておく)

　　※**イーン**(入る)など特殊なラ行動詞については ⇨第14課3節

2) 不規則変化

　　イチュン(行く)**⇒ンジョーン**(行っている)**⇒ンジョーチュン**(行っておく)

　　チューン(来る)**⇒チョーン**(来ている)**⇒チョーチュン**(来ておく)

　　スン(する)**⇒ソーン**(している)**⇒ソーチュン**(しておく)

　　'ユン(言う)**⇒イチョーン**(言っている)**⇒イチョーチュン**(言っておく)

　なお、**ウチュン**「おく」はカ行動詞ですが、**-オーチュン**は以下のように活用します。

　　否定形：**ユデー ウカン**「読んでおかない」　　ティ形：**ユドーティ**「読んでおいて」　　過去形：**ユドーチャン**「読んでおいた」　　連用形：**ユドーチ**

　　命令形：**ユドーキ(ヨー)、ユドーケー**「読んでおけ」　　ビーン体：**ユドーチャビーン**「読んでおきます」

b) 意味と用法

　沖縄語の**-オーチュン**は日本語の「～しておく」とほぼ同じ使い方で、「準

備」(1-1、1-2)、「放置」(1-3) などの意味を表します。

1-1. シュノーケルトゥ　ライフジャケットー　スーツケースンカイ　<u>イットー</u>
<u>チャビタン</u>*。　シュノーケルとライフジャケットはスーツケースに入れて
おきました。

1-2. パーティヌ　アクトゥ、シコーイ　<u>ソーカンダレー</u>　ナイビラン。　パー
ティがあるから、準備しておかなければなりません。

1-3. テレビ　チャーチ　ユタサイビーンナー。　テレビを消してもいいですか。
　　　ー'ウー'ウー、ウヌ　ママンカイ　<u>ソーティ</u>　トゥラシェー。　いいえ、そ
のままにしておいて。

2 「～しに」（目的）

目的を表す「～しに」は「動詞の連用形＋i」の後ろに-ガの付いた形で表し
ます。

ユムン⇒ユミ⇒ユミーガ(読みに)　ユブン⇒ユビ⇒ユビーガ(呼びに)

ハナスン⇒ハナシ⇒ハナシーガ(話しに)　ウチュン⇒ウチ⇒ウチーガ(打ちに)

ウィージュン⇒ウィージ⇒ウィージーガ(泳ぎに)　ニンジュン⇒ニンジ⇒ニン
ジーガ(寝に)／スン⇒(ッ)シ⇒シーガ(しに)　'ユン⇒イーガ(言いに)

ラ行動詞では-ガの前にiをつけずに連用形＋-ガとします。

トゥイ⇒トゥイガ(取りに)　コーイン⇒コーイガ(買いに)

「～しにいく」「～しにくる」はV連＋i＋-ガ イチュン／チューンとなります。

2-1. ナークンカエー　シュノーケリング　<u>シーガ</u>　イチャビーン*。　宮古島
にはシュノーケリングしに行くんです。

2-2. スイヌ　スバヤーンカイ　スバ　<u>カミーガ</u>　イチャビーサ。　首里のそば
屋に沖縄そばを食べに行きますよ。

2-3. ユービンキョクマディ　ティガミ　<u>ンジャシーガ</u>　ンジャン。　郵便局ま
で手紙を出しに行った。

3 間接疑問

第15課で疑念を表す係り結び**～ガ -ラ**について勉強しましたが、この形は疑
問文を文の中に入れる場合（間接疑問構文）にも使います。疑問文の強調し
たい要素にガをつけ、語尾-ガや-ミを-ラに変えて作ります。

3-1. ナークンカイ　イチ　イチュ<u>ガ</u>「宮古島にいつ行くか」＋ナー　チワマ
トーンナー「もう決まったか」⇒

ナークンカイ　イチ<u>ガ</u>　イチ<u>ュラ</u>、ナー　チワマトーンナー＊。　宮古島
にいつ行くか、もう決まったの？

3-2.　クリガ　イチュ<u>ミ</u>「こいつが行くか」＋アリガ　イチュ<u>ミ</u>「あいつが行く
か」＋ワカイビラン「わかりません」⇒

クリガ<u>ガ</u>　イチュ<u>ラ</u>、アリガ<u>ガ</u>　イチュ<u>ラ</u>　ワカイビラン。　こいつが行
くかあいつが行くかわかりません。

3-3.　ウレー　チャー　ナイ<u>ガ</u>「それはどうなるか」＋シッチョーイビーミ
「知っていますか」⇒

ウレー　チャー<u>ガ</u>　ナイ<u>ラ</u>、シッチョーイビーミ。　それがどうなるか、
知っていますか。

4　「〜で一番」

「〜の中で一番…だ」という場合には、**N1ʻウティ N2ヌ イッチン** …という
言い方をします（ただし、日本語の影響からか、**イッチン**の代わりに**イチバ
ン**「一番」を使う言い方も増えているようです）。

4-1.　ワッター　ヤーニンジュ‘ウテー　タルーガ　イッチン　ウフォーク　ムヌ
カマビーン。　私の家族では太郎が一番たくさんごはんを食べます。

4-2.　シケー‘ウテー　チューゴクヌ　ッチュヌ　イッチン　マンドーイビーン。
世界では中国が人口が一番多いです。

4-3.　ナークヌ　ウメー　シケー‘ウティン　イッチン　チュラサッサー＊。　宮
古島の海は世界でも一番きれいだよ。

5　「〜だけ」

「だけ」を表す助詞は、**ビケーン**です（他にも**ビカーン、ビケーイ**などの形
もあります）。

5-1.　タルービケーン　チャービタン。ビチヌ　ッチョー　チャービランタン。
太郎だけが来ました。他の人は来ませんでした。

5-2.　ナカジョーサンビケーヌンカイ　ナラースサ＊。　仲門さんだけに教えるよ。
沖縄語には日本語の「しか」に当たる言葉はないのですが、**ビケーンドゥ**
と強調すれば「〜しか（…ない）」の意味に近くなります。

5-3.　ワー<u>ビケーンドゥ</u>　シッチョール　ウミヌ　アサ＊。　僕しか知らない海
があるんだ。

6　過去の疑問文（普通体）

　普通体の過去の肯否疑問文を作るには、ティ形の末尾の**-i**を伸ばして**-ii**にします：**トゥティ**（取って）**tuti** ⇒ **tutii** トゥティー（取ったか）。

　　6-1. ナー　シコーエー　<u>ウワティー</u>＊。　もう準備は終わった？

　　6-2. ターガナ　'ンマンカイ　<u>ッチー</u>。　誰かここに来た？

過去の肯否疑問文は第8課で勉強した**ナー**を過去形につけることでも作ることができます。

　　6-3. クトゥシェー　ムーチー　<u>カダンナー</u>。　今年は鬼餅を食べた？

　疑問詞疑問文は過去形の語尾ンをガに変えるだけです。

　　6-4. フユヌ　ヤシメー　マーンカイ　<u>ンジャガ</u>。　冬休みはどこに行ったの？

練習問題

練習1　例にならって、次の動詞が何行動詞かを答え、「〜しておく」の形に変えなさい。また、日本語に訳しなさい。

例）カムン（マ行）⇒カドーチュン（食べておく）
　　イチュン（不規則）⇒ンジョーチュン(行っておく)

a. ニンジュン⇒　　b. ヌジュン⇒　　c. アギーン⇒　　d. ヌムン⇒　　e. ンジャスン⇒　　f.（カビ）チーン⇒　　g. ウチュン⇒　　h.（イスンカイ）'イーン⇒　　i. 'ユン⇒　　j. スン⇒　　k. カンジュン⇒　　l. イリーン⇒　　m. 'ンージュン⇒

練習2

2-1. 例にならって文を作り、日本語に訳しなさい。

例1）'イー カチュン、エノグ コーイン⇒'イー　カチュクトゥ　エノグ　コートーチャビーン（絵を描くので絵具を買っておきます）。

例2）ジュギョー、ヨシュー スン⇒ジュギョーヌ　タミニ　ヨシュー　ソーチャビーン（授業のために予習をしておきます）。

1)　ドゥシヌ チューン、ホーチカチ スン⇒

2)　チャンプルー チュクイン、トーフトゥカ ゴーヤーンデー コーイン⇒

3)　パーティー、イルイルヌ カミムン チュクイン⇒

4)　タビ、スーツケース シコーイ スン⇒

2-2. 例にならって質問に対する答えの文を作り、日本語に訳しなさい。

例）ウヌ　スムチェー　チャー　サビーガ。（ホンダナンカイ　ムドゥスン）⇒ホンダナンカイ　ムドゥチョーティ　クィミソーレー（本棚に戻しておいてください）。

1) ウサラトゥカ　ウメーシェー　チャー　サビーガ。（アライン）⇒
2) チレー　チャー　サビーガ。（チリシティンカイ　シティーン）⇒
3) ギンコーヌ　カードー　チャー　サビーガ。（サイフンカイ　イリーン）⇒

*ウサラ（お皿）、ウメーシ（お箸）、チリ（ごみ）、チリシティ（ごみ捨て場）

練習3

3-1. 例にならって、動詞を「～しに」の形に変え、日本語に訳しなさい。

例）カムン⇒カミーガ（食べに）　トゥイン⇒トゥイガ（取りに）

a. ユムン⇒　　b. ウィージュン⇒　　c. ダチュン⇒　　d. ニンジュン⇒
e. タチュン⇒　　f. ンジャスン⇒　　g. チュクイン⇒　　h. アシブン⇒　　i. 'ユン⇒　　j. スン⇒　　k. カンジュン⇒　　l. 'ンージュン⇒

3-2. 例にならって文を作り、日本語に訳しなさい。

例）ウチナーンカイ　ンジャン／ウチナー'ウティ　ウィージュン⇒ウチナーンカイ　ウィージーガ　ンジャン（沖縄に泳ぎに行った）。

1) ビジュツカヌンカイ　イチュン／チュラサル　'イー　'ンージュン
2) ウミンカイ　ンジャン／イユ　トゥイン⇒
3) サンエーンカイ　チューン／コーイムン　スン

*サンエー（沖縄にあるスーパーの名前）

練習4

4-1. 例にならって、動詞を**-ラ**の形に変え、日本語に訳しなさい。

例）シヌン⇒シヌラ（死ぬか）　カムン⇒カムラ（食べるか）

a. マチュン⇒　　b. トゥブン⇒　　c.（ティガミ）カチュン⇒　　d. ヌジュン⇒　　e. ハナスン⇒　　f. チューン⇒　　g. ナイン⇒　　h. フイン⇒

4-2. 例にならって文を作り、日本語に訳しなさい。

例）（アミヌ　フイン、ユチヌ　フイン）ワカイビラン⇒アミヌガ　フイラ　ユチヌガ　フイラ　ワカイビラン（雨が降るか雪が降るか分かりません）。

1) （アヌ　ッチョー　ター　ヤガ）シッチョーミ⇒
2) （ニジリメー　カムン、サンドイッチ　カムン）チワミララン⇒
3) （タルーガ　イチ　チューン）ワカイビラン⇒

*ニジリメー（握り飯）

練習5

5-1. 例にならって次の質問に答え、日本語に訳しなさい。

例）ヤマトゥ'ウティ　イッチン　ナーダカサル　ヤマー　ヌーンディ　'ユル
　　ヤマ　ヤイビーガ。⇒　フジサンディ　'ユル　ヤマ　ヤイビーン。（日本
　　で一番有名な山は何という山ですか。―富士山という山です）

1）ウチナー'ウティ　イッチン　ッチュヌ　ウフサル　トゥクロー　マー　ヤイ
　　ビーガ。⇒

2）シケーヌ　ナーカ'ウティ　イッチン　フィルサル　クネー　マー　ヤイ
　　ビーガ。⇒

3）ヨーロッパ'ウティ　イッチン　ッチュヌ　ウフサル　クネー　マー　ヤイ
　　ビーガ。⇒

5-2. 次の質問に答えなさい。（○○には自分の名前を入れなさい）

1）○○サンヌ　クラス'ウティ　ターガ　フドゥヌ　イッチン　タカサイビー
　　ガ。⇒

2）シケーヌ　ナーカ'ウティ　マーヌ　クニヌ　イッチン　イバサイビーガ。⇒

3）○○サノー　ヌー　スシェー　イッチン　シチ　ヤイビーガ。⇒

*イバサン（狭い）

練習6 例にならって次の文を1つにし、日本語に訳しなさい。

例）ヤマダサノー　チョーイビーン。フカヌ　ッチョー　ターン　チェー　'ウ
　　イビラン。⇒ヤマダサンビケーン　チョーイビーン（山田さんだけが来ま
　　した）。

1）ワンネー　シッチョーイビーン。フカヌ　ッチョー　ターン　シチェー　'ウイ
　　ビラン。⇒

2）ウエマサノー　クヌグロー　スバ　カドーイビーン。フカヌ　ムノー　カマ
　　ビラン。⇒

3）ナークンカイ　イチャビーン。フカノ　トゥクルンカエー　イチャビラン。⇒

練習7 例にならって過去の疑問文に変え、日本語に訳しなさい。

例1）サンシン　フィチュン（チヌー）⇒チヌー　サンシン　フィチー（昨日三線
　　を弾いた？）

例2）ヌー　カムガ（キッサ）⇒キッサ　ヌー　カダガ（さっき何を食べたの？）

1）プール'ウティ　ウィージュン（チュー）⇒　　2）ティマ　'イーン（セ
ンシュー）⇒　　3）ユスグニンカイ　イチュン（クジュ）⇒　　4）ターガ
チューガ（チヌー）⇒　　5）ヌー　カムガ（チヌーヌ　ユーバン）⇒

第21課 アンダッシ アギレー マーサンドー

ニジューイチ

🔊 22

オーシロ： ウヌ　イヨー　カマリヤビーミ。

マエハラ： ウレー　グルクンディ　'ユル　イユ　ヤシガ、マー'ウティ　コー
ティ　チャガ。

オーシロ： ウミ'ウティドゥ　トゥーティ　チャービタル。チューヤ　ワンネー
ターリートゥ　ウミンカイ　イユ　トゥイガ　イチャビタン。グル
クノー　ナマ　アカイル　ソーシガ、トゥタル　バソー　ネッタイ
ギョヌ　グトール　チュラサル　イル　ヤイビータサ。

マエハラ： マースニー　サングトゥ、　アンダッシ　アギレー　マーサンドー。

オーシロ： アン　ヤイビーミ。サシミ　ヤティン　カマリヤビーンナー。

マエハラ： イマイユ　ヤレー、サシミ　ッシン　イッペー　マーササ。

オーシロ： チューヌ　ユロー　ワッター　ヤー'ウティ　スリーヌ　アクトゥ、
サシミ　ッシ　カムンディチ　ヤイビーン。

マエハラ： イチュター　マッチョーキヨー。ユー　チリール　ホーチャー
ムッチ　チュークトゥ。

油で揚げればおいしいよ

大城：　この魚、食べられますかね？

真栄原：これはグルクンっていう魚だけど、どこで買ってきたの？。

大城：　海で釣ってきたんですよ。今日は私、お父さんと海に魚を取りに行っ
　　　　たんです。グルクンは今は赤い色をしてますけど、取ったときは熱帯
　　　　魚のようなきれいな色でしたよ。

真栄原：塩煮にしないで、油で揚げればおいしいよ。

大城：　そうなんですか。刺身でも食べられますか。

真栄原：新鮮な魚なら、刺身にしてもとってもおいしいよ。

大城：　今日の夜は私の家で集まりがあるので、刺身にして食べようと思いま
　　　　す。

真栄原：ちょっと待ってて。よく切れる包丁持ってきてあげるから。

● 本課で学ぶ語句 ●

グルクン	たかさご（沖縄の代表的な魚）	**ムッチ チューン**	持って来る
アカイル	赤色	**ハライン**	払う
イル	色	**ウカーサン**	危ない
マースニー	塩煮	**トゥーイン**	通る
イマイユ	新鮮な魚	**イチゲーイン**	生き返る
ヤレー	であるなら	**クルサン**	黒い
スリー	集まり	**チャー**	いつも
イチュター	ちょっとの間		

● 文法解説 ●

1 「～すれば」（エー条件形①）

　条件を表す形として第10課でネー条件形を勉強しましたが、このほかにも次のような形があります。

a）形の作り方

　エー条件形は以下のように、否定形Vﾗﾝの語末の **-aN** を **-ee** に変えて作ります。第16課で学んだ「柔らかい」命令形と同じ形です。

1）規則変化

　　　　［ナ行動詞］シナン「死なない」sina**N**⇒sin**ee** シネー「死ねば」

　　　　［マ行動詞］ユマン「読まない」yuma**N**⇒yum**ee** ユメー「読めば」

　　　　［バ行動詞］トゥバン「飛ばない」tuba**N**⇒tub**ee** トゥベー「飛べば」

　　　　［サ行動詞］ササン「刺さない」sasa**N**⇒sas**ee** サセー「刺せば」

　　　　［カ行動詞］カカン「書かない」kaka**N**⇒kak**ee** カケー「書けば」

　　　　［タ行動詞］タタン「立たない」tata**N**⇒tat**ee** タテー「立てば」

　　　　［ガ行動詞］ウィーガン「泳がない」'wiiga**N**⇒'wiig**ee** ウィーゲー「泳げば」

　　　　［ダ行動詞］ニンダン「寝ない」niNda**N**⇒niNd**ee** ニンデー「寝れば」

　　　　［ラ行動詞］トゥラン「取らない」tura**N**⇒tur**ee** トゥレー「取れば」

2）不規則変化ほか

　　　　チューン⇒クーレー「来れば」　　イチュン⇒イケー「行けば」

　　　　'ユン⇒'ヤレー「言えば」　　スン⇒セー「すれば」

　　否定の「～しなければ」は、動詞の否定形＋ダレーになります。

　　　　イカン⇒イカンダレー「行かなければ」　　ユマン⇒ユマンダレー「読まなければ」

b）エー条件文の意味・用法

　エー条件文は日本語の「～すれば」条件文に似ています。日本語の「～すれば、…する」は背景に否定的な事柄（「～しなければ…しない」）をもつのですが、沖縄語のエー条件文も否定的な事柄を背景にもった、条件文らしい条件文です。

　　　1-1. ハナシ　セー　ワカイシガ、ハナシ　サンダレー　ワカラン。　話せばわかるが、話さなければわからない。

　　　1-2. クヌ　スーブンカイ　カテー　ケッショーンカイ　ンジラリヤビーン。
　　　　　　この試合に勝てば決勝に出られます。（⇒勝たなければ出られない）

　　　1-3. アンダッシ　アギレー　マーサンドー*。　油で揚げればおいしいよ。（⇒

182

油で揚げなければおいしくない)

2 「〜であれば」(エー条件形②)

名詞述語、形容詞のエー条件形は以下のようになります。

1) 名詞、ナ形容詞

N ヤン⇒N ヤレー：シートゥ ヤン⇒シートゥ ヤレー「生徒であれば」

Nヤ アラン⇒Nヤ アランダレー：シートー アラン⇒シートー アランダレー「生徒でなければ」

2-1. ワラビ <u>ヤレー</u> デー ハラーンティン シマビーン。　子どもなら代金を払わなくてもいいです。

2-2. ワラベー <u>アランダレー</u> デー ハラランダレー ナイビラン。　子どもでなければ代金を払わなければなりません。

2-3. イマイユ <u>ヤレー</u>、サシミ ッシン イッペー マーササ*。　新鮮な魚なら、刺身にしてもとってもおいしいよ。

2) 形容詞

Aサン⇒Aサレー：タカサン⇒タカサレー「高ければ」

Aコー ネーラン⇒Aコー ネーランダレー：タカコー ネーラン⇒タカコー ネーランダレー「高くなければ」

2-4. ジンヌ <u>ネーランダレー</u> イチカラン。　お金がなければ生きられない。

2-5. ミチヌ <u>ウカーサレー</u> トゥーララン。　道が危険なら通れません。

2-6. ミチヌ <u>ウカーコー ネーランダレー</u> トゥーラリーン。　道が危険でなければ通れます。

3 「〜しても」(逆条件)

動詞のティ形にン「も」をつけた形(Vティン)は、日本語の「〜しても」と同じように逆条件を表します。

3-1. アミヌ <u>フティン</u> コクサイドーリンカイ イチャビーン。　雨が降っても国際通りに行きます。

3-2. イマイユ ヤレー、サシミ <u>ッシン</u> イッペー マーササ*。　新鮮な魚なら、刺身にしてもとってもおいしいよ。

形容詞の場合は、-サティン「〜くても」、-コー ネーランティン「〜くなくても」となります。

3-3. ヤッ<u>サティン</u> コーラン。　安くても買わない。

3-4. ヤシコー　ネーランティン　コーイン。　安くなくても買う。

　名詞述語、ナ形容詞の場合は、**N ヤティン**「～であっても」、**Nヤ アランティン**「～でなくても」です。

　3-5. シンシー　**ヤティン**　ワカラン。　先生でもわからない。
　3-6. シンシーヤ　**アランティン**　ワカイン。　先生でなくてもわかる。

4　「～ようだ」（比喩・推量）

　ものをたとえている場合には**グトーン**「～ようだ」（ビーン体は**グトーイビーン**）を使います。前に動詞がくる場合は**Vル　グトーン**、名詞がくる場合は**Nヌ　グトーン**となります。

　4-1. シグトゥヌ　アトゥ　ビール　ヌミーネー、イチゲーイル　<u>グトーイビーン</u>。　仕事の後にビールを飲むと、生き返るようです。
　4-2. トゥタル　バソー　ネッタイギョヌ　<u>グトール</u>　チュラサル　イル　ヤイビータサ＊。　取ったときは熱帯魚のようなきれいな色でしたよ。

　また、何らかの根拠をもとに物事を推量する場合にも**グトーン**を用います。

　4-3. ティンヌ　クルク　ナトーン。ナマカラ　アミヌ　フイル　<u>グトーン</u>　ドー。　空が黒くなっている。今から雨が降るみたいだよ。
　4-4. アヌ　タエー　チャー　マジュン　アッチョーンヤー。ニービチ　スル　<u>グトーサ</u>。　あの二人はいつも一緒に歩いてるねえ。結婚するみたいだよ。

5　出来事の起こる場所

　第6課で存在文「～があります」を勉強しましたが、存在する場所を表すのには**ンカイ**「に」という助詞を使います：ツクエヌ　<u>ウィーンカイ</u>　スムチヌ　アイビーン「机の上に本があります」。しかし、次の例はどうでしょうか。場所を表す助詞は**ンカイ**ではなく**'ウティ**になっています。

　5-1. キョーシツ<u>'ウティ</u>　シケンヌ　アイビーン。　教室で試験があります。
　5-2. ナーファヌ　スタジアム<u>'ウティ</u>　コンサートヌ　アイビーン。　那覇のスタジアムでコンサートがあります。
　5-3. チューヌ　ユロー　ワッター　ヤー<u>'ウティ</u>　スリーヌ　アクトゥ＊　今日の夜は私の家で集まりがあるので

　これらの例文で、主語は「試験」「コンサート」「集まり」など出来事を表す名詞です。出来事はある時点に起こってある時点で終わるという点で動詞が表す動作と似ています。動詞文で動作の行われる場所を表す助詞は**'ウティ**

でしたから、これら出来事の起こる場所を表す言葉にはやはり‘ウティがつく
のです。

練習問題

練習1

1-1. 例にならって、次の動詞が何行動詞かを答え、エー条件形に変えなさい。また、
日本語に訳しなさい。

例）トゥブン（バ行）⇒トゥベー（飛べば）

　　ヌジュン（ガ行）⇒ヌゲー（脱げば）

a. ウガムン⇒　　b. ウィージュン⇒　　c. フィチュン⇒　　d. ニンジュン⇒
e. スダチュン⇒　　f. イチュン⇒　　g. ナラブン⇒　　h. ユブン⇒　　i. タ
マイン⇒　　j. ’ユン⇒　　k. スン⇒　　l. ’ンージュン⇒　　m. ミグイン⇒

1-2. 絵を見て、例のように文を作り、日本語に訳しなさい。

例）　　　　　1)　　　　　2)　　　　　3)　　　　　4)

例）　アミ、フイン／スーブ、サン⇒アミヌ　フレー、スーボー　サビラン（雨
　　　が降れば試合はしません）。

1）サキ、ヌムン／チラ、アカク、ナイン⇒　　2）アキ、ナイン／キーヌ
ファー、イル、カワイン⇒　　3）クスイ、ヌムン／ハナシチ、ノーイン⇒
4）ガンチョー カキーン／ユー、ミーン、ナイン⇒

*アカサン（赤い）、カワイン（変わる）

1-3. 例にならって文を作り、日本語に訳しなさい。

例）　ビンチョー サビラン／シケン‘ウティ ヤナテン トゥイビーン⇒
　　　ビンチョー　サンダレー、シケン‘ウティ　ヤナテン　トゥイビーン（勉強
　　　しなければ、試験で悪い点を取ります）。

1）クスイ ヌマビラン／ハナフィチ ノーイビラン⇒　　2）ユー ニンダラン／
チブル、ハタラカン⇒　　3）ジンヌ ネーラン／カミムン コーララン⇒
4）パンヌ ネーイビラン／クヮーシ カムシュー マシ ヤン

*ヤナ（悪い）、チブル（頭）

練習2

2-1. 次の形容詞やナ形容詞、名詞をエー条件形に変え、日本語に訳しなさい。

例1）アマサン⇒アマサレー（甘ければ）　例2）イルイル ヤン⇒イルイル ヤ
　　レー（いろいろなら）
1）カイシャイン ヤン⇒　　2）ウフサン⇒　　3）マギコー ネーラン⇒
4）カラサン⇒　　5）ンジャコー ネーラン⇒　　6）ジョートゥーヤ アラン⇒
2-2. 例にならって文を作り、日本語に訳しなさい。
例）マーサン／カムン⇒マーサレー　カマビーン（おいしければ食べます）。
1）シートゥ ヤン／ビンチョー サンダレー ナラン⇒　2）カラサン／カマラン
⇒　3）ジンムチェー アラン／ジン ンジャサンティン シムン⇒　4）ヤッコー
ネーラン／コーララン⇒　5）マーコー ネーイビラン／ウヌ カミムン カマビラ
ン

練習3

3-1. 例にならって、次の動詞が何行動詞かを答え、「～しても」の形に変えなさい。
また、日本語に訳しなさい。
例1）ユブン（バ行）⇒ユディン（呼んでも）
例2）アン（不規則）⇒アティン（あっても）
a. トゥーイン⇒　　b. カンジュン⇒　　c. クィーン⇒　　d. イスジュン⇒
e. ウチナスン⇒　　f. イチュン⇒　　g. ヌブイン⇒　　h. ンジャスン⇒
i.（ジン）'イーン⇒　　j. 'ユン⇒　　k. スン⇒　　l. 'ンージュン⇒

3-2. 例にならって、次の形容詞や名詞述語を「～であっても」の形に変え、日本語
に訳しなさい。
例）マギサン⇒マギサティン（大きくても）
　　シートゥ ヤン⇒シートゥ　ヤティン（学生でも）
a. ウムッサン⇒　　b. マギコー ネーラン⇒　　c. シンシー ヤン⇒
d. ジョートゥーヤ アラン⇒　　e. アチサン

3-3. 絵を見て、例のように2つの文を組み合わせて1つの文を作り、日本語訳しなさ
い。

例）アミヌ、フイン／スーブ スン⇒アミヌ　フティン、シクチェー　サビーン
　　（雨が降っても試合をします）。

1）ジンヌ ネーラン／タビンカイ イチュン⇒　　2）ビンチョー スン／セーセ キヌ アガラン⇒　　3）フィル カムン／ガンジュー ナラン⇒　　4）ジン ウ フォーク ムチュン／シヤワシェー アラン⇒

*フィル（にんにく）、シヤワシ（幸せ）

（練習4）

4-1. 例にならって次の質問に答え、答えを日本語に訳しなさい。

例）ゾーヌ フィサー　チャングトール　フィサ　ヤイビーガ。（キー）⇒
　　キーヌ　グトール　フィサ　ヤイビーン（木のような足です）。

1）　ヤマダサンヌ　トゥジェー　チャングトール　'イナグ　ヤイビーガ。（シバ イシー）⇒

2）　アヌ　'イナグヌ　ガマコー　チャングトール　ガマク　ヤイビーガ。（ハ チャー）⇒

3）　アヌ　'イキガー　チャングトール　'イキガ　ヤイビーガ。（ボクサー）⇒

*シバイシー（役者）

4-2. 例にならって文を作り、日本語に訳しなさい。

例）イフーナ カジャスン（ヌーガナ メートーン）⇒イフーナ　カジャ　サ ビーンヤー。ヌーガナ　メートール　グトーイビーン（変な臭いがします ね。何か燃えているようです）。

1）　ワラビンチャーヌ クィー スン（オーエー ソーン）⇒

2）　イフーナ アジ スン（サーターートゥ マース バッペーイン）⇒

3）　クルマヌ　ウトゥヌ　チカリーン（タルーガ チャン）⇒

*イフーナ（変な）、バッペーイン（間違える）、カバサン（香ばしい）

（練習5）絵を見て、例のように質問に答え、答えを日本語に訳しなさい。

例）　　　　　1）　　　　　2）　　　　　3）　　　　　4）

例）カイギシツ'ウティ　ヌーヌ　アイビーガ。（カイギ）⇒カイギシツ'ウティ カイギヌ　アイビーン（会議室で会議があります）。

1）　スタジアム'ウティ　ヌーヌ　アイビーガ。（ヤキューヌ スーブ）⇒

2）　キョーシツ'ウティ　ヌーヌ　アイビーガ。（シキン）⇒

3）　チューヤ　ガッコー'ウティ　ヌーヌ　アイビーガ。（ウンドーカイ）⇒

4）　チヌーヤ　クヌ　ジャシチ'ウティ　ヌーヌ　アイビータガ。（パーティー）⇒

第22課 イサガナシーンカイ ヌラーティ ネーラン

ニジューニ

🔊 23

マエハラ: チヌーヤ イサガナシーンカイ ヌラーティ ネーラン。ケツア ツン ケットーチン ジコー タカサンディ イラッティ ネーラ ン。

アラカチ: ウングトール クトー アタイメーヌ クトゥ ヤサ。カミブ サル ウッサ カドーイネー、ヤンメーン カカイサ。アンシ 'ヤーヤ スージュームノー ユー カドーラヤー。スージューム ノー ドゥーンカエー ワッサンドー。コーケツアツサーニ マー スル ッチュン ウフサル グトーンドー。

マエハラ: アン ヤサヤー。スバ カムル バソー スバヌ シロー ムル ヌムシェー ヤミーサ。

アラカチ: サキン ヌミシジークトゥ、ヤミーシェー マシ ヤサ。'ヤーンカ エー ヤーニンジュン 'ウクトゥ、ナー クーテーノー ドゥー アタラサ サンデー ナランドーヤー。

マエハラ: ワカタン。ナマカラー チー チキティ イチュサ。

188

お医者さんに叱られちゃったよ

真栄原：昨日は、お医者さんに叱られちゃったよ。血圧も血糖値も高すぎるって言われちゃった。

新垣：　そんなこと、当たり前だよ。食べたいだけ食べてたら、病気にもなるよ。それに、君は塩辛いものよく食べるだろ？塩辛いものは体に悪いよ。高血圧で亡くなる人も多いみたいだよ。

真栄原：そうだよね。沖縄そばを食べる時は、スープを全部飲むのはやめるよ。

新垣：　泡盛も飲みすぎるから、やめた方がいいよ。君には家族もいるんだから、もうちょっと体を大事にしなきゃいけないよ。

真栄原：分かった。これからは気をつけていくよ。

● 本課で学ぶ語句 ●

イサガナシー　お医者さん
ヌラーリーン　叱られる
ジコー　非常に、ひどく
イラッティ ネーラン　言われてしまった
カミブサル ウッサ　食べたいだけ
スージュームヌ　塩辛いもの
カドーラヤー　食べるだろう？（確認）
ワッサン　悪い
～サーニ　～で
マースン　亡くなる　（cf. シヌン）
シル　汁、スープ
ヌムシェー　飲むのは
ヌミシジーン　飲みすぎる

クーテーン　少し、ちょっと
アタラサ スン　大事にする
チー チキーン　気をつける
フミーン　ほめる
ヌスドゥ　泥棒
ヌスムン　盗む
スグイン　殴る
トゥバスン　飛ばす
フィー　火事
ヤキーン　焼ける
トゥーイ　とおり
クェーイン　太る
ヤンジュン　壊す

● 文法解説 ●

1 受身形（リーン形）

　第12課で条件可能を表すリーン形を勉強しましたが、同じ形が受け身にも使われます（日本語の「〜られる」も可能と受け身の意味をもっていますね）。簡単にリーン形の作り方を復習しておきましょう。否定形から**ン**をとって**リーン**をつけるのでしたね。

　規則変化では、**シヌン**⇒**シナン**⇒**シナリーン**（死なれる）、**ユムン**⇒**ユマン**⇒**ユマリーン**（読まれる）、**ユブン**⇒**ユバン**⇒**ユバリーン**（呼ばれる）のようになります（詳しくは⇨第12課1節）。なお、**ヌライン**「叱る」は規則的な活用では**ヌララリーン**ですが、**ヌラーリーン**となります。

　不規則変化では、**スン**（する）⇒**サン**（しない）⇒**サリーン**（される）、**'ユン**（言う）⇒**イラン**（言わない）⇒**イラリーン**（言われる）のようになります。

a）リーン形の変化

　リーン形は以下のように活用します。

　　カマリーン（食べられる）　**カマリーミ／ガ**(食べられるか)　**カマリーラ**(食べられよう)　**カマリーネー**（食べられたら）　**カマリギサン**(食べられそうだ)　**カマラン**(食べられない)　**カマランタン**(食べられなかった)　**カマリヤビーン**(食べられます)

　ティ形や過去形は以下のようになります。条件可能のティ形と過去形はそれぞれ**カマリティ**（食べられて）、**カマリタン**（食べられた）ですから、形から条件可能か受け身か区別できます。

　　カマッティ(食べられて)　**カマッタン**(食べられた)　**カマッティー、カマッタガ**（食べられたか）　**カマットーン**(食べられている)

b）受身文の種類と意味・用法

　受身文は元の文（能動文）の動作の対象が主語になり、動作主が補語の位置に代わるものです。動作の対象は**Nヤ**や動作主を表す助詞（**ヌ**や**ガ**）がついた形となり、動作主には**ンカイ**がつきます。

　　シンシーヤ　シートゥ　フミーン。　　先生は生徒をほめる。

　　シートー　シンシーンカイ　フミラリーン。　　生徒は先生にほめられる。

　これは「直接受け身」、次の例は所有者に影響が及ぶ「持ち主の受け身」といわれるものです。

190

ヌスドー　タルーヌ　サイフ　ヌスムン。　　泥棒は太郎の財布を盗む。

タルーヤ　ヌスドゥンカイ　サイフ　ヌスマリーン。　　太郎は泥棒に財布を盗ら
れる。

以下に示す1-1, 1-2は「直接受け身」、1-3は「持ち主の受け身」の例です。

1-1. ジルーヤ　ターリーンカイ　スグラッティ　ナチョーン。　　次郎は父に殴
られて泣いている。

1-2. イサガナシーンカイ　ヌラーッティ　ネーラン*。　　お医者さんに叱られ
ちゃったよ。

1-3. ワンネー　タルーンカイ　ベントー　カマッタン。　　私は太郎に弁当を食
べられた。

　これらのほかに、「私は雨に降られた」のような動作の対象をもたない受身
文があります。自分が迷惑を被った場合に用いられ、「迷惑の受け身」といわ
れます。このような文は、「×雨が私を降る」という文の補語が主語の位置に
きたものではなく、「雨が降る」ことが私にとって困ったこと、迷惑だった場
合に用いられる文です。沖縄語ではこのような「迷惑の受け身」は全く用い
られないとまではいえませんが、使用は極めて限定的であるようです。

2 「〜するのは／を」

　第10課で〜シェー シチ ヤン「〜するのが好きだ」、第18課で〜シェー マ
シ ヤン「〜した方がいい」という表現が出てきました。どちらの表現も動詞
の尾略形（V略）に-シのついた形を用いますが、この-シは形式名詞（実質的
な意味のない名詞；日本語の「の」「こと」「ところ」など）であり、動詞や
形容詞などを名詞化するものです。後ろに形容詞や動詞がきて、「〜するのは
／を…」などの意味を表します。

2-1. ウチナーグチ　ナライシェー　ウィーリキサン。　　沖縄語を勉強するのは
楽しい。

2-2. チヌー　クニシサヌンカイ　アヌ　クトゥ　'ユシ　ワシリタン。　　昨日国
吉さんにあのことを言うのを忘れた。

2-3. スバヌ　シロー　ムル　ヌムシェー　ヤミーサ*。（沖縄そばの）スープを
全部飲むのはやめるよ。

3 「それだけ」（ウッサ）

ウッサは、ある程度の量をもちそれが十分な量であることを表す語です。名詞なので、前にくる動詞は連体形になります。

3-1. ビチンカイ　イーブサル　クトー　ネーイビラニ。　　ほかに言いたいことはありませんか。

　　　　—'ウー'ウー、<u>ウッサ</u>　ヤイビーン。　　いいえ、それだけです。

3-2. カミブサル　<u>ウッサ</u>　カドーイネー、ヤンメーン　カカイサ＊。　　食べたいだけ食べてたら、病気にもなるよ。

また、自己紹介やスピーチの終わりにも**ウッサ**　ヤイビーン「これだけです、以上です」のように使うことがあります。

4 サーニ「で」（原因）

物事の原因を表したい場合、名詞の後に**サーニ**「で」をつけて使います。

4-1. ウフカジ<u>サーニ</u>　ヤーヌ　トゥバサッティ　ネーラン。　　台風で家が飛ばされてしまった。

4-2. コーケツアツ<u>サーニ</u>　マースル　ッチュン　ウフサル　グトーンドー＊。高血圧で亡くなる人も多いみたいだよ。

また、第5課4節で勉強した道具を表す助詞ッシ「で」でも原因を表すことができます。

4-3. フィー<u>ッシ</u>　ヤーヤ　ムル　ヤキティ　ネーラン。　　火事で家は全部焼けてしまった。

5 「〜だろう？」（確認）

日本語では「そうだろう？」「行くでしょう？」「おいしいじゃない？」「わかったね？」のように相手に何かを確認する表現がよく用いられます。沖縄語にもこのような確認の表現がいくつかあり、その中でも特によく用いられるのが**-ラヤー**です。**ラヤー**は動詞や形容詞、**ヤン**の尾略形につきます。

イチュラヤー（行くだろう？）　**ンジャラヤー**（行っただろう？）

ヤッサラヤー（安いだろう？）　**ヤッサタラヤー**（安かっただろう？）

アン　ヤラヤー（そうだろう？）　**アン　ヤタラヤー**（そうだっただろう？）

5-1. アンシ　'ヤーヤ　スージュームノー　ユー　カドー<u>ラヤー</u>＊。　それに、君は塩辛いものよく食べるだろ？

5-2. ウヌ　スバヤーヌ　スバー　マーサラヤー。　このそば屋の沖縄そば、おいしいだろう？

5-3. ヤラヤー、ワーガ　イチャル　トゥーイ　ヤタラヤー。　だろう？僕が言ったとおりだったろ？

6 「〜しすぎる」

「過度に〜する」という意味の「〜しすぎる」は、動詞の連用形に**シジーン**「過ぎる」をつけた形で表します：**イーシジーン**（言いすぎる）、**タバク　フチシジーン**（タバコを吸いすぎる）、**ビンチョー　シーシジーン**（勉強しすぎる）。

6-1. カミシジーネー、クェーイシェー　アタイメー　ヤサ。　食べ過ぎたら太るのは当たり前だよ。

6-2. ビンチョーヤ　テーシチナ　クトゥ　ヤシガ、ビンチョー　シーシジーネー、ドゥー　ヤンジュル　クトゥン　アンドー。　勉強は大切なことだけど、勉強しすぎたら体を壊すこともあるよ。

6-3. サキン　ヌミシジークトゥ、ヤミーシェー　マシ　ヤサ*。　泡盛も飲みすぎるから、やめた方がいいよ。

練習問題

練習1

1-1. 例にならって、次の動詞が何行動詞かを答え、受身形に変えなさい。また、日本語に訳しなさい。

例）ウチュン（タ行）⇒ウタリーン（打たれる）

　　トゥイン（ラ行）⇒トゥララリーン（取られる）

a. チュクイン⇒　　b. カンジュン⇒　　c. カチュン（カ行）⇒　　d. ユムン⇒
e. クルスン⇒　　f. スグイン⇒　　g. ヌムン⇒　　h. ユブン⇒　　i. トゥイン⇒　　j. 'ユン⇒　　k. スン⇒　　l. フミーン⇒

1-2. 例にならって能動文を受身文に変え、日本語に訳しなさい。

例）ケイサツカノー　ヌスドゥ　ウィーチキーン。⇒ヌスドー　ケイサツカヌンカイ　ウィーチキラリーン（泥棒は警察官に追いかけられる）。

1) シャチョーヤ　ワン　ユブン。⇒
2) アヤーヤ　メーアサ　ワン　ルクジニ　ウクスン。⇒
3) ケイサツカノー　ワンニンカイ　ナー　チチュン。⇒
4) ヤッチーヤ　ワン　ヌライン。⇒

5) ウスガナシーメーガ　ウグシク　タティヤビタン。⇒

6) アヤーヤ　トゥチドゥチ　ワンニンカイ　コーイムン　タヌマビーン。⇒

　　　*ウィーチキーン（追いかける）、ウスガナシーメー（王様）、トゥチドゥチ（時々）、タヌムン（頼む）

(練習2) 絵を見て、例のように答えの文を作り、日本語に訳しなさい。

例）　ヌー　サッタガ。（デンシャ、ナーカ、フィサ、クダミーン）⇒デンシャヌ
　　　ナーカ'ウティ　フィサ　クダミラッタン（電車の中で足を踏まれた）。

1) ヌー　サッタガ。（イン、アビーン）⇒

2) ヌー　サッタガ。（シンシー、フミーン）⇒

3) ヌー　サッタガ。（ドゥシ、テスト、'ンージュン）⇒

4) ヌー　サッタガ。（アヤー、マンガ、シティーン）⇒

　　　　　　　　　　　　　　　　　　　　　　　　　　　　*クダミーン（踏む）

(練習3)

3-1. 例にならって文を作り、日本語に訳しなさい。

例）　ウチナーグチ、ナライン／ウィーリキサン⇒ウチナーグチ　ナライシェー
　　　ウィーリキサイビーン（沖縄語を勉強するのはおもしろいです）。

1) ケーキ、ターチ、カムン／イッペー、ウッサン、クトゥ、ヤン⇒

2) ヤシガ、ケーキ、トゥー、カムン／イッペー、クチサン、クトゥ、ヤン⇒

3) イチチュン、イチュン／イチデージナ　クトゥ　ヤン⇒

4) ッチュ、カナサン、スン／テーシチナ　クトゥ　ヤン⇒

　　　　　　　　　　　　　　　　　　　　*イチチュン（生きる）、クチサン（苦しい）

3-2. 自分のことについて次の質問に答えなさい。

1) インターネット　'ンージュシェー　シチ　ヤイビーミ。⇒

2) マーサムン　カミーガ　イチュシェー　シチ　ヤイビーミ。⇒

3) チャングトール　クトゥ　スシェー　シチ　ヤイビーガ。⇒

(練習4) 次の文を日本語に訳しなさい。

例）　ビチンカイ　ニムチェー　ネーイビラニ。―ウッサ　ヤイビーン。⇒ほかに
　　　荷物はありませんか。―これだけです。

1) ウングトゥ　ウフォーコー　カマリヤビラン。―アンシェー、カマリール
　　　ウッサ　カディ　クィミソーレー。⇒

194

2)　チューヌ　シュクダエー　ウッサ　ヤイビーミ。⇒

3)　チュー　'ウガナビラ。ナーヤ　ヤマダ　ヤイビーン。ンマリジマー　チ　バケン　ヤイビーン。クジュン　ウチナーンカイ　チャービタン。ギター　フィチュシェー　シチ　ヤイビーン。ウッサ　ヤイビーン。

*ニムチ（荷物）、ウングトゥ（そのように）

【練習5】

5-1. 例にならって文を作り、日本語に訳しなさい。

例)　'ヤーン　イチュン⇒'ヤーン　イチュラヤー。―イー、イチュサ。（君も行く　だろう？―うん、行くよ。）

1)　ヤマダサン、シンシー、ヤン⇒　　2)　アラカチサン、フドゥ、タカサン⇒

3)　フィジャサン、ウィージユースン

5-2. 例にならって文を作り、日本語に訳しなさい。

例)　ウリ、マーサン⇒ウレー　マーサラヤー。―ウー、マーサンヤー。（これ、おいしいだろう？―うん、おいしいね。）

1)　ウヌ、マンガ、ウムッサン⇒　　2)　ワッター、ジャシチ、フィルサン⇒

3)　イファ　フユー、ナーダカサル、ガクシャ、ヤン⇒

【練習6】　例にならって、次の日本語を沖縄語に訳しなさい。

例)　台風で飛行機が飛ばない。⇒ウフカジサーニ　ヒコーキヌ　トゥバン。

1)　大雨で家が流された。⇒　　2)　火事で家が焼けた。⇒

3)　雪で電車が止まった。⇒

【練習7】

7-1. 例にならって、「～しすぎる」の形を作り、日本語に訳しなさい。

例)　カムン⇒カミシジーン（食べすぎる）

1)　'ユン⇒　　2)　ハーエー　スン⇒　　3)　アシブン⇒　　4)　ハタラチュン⇒

5)　ニンジュン⇒　　6)　ヌムン⇒

7-2. 次の文を日本語に訳しなさい。

例)　チヌーヤ　アッチシジティ　'ウタティ　ネーイビラン。⇒昨日は歩きすぎて疲れてしまいました。

1)　タバク　フチシジーシェー　ドゥーンカイ　ワッサン。⇒

2)　マルケーテー　ユクエー　イリヨー　ヤシガ、ヤシミシジーシェー　マシェー　アイビラン。⇒

3)　ワーガ　イーシジタン。ユルチ　クィミソーレー。⇒

4)　クヌ　ウェーダ　タベホーダイ'ウティ　カミシジティ　ネーラン。⇒

*イリヨー（必要）、ユルスン（許す）、クヌ　ウェーダ（この間）

第23課 イギリスンカイ イチュラー …

ニジューサン

🔊 24

アラカチ： メグメー　クヌグロー　フィッチー　イチュナシク　ソーンヤー。

オーシロ： ジチェー　ジン　タミール　タミニ　アルバイト　ウフォーク　ソーイビーサ。

アラカチ： ヌーンチ　アルバイト　ソーガ。

オーシロ： ヤーン　ヨーロッパンカイ　イケーヤーンディ　ウムトーイビーン。ダイガク　ンジティカラー　ユスグニンカイ　ナガタビ　スシェー　ムチカシク　ナイクトゥ、ヤーンヌ　ナチマディニ　ジン　タミーンディチ　ヤイビーン。

アラカチ： ジノー　ナー　タマトーミ。

オーシロ： ナマ　タミトーイビーサ。

アラカチ： ヨーロッパヌ　マーンカイ　イチュガ。

オーシロ： イギリス　ヤイビーン。

アラカチ： イギリスンカイ　イチュラー、オックスフォードンディ　'ユルトゥクルンカイ　イチュシェー　マシ　ヤサ。アマンカイ　ワードゥシヌ　'ウクトゥ、トゥイナシ　スンドー。

オーシロ： フントー　ヤイビーミ。イッペー　ニフェー　デービル。

アラカチ： マドゥヌ　アイネー、ポルトガルトゥカ　スペインヌ　グトール　ヨーロッパヌ　フェームティンカイ　イチビチー　ヤンドー。ムヌヌ　デーン　タカコー　ネーランシガ、カミムノー　イッペー　マーサクトゥ。

196

イギリスに行くなら…

新垣：　メグミは最近一日中忙しくしているね。

大城：　実はお金を貯めるためにアルバイトをいっぱいしてるんです。

新良：　なんでアルバイトしてるの？

大城：　来年ヨーロッパに行こうと思っているんです。大学を出てからは外国を長く旅するのは難しくなるから、来年の夏までにお金を貯めるつもりなんです。

新垣：　お金はもうたまったの？

大城：　今貯めているところです。

新垣：　ヨーロッパのどこに行くの？

大城：　イギリスです。

新垣：　イギリスに行くならオックスフォードというところに行くといいよ。そこに僕の友だちがいるから紹介するよ。

大城：　本当ですか？どうもありがとうございます。

新垣：　時間があったら、ポルトガルとかスペインみたいな、ヨーロッパの南部に行くべきだよ。物価も高くないし、食べ物もとてもおいしいから。

● 本課で学ぶ語句 ●

イチュラー　行くなら

ジチェー　実は

イケーヤーンディ　ウムトーイビーン
　行こうと思っています

タマイン　貯まる

フェームティ　南の方、南部

イチビチー　行くべき

〜'ウトーティ　〜で(場所)

アキーン　開ける

ヌーディ　のど

ウク　奥

アカーク　赤く

クビ　壁

ヌイン　塗る

ソーナ　(…の)ような

マチカタ　街

チュミトゥガ　犯罪

ウクリーン　起こる

● 文法解説 ●

1 「〜するなら」（ラー条件形）

　条件を表す表現については、これまでネー条件形とエー条件形を勉強しました。沖縄語にはもうひとつラー条件形というのがあります。動詞の尾略形にラーをつければ、この形ができます。

1) 規則変化

　　　シヌン⇒シヌラー（死ぬなら）

　　　ユムン⇒ユムラー（読むなら）

　　　トゥブン⇒トゥブラー（飛ぶなら）

　　　ハナスン⇒ハナスラー（話すなら）

　　　カチュン⇒カチュラー（書くなら）

　　　タチュン⇒タチュラー（立つなら）

　　　ウィージュン⇒ウィージュラー（泳ぐなら）

　　　ニンジュン⇒ニンジュラー（寝るなら）

　　　トゥイン⇒トゥイラー（取るなら）

　イーン（入る）、ウキーン（起きる）など、ーンで終わるものはイラー／イーラー、ウキラー／ウキーラーの両方の形があります。

2) 不規則変化

　　　スン⇒スラー（するなら）　　イチュン⇒イチュラー（行くなら）

　　　チューン⇒チューラー（来るなら）　　'ユン⇒'ユラー（言うなら）

　形容詞の場合はウフサン⇒ウフサラー（多いなら）、名詞・ナ形容詞の場合はタルー ヤン⇒タルー ヤラー（太郎なら）、ガンジュー ヤン⇒ガンジュー ヤラー（元気なら）のように、やはり尾略形にラーがつきます。

　否定「〜しないなら」の場合は、否定形にダラーをつけます。

　　　トゥラン⇒トゥラン<u>ダラー</u>（取らないなら）

　　　ウフコー ネーラン⇒ウフコー ネーラン<u>ダラー</u>（多くないなら）

　　　タルーヤ アラン⇒タルーヤ アラン<u>ダラー</u>（太郎でないなら）

　この条件形は日本語の「〜なら」と似ています。典型的には、相手の言ったことを受けて、それに対して何かを頼んだりアドバイスをしたりする場合に使います。続く文には依頼・命令や意志などを表すものがくることが多いです。

　　1-1. ライシュー　ウチナーンカイ　イチュンドー。　　来週、沖縄に行くよ。

　　　　—ウチナーンカイ　<u>イチュラー</u>、ギョクセンドー　'ンーチ　クーワヤー。
　　　　沖縄に行くなら、玉泉洞を見てきなさいね。

1-2.　アチャ　ルクジニ　<u>ウキーラー</u>、フェーク　ニンディヨー。　明日6時に起
　　　　きるなら、早く寝なさいよ。

1-3.　ナーファ'ウトーティ　スバ　<u>カムラー</u>、アヌ　スバヤーヤ　イッペー
　　　　マーサンドー。　那覇で沖縄そばを食べるなら、あのそば屋がとてもおいし
　　　　いよ。

1-4.　イギリスンカイ　<u>イチュラー</u>、オックスフォードンディ　'ユル　トゥク
　　　　ルンカイ　イチュシェー　マシ　ヤサ＊。　　イギリスに行くならオックス
　　　　フォードというところに行くといいよ。

2 「一日中／年中」

「いつも、絶えず」を意味する「一日中」「年中」には**フィッチー、ニン
ジュー**を用います。**フィッチー**という言葉自体は第14課の**フィッチーナカイ
～ケーン**「一日～回」でも勉強しましたね。

2-1.　タルーヤ　<u>フィッチー</u>　ビンチョー　ソーイビーン。　太郎は一日中勉強
　　　　しています。

2-2.　ターリーヤ　<u>フィッチー</u>　シクチ　ソーイビーン。　お父さんは一日中仕
　　　　事をしています。

2-3.　タイトゥカ　インドネシアー　<u>ニンジュー</u>　アチサイビーン。　タイやイン
　　　　ドネシアは年中暑いです。

2-4.　メグメー　クヌグロー　<u>フィッチー</u>　イチュナシク　ソーンヤー＊。　メ
　　　　グミは最近一日中忙しくしているね。

3 形容詞の連用修飾

　日本語と同じように沖縄語でも、形容詞の連用形には後ろにくる動詞を修
飾する働きがあります。

3-1.　クチ　<u>マギク</u>　アキティ　ヌーディヌ　ウクマディ　ミシティ　クィミ
　　　　シェービレー。　口を大きく開けて喉の奥まで見せてください。

3-2.　ヤーヌ　クビ　<u>アカーク</u>　ヌイビーン。　家の壁を赤く塗ります。

3-3.　ウヌ　スムチ　<u>ウィーリキク</u>　ユマビタン。　その本を面白く読みました。

3-4.　メグメー　クヌグロー　フィッチー　<u>イチュナシク</u>　ソーンヤー＊。　メ
　　　　グミは最近一日中忙しくしているね。

第7課4節で勉強したように、形容詞にはシク活用と言われるものもあります。もう一度、シク活用の代表的なものを挙げておきましょう。

イチュナシク(忙しく)　　**ナチカシク**(悲しく、懐かしく)　　　**ユタシク**(よろしく)　　**ソーラーシク**(賢く)　　**ミジラシク**(珍しく)

4 「～のような」(例示)

第21課で比喩や推量を表すグトーンを学びましたが、**グトーン**は**Nヌ グトール**の形で、代表例を挙げる場合にも使われます。

4-1. **ポルトガルトゥカ　スペインヌ　グトール　ヨーロッパヌ　フェームティ**＊　ポルトガルとかスペインみたいな、ヨーロッパの南部

4-2. **フィジャサンヌ　グトール　ソーラーサル　ッチュ　ナイブサイビーン。**比嘉さんのようなすばらしい人になりたいです。

4-3. **ナーファヌ　グトール　マギサル　マチカタ'ウテー　チミトゥガヌ　ウクリーシガ　ウフク　ナトール　グトーイビーン。**　那覇のような大きい街では犯罪が起こるのが増えているようです。

5 「～しようと思っています」

第21課で勉強したエー条件形(**-ee**)にヤー「ね」とンディ ウムトーン「と思っている」をつけると、「～しようと思っている」という意志を表す表現になります。

5-1. **ヤーン　ヨーロッパンカイ　イケーヤーンディ　ウムトーイビーン**＊。来年ヨーロッパに行こうと思っているんです。

5-2. **アチャー　スポーツクラブ'ウティ　ウィーゲーヤーンディ　ウムトーイビーン。**　明日スポーツクラブで泳ごうと思っています。

5-3. **クリカラン　ウミハマティ　ウチナーグチ　ビンチョー　セーヤーンディ　ウムトーイビーン。**　これからも一生懸命沖縄語を勉強しようと思っています。

6 「～すべきだ」

「(常識的に考えて)～すべきだ」という義務を表す表現は**V連ビチー ヤン**となります。

6-1. **ウチナーグチ　テーシチニ　シービチー　ヤンドー。**　沖縄語を大切にすべきだよ。

7-2. ポルトガルトゥカ　スペインヌ　グトール　ヨーロッパヌ　フェーム
ティンカイ　**イチビチー　ヤンドー***。　ポルトガルとかスペインみたい
な、ヨーロッパの南部に行くべきだよ。

7-3. ワッターン　**イチビチー　ヤンドーヤー**。　私たちも行くべきだよね。

「〜すべきではない」は**V連ビチーヤ　アラン**になります。

7-4. ウングトール　クトー　<u>シービチーヤ　アラン</u>ドー。　そんなことはすべ
きではないよ。

練習問題

練習1

1-1. 例にならって、動詞をラー条件形に変え、日本語に訳しなさい。

例）（ボール）ウチュン⇒ウチュラー（打つなら）
　　ヌジュン⇒ヌジュラー（脱ぐなら）

a. ハライン⇒　 b. イスジュン⇒　 c.（ティガミ）カチュン⇒　 d. 'ン―
ジュン⇒　 e. スグイン⇒　 f. イチュン⇒　 g. アシブン⇒　 h. フミー
ン⇒　 i. クダミーン⇒　 j. 'ユン⇒　 k. スン⇒　 l.（チン）チーン⇒
m. カンジュン⇒　 n. 'ユン⇒　 o. '―ジュン⇒　 p. チューン⇒

1-2. 絵を見て、例のように文を作り、日本語に訳しなさい。

例）フィマ、ヤイビーン／ティガネー、シーヨー⇒
　　フィマ　ヤラー、ティガネー　シーヨー（暇なら手伝いなさい）。

1）　ナーファンカイ　イチュン／マチグヮーンカイ、イチュン、シェー、マシ
　　ヤイビーン⇒

2）　ウチナーグチ、ナライン／クヌ、スムチ、チカリヨー⇒

3）　ポークタマグウニジリ、カムン／アヌ、マチヤー、マーサイビーン、サ⇒

4）　チュラウミスイゾクカヌンカイ、イチュン／ゴジューハチゴーセンカラ、イ
　　チュン、シェー、マシ　ヤイビーン⇒

*ティガネー（手伝い）、タマグ（卵）

練習2 例にならって、[   ]から適当な語を選んで文を作り、日本語に訳しなさい。

例）ホッキョコー　ニンジュー　（フィーサン）⇒北極は一年中寒い。
1）　インドネシアー　ニンジュー　（　　　　　）。⇒
2）　アヌ　ッチョー　ニンジュー　（　　　　　）ディ　イチョーイビーン。⇒
3）　タルーヤ　ビンチョーヌ　シチ　ヤン。フィッチー　（　　　　　）。⇒
4）　アヌ　マチヤグヮーヤ　フィッチー　（　　　　　）。⇒
[ビンチョービケーンドゥ　ソール、ッチュヌ　ウフサン、アチサン、イチュナサン]

練習3 例にならって、[   ]から形容詞を選び、適当な形に変えて（　　　　）に入れ、日本語に訳しなさい。

例）ハイシャ'ウテー　クチ　（マギク）アキランダレー　ナイビラン。⇒歯医者では口を大きく開けなければなりません。
1）　ウヌ　ッチョー　（　　　　　）ウィージユーサビーン。⇒
2）　バッペーヤ　（　　　　　）サンダレー　ナイビラン。⇒
3）　アヌ　ワラベー　フドゥヌ　（　　　　　）ナイビタン。⇒
4）　ビヨーシンディ　イシェー　'イナグヌ　カラジ　（　　　　　）スル　ッチュ　ヤン。
[　チュラサン　　フェーサン　　タカサン　　イキラサン　]

*バッペー（間違い）

練習4 例にならって、（　　　　）に適切な名詞を入れ、全体を日本語に訳しなさい。

例）（ナーク）トゥカ　'エーマヌ　グトール　ウミヌ　チュラサル　トゥクルンカイ　イチブサンヤー（宮古とか八重山のような海がきれいなところに行きたいなあ）。
1）　ワー　ックヮヌチャーヤ　トーキョートゥカ　（　　　　　）ヌ　グトール　マギサル　マチガタ'ウティ　クラシガタ　ソーイビーン。
2）　ナツメソーセキトゥカ　（　　　　　）ヌ　グトール　ナーダカサル　ムヌカチャー　ナイブサイビーン。
3）　ステーキトゥカ　（　　　　　）ヌ　グトール　マーサムン　カミーガ　イチャビラ。

*マチガタ（街）グラシガタ　スン（生活する）、ムヌカチャー（物書き、作家）

練習5 例にならって、[   ]の動詞の形を変えて（　　　　）に入れ、全体を日本語に訳しなさい。

202

例）トゥシグル　ナタクトゥ、ニービチ　（セー）ヤーンディ　ウムトーイビーン。[スン] ⇒ 年頃になったので、結婚しようと思っています。

1）フィッチー　ヌーン　カマランタクトゥ、ユーバノー　ウフォーク　ムヌ（　　　）ンディ　ウムトーイビーン。[カムン] ⇒

2）シケンヌ　ウワタクトゥ、ウフォーク　（　　　）ンディ　ウムトーイビーン。[アシブン] ⇒

3）ボーナスヌ　ンジタクトゥ、クルマ　（　　　）ンディ　ウムトーイビーン。[コーイン] ⇒

4）'ンカシェー　クラシガタヌ　クチサタクトゥ、（　　　）ンディ　ウムタルクトゥン　アタン。[シヌン] ⇒

*トゥシグル（年頃）、クラシガタ（暮らし向き）、クチサン（苦しい）

練習6 絵を見て、例のように「〜すべきだ／〜すべきではない」の文を作り、日本語に訳しなさい。

例）　　　　　1）　　　　　2）　　　　　3）　　　　　4）

例）ウトゥスイ、テーシチ、スン⇒ウトゥスエー　テーシチニ　シービチー　ヤン（お年寄りは大切にすべきだ）。

1）ワッター、ン、ウチナーグチ、ナライン⇒

2）ガンジュー、ナイン、タミニ、メーニチ、アッチュン⇒

3）ッチュ、ウフォーク、'ウン、トゥクル、タバク、フチュン

4）ジュケンセー、ウミハマティ、ビンチョー、スン

*ウトゥスイ（お年寄り）

第**24**課 ニジューシ

シグ ヤラスシェー マシ ヤンドー

🔊 25

ミヤギ： ワッター 'イナグングヮヌ ニチ ンジャサーニ ニントーサ。
ヤシガ、ガッコーンカイ イチュンディ イチョーティ…。

ナカジョー (アヤー)： イサヌ ヤーンカイ ンジー。

ミヤギ： マーダ ンジェー 'ウランサ。

ナカジョー：シグ ヤラスシェー マシ ヤンドー。インフルエンザン フェー
トークトゥ、ムシカ フントー インフルエンザ ヤレー、イチ
デージ ヤサ。ビチヌ ッチュヌチャーンカイ インフルエンザ
ウトゥサン グトゥ、シグ イサヌ ヤーンカイ イカサンデー
ナランドー。

ミヤギ： マーガナンカイ 'イーイサヌ ヤーヤ ネーランガヤー。タチ
チメーニ ヤーウチー ッシ チャクトゥ、ウリカーヌ クトー
ユー ワカランクトゥ。

ナカジョー：フィジャイーノー ユタサンドー。イサン クメーキティ 'ン
チ クィティ、カンゴフヌチャーン 'ンナ 'イーッチュ ヤン
ネー スクトゥ。

ミヤギ： ニフェードー。アンシェー 'イナグングヮ シグ ンマンカイ
イカサ。

すぐ行かせた方がいいよ

宮城：　娘が熱出して寝てるのよ。でも学校に行くって言ってて…。

仲門（母）：　病院には行ったの？

宮城：　まだ行ってないのよ。

仲門：　すぐ行かせた方がいいよ。インフルエンザも流行っているし、もし本当にインフルエンザなら大変よ。他の人にインフルエンザをうつさないようにすぐ病院に行かせなきゃ。

宮城：　どこかいい病院ないかしら。2か月前に引っ越してきたからこのあたりのことはよくわからないのよ。

仲門：　比嘉医院がいいわよ。お医者さんも丁寧に診察してくれるし、看護婦さんたちもみんな親切みたいよ。

宮城：　ありがとう。じゃあ娘をすぐにそこに行かせるわ。

● 本課で学ぶ語句 ●

ヤラスン　行かせる

ンジャサーニ　出して

イサヌ ヤー　医院

フェーイン　流行する

ムシカ　もし

ウトゥスン　うつす

イカスン　行かせる

タチチメーニ　2か月前に

ヤーウチー　引っ越し

ウリカー　このあたり

クメーキーン　丁寧にする

'イーッチュ ヤン　親切だ

ニフェードー　ありがとう

クムイ　池

カビ　紙

カジ　風

ウチュン　置く

ナービ　鍋

ヤチュン　焼く

シッタイン　びしょびしょに濡れる

● 文法解説 ●

1 使役形（-スン／-シミーン）

　使役形（スン使役、シミーン使役）は次のようにして作ります。動詞の否定形の語末のンを**スン／シミーン**に取り換えると考えればよいでしょう。

1）規則変化

　　　［ナ行動詞］**シナン**⇒**シナスン**、**シナシミーン**（死なせる）

　　　［マ行動詞］**ユマン**⇒**ユマスン**、**ユマシミーン**（読ませる）

　　　［バ行動詞］**ユバン**⇒**ユバスン**、**ユバシミーン**（呼ばせる）

　　　［サ行動詞］**ハナサン**⇒**ハナサシミーン**（話させる）※

　　　［カ行動詞］**カカン**⇒**カカスン**、**カカシミーン**（書かせる）

　　　［タ行動詞］**ウタン**⇒**ウタスン**、**ウタシミーン**（打たせる）

　　　［ガ行動詞］**ウィーガン**⇒**ウィーガスン**、**ウィーガシミーン**（泳がせる）

　　　［ダ行動詞］**ニンダン**⇒**ニンダスン**、**ニンダシミーン**（寝させる）

　　　［ラ行動詞］**トゥラン**⇒**トゥラスン**、**トゥラシミーン**（取らせる）

2）不規則変化

　　　イチュン（行く）⇒**イカン**⇒**イカスン**、**イカシミーン**（行かせる）

　　　チューン（来る）⇒**クーン**⇒**クーラスン**、**クーラシミーン**（来させる）

　　　'ユン、イーン（言う）⇒ **イラン**⇒**イーラスン**、**イーラシミーン**（言わせる）

　　　スン（する）⇒**シミーン**※

　　　※サ行動詞（**スン**で終わる）、**スン**（する）には**シミーン**使役しかありません。

　　　サスン⇒**ササン**⇒**ササシミーン**（×ササスン）

　　　スン⇒**サン**（しない）⇒**シミーン**（×サスン）

　スン使役はサ行動詞、シミーン使役はラ行動詞で次のように活用します。

　　　イカスン（行かせる）　　**イカサビーン**（行かせます）　　**イカサン**（行かせない）
　　　イカチ（行かせて）　　**イカチャン**（行かせた）

　　　イカシミーン（行かせる）　　**イカシミヤビーン**（行かせます）　　**イカシミラン**
　　　（行かせない）　　**イカシミティ**（行かせて）　　**イカシミタン**（行かせた）

　使役文は、使役者（させる人）が主語となり、もとの文で主語になっている動作主（何かをする人）が補語になることによって、使役動作が表される文です。

　　　　　　　　タルーヤ　トーキョーンカイ　イチュン。 太郎は東京に行く。

　　　シンシーヤ　タルー　　トーキョーンカイ　イカスン。 先生は太郎を東京に行

かせる。

　もとの文の動詞が他動詞の場合は、動作主に**ンカイ**、自動詞の場合は動作主に助詞が何もつかない形になります。

1-1. **シンシーヤ　タルーンカイ　サンシン　フィカサビタン／フィカシミヤビタン。**　先生は太郎に三線を弾かせました。

1-2. **'イナグングヮφ　シグ　'ンマンカイ　イカスサ＊。**　娘をすぐそこに行かせるわ。

1-3. **ヤッチーヤ　クムイ'ウティ　イングワーφ　ウィーガシミヤビタン。**　お兄さんは池で子犬を泳がせました。

2 使役形の使い分け

　使役形には、スン使役＝強制、シミーン使役＝許容、のような使い分けがあります。

2-1. **ウヤー　タルー　ジュクンカイ　イカチャン。**　親は太郎を塾に行かせた。

2-2. **ウヤー　タルー　ディズニーランドンカイ　イカシミタン。**　親は太郎をディズニーランドに行かせた。

2-1のように嫌なことを無理にさせる場合にはスン使役、2-2のようにしたいことを許容する場合にはシミーン使役が使われます。

2-3. **アヤーヤ　タルーンカイ　シカン　ムヌ　カマチャン。**　お母さんは太郎に嫌いなものを食べさせた。

2-4. **アヤーヤ　タルーンカイ　シチ ヤル　ムヌ　カマシミタン。**　お母さんは太郎に好きなものを食べさせた。

3 「〜するように」（目的）

　第12課で目的を表す表現**タミニ**「〜ために」を勉強しましたが、目的を表す言い方にはもうひとつ**グトゥ**「〜ように」があります（無意志的な動作の場合に使います）。**グトゥ**の前には連体形（否定の場合は否定形そのまま）がきます。**グトゥ**自体は**Vラン グトゥ**（〜せずに）や**Vル グトゥ ナイン**（〜するようになる）の形で勉強しましたね。

3-1. **アトゥカラ　カマリール　グトゥ、レーゾーコンカイ　イットーティ　クィミソーリヨー。**　後で食べられるように、冷蔵庫に入れておいてくださいよ。

3-2. **カビヌ　カジサーニ　トゥディ　イカン　グトゥ、ウィーンカイ　スムチ ウチョーチャビタン。**　紙が風で飛んで行かないように、上に本を置いて

おきました。

3-3. ビチヌ　ッチュヌチャーンカイ　インフルエンザ　ウトゥサン　<u>グトゥ</u>、
シグ　イサヌ　ヤーンカイ　イカサンデー　ナランドー＊。　他の人にイ
ンフルエンザをうつさないようにすぐ病院に行かせなきゃ。

4 形容詞的な接頭辞

第13課3節で'イヌ「同じ」という言葉を勉強しましたが、同じように名詞
の前にしかこない形容詞的な語として'イー（いい）、ヤナ（嫌な）、ミー（新
しい）、マーサ（おいしい）、ウフ（大-）、グマ（小-）などがあります。

4-1. マーガナンカイ　<u>'イー</u>イサヌ　ヤーヤ　ネーランガヤー＊。　どこかいい
病院ないかしら。

4-2. チューヤ　<u>'イー</u>'ワーチチ　ヤシガ、タルーヤ　ジャシチ'ウティ　ニン
トーン。　今日はいい天気だが、太郎は部屋で寝ている。

4-3. <u>ヤナ</u>シクチ　ヤラー、サンシェー　マシ　ヤイビーン。　嫌な仕事なら、
しない方がいいです。

4-4. ヤマダサノー　<u>ミー</u>ジン　チチ、シクチ　ソーイビーン。　山田さんは新
しい服を着て仕事をしています。

5 動詞の中止用法②（アーニ形）

動詞のティ形については、第14課2節で継起、動作のしかた、原因・理由を
表す用法を学びました。実は沖縄語にはもうひとつ「〜して」と訳せる形が
あります。終止形から-uNを取って-aaniをつけるので、アーニ形と呼びます。

1) 規則変化

シヌン(死ぬ) sin<u>uN</u> ⇒ sin<u>aani</u> シナーニ(死んで)
ユムン(読む) yum<u>uN</u> ⇒ yum<u>aani</u> ユマーニ(読んで)
トゥブン(飛ぶ) tub<u>uN</u> ⇒ tub<u>aani</u> トゥバーニ(飛んで)
サスン(刺す) sas<u>uN</u> ⇒ sas<u>aani</u> ササーニ(刺して)
カチュン(書く) kac<u>uN</u> ⇒ kac<u>aani</u> カチャーニ(書いて)
カチュン(勝つ) kac<u>uN</u> ⇒ kac<u>aani</u> カチャーニ(勝って)
ウィージュン(泳ぐ) 'wiij<u>uN</u> ⇒ 'wiij<u>aani</u> ウィージャーニ(泳いで)
ニンジュン(寝る) niNj<u>uN</u> ⇒ niNj<u>aani</u> ニンジャーニ(寝て)
※イン、ーンで終わるラ行動詞の場合は-iNを-yaaniに変えます。
ウキーン(起きる) uki<u>iN</u> ⇒ uki<u>yaani</u> ウキヤーニ(起きて)

2) 不規則変化

　　　スン（する）**suN** ⇒ **saani** サーニ（して）

　　　イチュン（行く）**icuN** ⇒ **icaani** イチャーニ（行って）

　　　チューン（来る）**cuuN** ⇒ **caani** チャーニ（来て）

　　　'ユン（言う）**'yuN** ⇒ **'yaani** ヤーニ（言って）

　継起（続いて起こる動作）と動作のしかたを表す用法はティ形と同じです。

5-1. ナービ　<u>ヤチャーニ</u>　アンダ　イリレー。　鍋を熱くして油を入れなさい。

5-2. ストゥミティ　<u>ウキヤーニ</u>、チラ　<u>アラヤーニ</u>、シクチンカイ　イチュン。　朝起きて、顔を洗って、仕事に行く。

5-3. ワッター　'イナグングヮヌ　ニチ　<u>ンジャサーニ</u>　ニントーサ*。　娘が熱出して寝てるのよ。

　ただし、アーニ形は原因・理由の用法では用いにくい点でティ形と異なっています。

5-4. ミジ　カキラッティ（×カキラリヤーニ）、チブルカラ　フィサマディ　シッタティ　ネーラン。　水をかけられて、頭から足まで濡れてしまった。

練習問題

練習1

1-1. 例にならって、次の動詞が何行動詞かを答え、使役形（スン使役とシミーン使役）に変えなさい。また、日本語に訳しなさい。

例）ウィージュン（ガ行）⇒ウィーガスン、ウィーガシミーン（泳がせる）

a. タヌシムン⇒　　b. カンジュン⇒　　c.（スーブ'ウティ）カチュン⇒　　d. カムン⇒　　e. クルスン⇒　　f. シヌン⇒　　g. ナラブン⇒　　h. トゥイン⇒　　i. 'ユン⇒　　j. スン⇒　　k. 'イーン⇒　　l. チューン⇒　　m. ユムン⇒　　n. トゥブン⇒　　o. アシブン⇒　　p. ンジャスン⇒

1-2. 例にならって文を作り、日本語に訳しなさい。

例1）タルーガ　ガッコーンカイ　イチャビーン。（ウヤ）⇒
　　　ウヤー　タルー　ガッコーンカイ　イカサビーン／イカシミヤビタン（親は太郎を学校に行かせました）。

例2）タルーガ　スムチ　ユマビーン。（シンシー）⇒
　　　シンシーヤ　タルーンカイ　スムチ　ユマサビーン／ユマシミヤビタン（先生は太郎に本を読ませました）。

1)　ヤッチーヌ　コーヒー　イリーン。（ウットゥ）⇒

2)　シートゥヌ　スムチ　ユムン。（シンシー）⇒

3)　'ウトゥヌ　ジン　ムッチ　チューン。（トゥジ）⇒

4)　ックヮヌチャーガ　ストゥミティムン　カドーン。（アヤー）⇒

練習2　絵を見て、例のようにスン使役形かシミーン使役形かを選び、日本語に訳しなさい。

例)　シンシーヤ　シートゥヌチャーンカイ　キョーシツヌ　ホーチカチ
　　　（サチャン／シミタン）。⇒先生は学生達に教室の掃除をさせました。

1)　アヤーヤ　ックヮンカイ　メーニチ　ハチジカヌン　ビンチョー　（サスン
　　　／シミーン）。⇒

2)　トゥジェー　'ウトゥンカイ　シチ　ヤル　サキ　（ヌマチャン／ヌマシミタ
　　　ン）。⇒

3)　アヌ　カイシャー　ッチュヌチャー　フィッチーナカイ　ジューニジカヌン
　　　（ハタラカスル／ハタラカシミール）ヤナカイシャ　ヤン。⇒

4)　アヤーヤ　ックヮ　コーエン'ウティ　（アシバチャン／アシバシミタン）。⇒

練習3　例にならって文を作り、日本語に訳しなさい。

例)　ウチナーグチ ハナシユーン／メーニチ ビンチョー ソーイビーン
　　　⇒ウチナーグチ　ハナシユースルグトゥ、メーニチ　ビンチョー　ソーイ
　　　ビーン（沖縄語が話せるように毎日勉強しています）。

1)　タルーガ カマリーン／チャンプルー チュクイビラ⇒

2)　ムシバ ナイビラン／カディカラ ハー アラレー⇒

3)　ワラビンチャーガ カマラン／タカサル トゥクルンカイ ウキヨー⇒

4)　ヒコーキンカイ ヌイウクリラン／ホテルヌ フロントンカイ タルドータン⇒
　　　　　　　　　　　　　　　　＊ヌイウクリーン（乗り遅れる）、タルムン（頼む）

練習4　絵を見て、[　　　]から適当な言葉を選んで（　　　）に入れ、日本語に訳しなさい。

例）マエハラサノー （マーサ）ムン　カドーイビーン（真栄原さんはおいしい
　　ものを食べています）。

1）（　　　　）スムチ　ユメー、ソーイラー　ナラリヤビーン。⇒

2）アヌ　'イナゴー　（　　　　）ジン　チチョーイビーンヤー。⇒

3）チューヤ　ウンドーカイ　ヤシガ、（　　　　）'ワーチチ　ヤイビーンヤー。⇒

4）デーダカサル　（　　　　　　）ムン　ヤクトゥ、テーシチニ　シヨー。⇒

　　　　　　　　　　　［チュラ　　'イー　　ヤナ　　ミー］

　　　　　　　　　　　*ソーイラー（賢い人）、デーダカサン（高価である）

練習5

5-1. 例にならって、次の動詞をアーニ形に変えなさい。

例）'ウドゥイン⇒'ウドゥヤーニ（踊って）

　　ウィージュン⇒ウィージャーニ（泳いで）

a. カムン⇒　　b. カンジュン⇒　　c. ニンジュン⇒　　d. ユムン⇒　　e. ク
ルスン⇒　　f. シヌン⇒　　g. トゥブン⇒　　h. ユブン⇒　　i. トゥイン⇒
j, 'ユン⇒　　k. スン⇒　　l. 'イーン⇒　　m. チューン⇒　　n. フミーン⇒

5-2. 絵を見て、例のようにアーニ形を使った文を作り、日本語に訳しなさい。

例）マエハラサン、サキ、ヌムン、ニンジュン⇒マエハラサノー　サキ　ヌマー
　　ニ　ニンジャビーン（真栄原さんは酒を飲んで寝ます）。

1）フィジャサン、ラーメン、カムン、コーヒー、ヌダン⇒

2）ナカジョーサン、ビンチョー スン、ニンタン⇒

3）アラカチサン、ギター、フィチュン、ウタ、ウタトーン⇒

4）ナカジョーサン、イス、'イーン、スムチ、ユドーン⇒

第25課 キッサマディ ンマンカイ 'ウテーサヤー

ニジューグ

🔊 26

オーシロ: ギョクセンドーンカイ ンジャル クトー アミ。

ナカジョー: オーシロサノー ンジャル クトー ネーラニ。

オーシロ: 'イー'イー、マーダ ネーランサ。

ナカジョー: チューヤ フィマ ヤル ムンヌ、ギョクセンドーンカイ ンジ 'ンーダニ。

オーシロ: ギョクセンドーンカイ イール タミネー ジンヌ イリヨー ヤ ミ。

ナカジョー: ギョクセンドーヤ オキナワワールドヌ ナーカンカイドゥ アク トゥ、ウフェー カカイシガ…。

オーシロ: オキナワワールドナー。

ナカジョー: オキナワワールド'ウテー 'ンカシヌ スイヌ シガタヌ チュ クラットーシン 'ンーダッタイ、エイサーヌ ハネーチョーシン チカッティ、フィッチー タヌシマリークトゥ、ケーテー ヤッサ ンディ ウムイサ。

オーシロ: アンシェー マジュン イカ。ウフィグヮー マッチョーキヨー。 マエハラサヌン ユディ 'ンージュクトゥ。

ナカジョー: アイ、ミーランシガ…マーンカイ ンジャガヤー。タバク フ チェール アトゥヌ アクトゥ、キッサマディ ンマンカイ 'ウ テーサヤー。

さっきまでここにいたみたいよ。

大城：　玉泉洞に行ったことある？

仲門：　大城さんは行ったことないの？

大城：　うん、まだないのよ。

仲門：　今日は暇だから玉泉洞に行ってみない？

大城：　玉泉洞に入るためにはお金が要るの？

仲門：　玉泉洞はおきなわワールドの中にあるからちょっとかかるけど…。

大城：　おきなわワールド？

仲門：　おきなわワールドでは首里の昔の姿が見られたり、エイサーのにぎや
　　　　かなのも聞けたりして、一日楽しめるから、かえって安いと思うよ。

大城：　それじゃあ、一緒に行こう。ちょっと待ってて。真栄原さんも誘って
　　　　みるから。

仲門：　あれ、姿が見えないけど… どこに行ったのかな？たばこの吸い殻があ
　　　　るから、さっきまでここにいたみたいよ。

● 本課で学ぶ語句 ●

'ウテーサヤー	いたみたいよ	フチェール	吸ったような
～ ヤル ムンヌ	～だから	アトゥ	跡
ンジ 'ンーダニ	行ってみない？	'ンナガラ	からっぽ
シガタ	姿	ユービ	ゆうべ
チュクラットーシ	作られているのを	ウヌヨーナ	そのような
ハネーチョーン	にぎやかだ	マルケーティナー	たまに
ケーテー	かえって、むしろ	カンヌーナ	大事な
イカ	行こう		

● 文法解説 ●

1 テーン形（証拠に基づく過去）

沖縄語には**V**テーンという形があります。ティ形の語末の**-i**を**-eeN**に取り換えることによって作ります。**-デーン**、**-チェーン**などいくつかの形がありますが、ラ行動詞の形で代表させて、これを動詞のテーン形と呼ぶことにします。

a）テーン形の作り方

1）規則変化

　［ナ行動詞］⇒**-ジェーン**

　　　シナン⇒シジ **siji** ⇒ **sijeeN** シジェーン（死んだようだ）

　［マ行・バ行動詞］⇒**-デーン**

　　　ヌマン⇒ヌディ **nudi** ⇒ **nudeeN** ヌデーン（飲んだようだ）

　　　トゥバン⇒トゥディ **tudi** ⇒ **tudeeN** トゥデーン（飛んだようだ）

　［サ行・カ行動詞］⇒**-チェーン**

　　　ハナサン⇒ハナチ **hanaci** ⇒ **hanaceeN** ハナチェーン（話したようだ）

　　　カカン⇒カチ **kaci** ⇒ **kaceeN** カチェーン（書いたようだ）

　［タ行動詞］⇒**-ッチェーン**

　　　タタン⇒タッチ **taQci** ⇒ **taQceeN** タッチェーン（立ったようだ）

　［ガ行動詞］⇒**-ジェーン**

　　　ウィーガン⇒ウィージ **'wiiji** ⇒ **'wiijeeN** ウィージェーン（泳いだようだ）

　［ダ行・ラ行動詞］⇒**-テーン**

　　　ニンダン⇒ニンティ **niNti** ⇒ **niNteeN** ニンテーン（寝たようだ）

　　　トゥラン⇒トゥティ **tuti** ⇒ **tuteeN** トゥテーン（取ったようだ）

2）不規則変化

　　　スン⇒セーン（したようだ）　　チューン⇒チェーン（来たようだ）

　　　'ユン⇒イチェーン（言ったようだ）　　イチュン⇒ンジェーン（行ったようだ）

　　　アン⇒アテーン（あったようだ）　　**'ウン**⇒**'ウテーン**（いたようだ）

b）テーン形の意味・用法

　テーン形は何かを見たり聞いたり（あるいは嗅いだり触ったり）した感覚を証拠として、過去に何かが起こったことを推測する場合に使います。軽い驚きの感情が伴うことが多いので、終助詞**サヤー**（⇨第11課6節）が一緒に使われることが多いです。

　　　1-1. ウサラヌ　**'ンナガラ　ナトーン。タルーヤ　カマンディ　イチャシガ、

カデーサヤー。　お皿が空だ。太郎は食べないと言ったが、食べたんだね。

1-2. 'ンチャヌ　シッタトーン。ユービ　アミヌ　フテーサヤー。　土が湿って
いる。昨夜雨が降ったようだ。

1-3. タバク　フチェール　アトゥヌ　アクトゥ、キッサマディ　ンマンカイ
'ウテーサヤー*。　たばこの吸い殻があるから、さっきまでここにいたみ
たいよ。　※フチェールはフチュンのテーン形の連体形。

驚きの感情が中心になり、過去にあった出来事が予想もしていなかったこ
とだったという「意外性」の意味を含むことがあります。

1-4. アイ、'ヤーヤ　ウヌヨーナ　トゥクルンカイ　ンジェーサヤー。　えっ、
お前はそんなところに行ったのか。

'ウン「いる」、アン「ある」のテーン形は「そこにいたんだ」という発見
の意味が加わります。

1-5. アイ、クマンカイ　'ウテーサヤー。　あれっ、ここにいたんだ。

1-6. アイ、アマンカイ　アテーサヤー。　あれっ、あそこにあったんだ。

2 「〜しよう」（勧誘）

第6課で人を勧誘する表現-ビラ「〜しましょう」を勉強しましたが、これ
は丁寧体の否定形-ビランから語末のンを取った形です。普通体でも同じよう
に、否定形からンを取ると勧誘を表す言い方「〜しよう」になります（この
形を志向形といいます）。

ヌマン(飲まない)⇒ヌマ(飲もう)　アシバン(遊ばない)⇒アシバ(遊ぼう)
イカン(行かない)⇒イカ(行こう)　イラン(言わない)⇒イラ(言おう)

2-1. アンシェー　マジュン　イカ*。　それじゃあ、一緒に行こう。

2-2. アヌ　スバヤー 'ウティ　スバ　カマ。　あのそば屋でそばを食べよう。

3 「〜しないか」（勧誘・命令）

第6課で否定疑問文を使った勧誘の表現（-ビラニ「〜しませんか」）を勉強
しました：タルーヌ　トゥクルンカイ　アシビーガ　イチャビラニ「太郎のと
ころに遊びに行きませんか」。普通体の否定疑問文も勧誘として用いられます
（「(君も) 飲まない？」「パン、食べない？」など）が、普通体の場合、ややき
つい命令として用いられることもあります（「さっさと行かないか！」など）。

3-1. 'ヤーン　オリオンビール　ヌマニ。　君もオリオンビール飲まない？

3-2. ギョクセンドーンカイ　ンジ 'ンーダニ*。　玉泉洞に行ってみない？

3-3. ワンニンカイン　サキ　<u>ワキランナー</u>。　私にも酒を分けないか。（酒を分けろ）

3-4. フェーク　ホーチカチ　<u>サンナー</u>。　早く掃除を<u>しないか</u>。（掃除しろ）

3-5. マルケーティナーヤ　ビンチョー　<u>サニ</u>！　たまには勉強<u>しないか</u>！（勉強しろ）

4　「〜ので／〜のに」（ムンヌ）

　ムンヌは述語の連体形につき、日本語に直訳すれば「ものの」となりますが、次のように2種類の意味を持ちます。まず理由を表す場合に用いられるものがあります。

4-1. チューヤ　フィマ　ヤル　<u>ムンヌ</u>、ギョクセンドーンカイ　ンジ　'ンーダニ＊。　今日は暇だから玉泉洞に行ってみない？

4-2. カンヌーナ　ハナシ　ソール　<u>ムンヌ</u>、ワラベー　アマンカイ　ンジョーケー。　大事な話をしているから子供はあっちに行ってなさい。

また、ムンヌは逆接（「〜のに」）の意味でも使われます。

4-3. アチャ　ウチナーンカイ　イチュル　<u>ムンヌ</u>、マーダ　シコーエー　ナテー　'ウラン。　明日沖縄に行くのにまだ準備ができていない。

4-4. ジンヌ　ネーラン　<u>ムンヌ</u>、ウングトール　デーダカサル　ムヌ　コーティ　ネーラン。　お金がないのにこんな高いものを買ってしまった。　※「〜ないので／のに」の場合は否定形にそのままつきます。

理由になるか、逆接になるかは文脈によって決まります。

5　否定疑問文とその答え

　日本語では、否定疑問文「〜しませんか」「〜しないのですか」に対しては次のような応答をします。

「英語は話せないのですか」

　―「はい、あまり話せません。留学経験がないものですから」

　―「いいえ、話せます」

「まだ宿題終わらない？」

　―「うん、まだ終わってないんだ。もうちょっと待って」

　―「ううん、もう終わったよ。遊びに行こうよ」

　日本語は質問の全体に対して、「はい」「いいえ」と答えますが、英語はそうではなく、言われている事柄（英語が話せること、宿題が終わったこと）

が、肯定なら**Yes**、否定なら**No**で、答え方は日本語と逆になります。沖縄語の否定疑問文に対する答え方は英語式です。日本語とは**ウー**（はい）／**'ウー'ウー**（いいえ）が反対になります。

5-1. アイ、ガッコーンカイ　イカンティー。　えっ、学校に行かなかったの？
　　—ウー、イチャビタン。　いいえ、行きました。
　　—'ウー'ウー、イチャビランタン。　はい、行きませんでした。

5-2. オーシロサノー　ンジャル　クトー　ネーラニ＊。　大城さんは行ったことないの？
　　—'イー'イー、マーダ　ネーランサ＊。　うん、まだないのよ。

5-3. アヌ　ッチョー　ウチナーンチョー　アイビラニ。　あの人は沖縄の人じゃないんですか。
　　—ウー、ウチナーンチュ　ヤイビーン。　いいえ、沖縄の人です。
　　—'ウー'ウー、ヤマトゥンチュ　ヤイビーン。　はい、ヤマトの人です。

5-4. ウヌ　クワーシェー　マーコー　ネーラニ。　そのお菓子、おいしくないの？
　　—イー、マーサンドー。　ううん、おいしいよ。
　　—'イー'イー、マーコー　ネーランドー。　うん、おいしくないよ。

練習問題

練習1

1-1. 例にならって、次の動詞が何行動詞かを答え、テーン形に変えなさい。また、日本語に訳しなさい。
例）ヌジュン（ガ行）⇒ヌジェーン（脱いだようだ）
　　チューン（不規則）⇒チェーン（来たようだ）
a. ヌムン⇒　b. フチュン⇒　c. フイン⇒　d. ニンジュン⇒　e. タチュン　f. ケーイン⇒　g. ユブン⇒　h. 'イーン⇒　i.（チン）チーン⇒　j. 'ユン⇒　k. スン⇒　l. カンジュン⇒　m. イチュン⇒

1-2. 絵を見て、例のように答えの文をテーン形に変え、日本語に訳しなさい。

例) イフーナ　アジ　ソーンヤー。　—（マーストゥ　サーター　バッペータン。）⇒
マーストゥ　サーター　バッペーテーサヤー（変な味がするね。—塩と砂
糖を間違えたようだね）

1) ヤマダサノー　ウッサ　ソーンドー。—（ヌーガナ 'イークトゥヌ　アタ
ン。）⇒

2) （車の中で）マーダ　チカニ。—（ミチ　バッペー　サン。）⇒

3) タルーヤ　サックィ　スタンドー。—（ナマ　フェートール　ハナフィチ　カ
カタン。）⇒

4) アイ、ホットドッグヌ　ネーラン　ナトーン。—（マエハラサン　カダン）

*サックィ（咳）

練習2 例のように、相手の発言を受けて「〜しよう」の文を作り、日本語に訳し
なさい。

例) ヤーシク　ナタサ。—（ショクドー、イチュン）⇒ショクドーンカイ　イカ
（お腹がすいたよ。—食堂に行こう）

1) マーサムン　カミブサンヤー。—（インターネット、ッシ、カメーティ 'ンー
ジュン）⇒

2) ヌーディーヌ　カーキティ　ネーランサ。—（ビヤホール、イチュン、
ビール、ヌムン）⇒

3) イッペー　アチサッサー。—（エアコン、チキーン）⇒

*カーキーン（渇く）、チキーン（つける）

練習3 例にならって、勧誘や命令の文を**V**ラニ／**V**ランナーの形に変え、日本語に
訳しなさい。

例1) チャタヌンカイ　アシビーガ　イカ？⇒チャタヌンカイ　アシビーガ　イ
カニ／イカンナー（北谷に遊びに行かない？）。

例2) サキ　ワキリヨー⇒サキ　ワキラニ／ワキランナー（酒を分けてくれな
い？）。

1) マルケーテー　スムチン　ユメー。⇒

2) ウヌ　クワーシ　クィレー。⇒

（練習4）絵を見て、例のように文を作り、日本語に訳しなさい。

例）ジン、アル、ムンヌ／ステーキ、カムン、シムン⇒ジンヌ　アル　ムンヌ
　　ステーキ　カディン　シムンドー（お金があるからステーキを食べてもい
　　いよ）。
1）　チューヤ　゛ウタトール　ムンヌ／フェーク　ニンジュンディチ　ヤイビー
　　ン。⇒
2）　デーダカサル　ムンヌ／クヌ　シナムノー　ユー　ウリヤビーン。⇒
3）　マーダ　ダイガクシー　ヤル　ムンヌ／ヤマダサノー　メージチ　ウフォー
　　クヌ　ティマ　゛イートーイビーン。⇒
4）　ジュケンセー　ヤル　ムンヌ／ウミハマティ　ビンチョー　サンダレー　ナ
　　ラン。⇒

*シナムン（品物）、メーチチ（毎月）

（練習5）絵を見て、例のように質問に答え、全体を日本語に訳しなさい。

例）チヌー　ガッコーンカイ　イカンティー。（イー）⇒イー、ンジャンドー（昨
　　日学校に行かなかったの？―いや、行ったよ）。
1）　チューヤ　゛イー゛ワーチチ　ヤル　ムンヌ、マーンカイン　イカニ。（゛ウー
　　゛ウー）⇒
2）　アチャヌ　ユレーンカエー　゛ヤーヤ　イカニ。（イー）⇒
3）　ウングトール　マーサル　ケーキ　カマニ。（゛イー゛イー）⇒
4）　ストゥミティムン　カマンティー。（イー）⇒

219

第26課 ケンキューシツンカイ メンシェービーミ

ニジュールク

🔊 27

オーシロ： シンシーヤ クンドゥヌ キンヨーベー ケンキューシツンカイ メンシェービーミ。ウフィグヮー ウナレー シーブサル クトゥ ヌ アイビーシガ…。

ナカハラ： キンヨーベー チゴーヌ ワッサッサー。トーキョーンカイ イ チュル カンゲー ヤン。トーキョー'ウティ ヤマトゥブンガク ヌ ガッカインカイ ンジリワル ヤクトゥヤー。

オーシロ： シンシーヤ ヤマトゥヌ ブンガクン ケンキュー ソーミシェー ビーンナー。

ナカハラ： ワンネー マンヨーシューヌ ビンチョーン ウフィグヮー ソー サ。ウレー ワーガ カチェール ロンブン ヤサ。

オーシロ： シンシーヌ ロンブン ヤイビーンナー。ジフィ ユディ 'ンー ジブサイビーン。

ナカハラ： アンシェー クンドゥ マジュン ユディ 'ンーダナ。クレー 'ヤーンカイ クィーサ。

オーシロ： イッペー ニフェー デービル。メームッティ ユドーチャビー サ。

ナカハラ： ナライブサシェー ライシュー ヤティン シムミ。

オーシロ： ウー、ユタサルグトゥ ウニゲーサビラ。

研究室にいらっしゃいますか

大城：　先生は今度の金曜日は研究室にいらっしゃいますか。ちょっと質問したいことがあるんですけど…。

仲原：　金曜日は都合が悪いんだ。東京に行く予定なんだ。東京で日本文学の学会に出なきゃいけないから。

大城：　先生は日本文学も研究されているんですか。

仲原：　私は萬葉集の勉強も少ししてるんだよ。これは私の書いた論文だよ。

大城：　先生の論文ですか。ぜひ読んでみたいです。

仲原：　じゃあ今度一緒に読んでみよう。これ君にあげるよ。

大城：　どうもありがとうございます。前もって読んでおきます。

仲原：　質問したいことは来週でもいいかな。

大城：　はい、よろしくお願いします。

● 本課で学ぶ語句 ●

メンシェービーミ　いらっしゃいますか

ウナレー　質問(＜お習い)

チゴー　都合

カンゲー ヤン　予定だ、つもりだ

ンジリワル ヤル　出なければいけない

ソーミシェービーン　していらっしゃいます

ジフィ　ぜひ

ユディ 'ンーダナ　読んでみよう

メームッティ　前もって

ナライン　尋ねる、学ぶ

ウンジュ　あなた

ウスガナシーメー　王様

ウブン　お食事

ウシーミー　清明祭(清明節に行なう行事：一族で墓参りをする)

ウファカ　お墓

グスーヨー　皆さん

カンナジ　必ず

イチカ　いつか

● 文法解説 ●

1 敬語①：尊敬語

次の3つの文を見てみましょう。

a. 太郎は学校に来た。

b. 先生は学校に来られた／いらっしゃった。

c. あいつ、今日も学校に来やがった。

　aは（尊敬も軽蔑もしていない）中立的な言い方ですが、bは「先生」を尊敬した言い方、cは「あいつ」を軽蔑した言い方になっています。このように日本語では、登場人物に対する配慮が文中の文法的な表現に影響を与えています。このような表現形式を「待遇表現」といいます。沖縄語にも日本語と似た待遇表現の体系があります（なお待遇表現が高度に発達しているのは王府があった首里・那覇を中心とする地域であり、それ以外では敬語があまり見られない地域もあります）。

　上のbのように動作の主体（主語）を高める言い方を尊敬語といいます。動詞の連用形（⇨第10課）に-ミシェーン、ビーン体では-ミシェービーンをつけて使います。日本語の「お〜になる、〜（ら）れる」に相当します。「動詞の連用形＋接尾辞」なので、カ行動詞とタ行動詞で同じ形になるものがあります（例えば、**カチミシェーン**は「お書きに／お勝ちになる」を表します）。

1）規則変化

　　ユムン⇒ユミ⇒ユミミシェーン（お読みになる）

　　ユブン⇒ユビ⇒ユビミシェーン（お呼びになる）

　　ハナスン⇒ハナシ⇒ハナシミシェーン（お話しになる）

　　カチュン⇒カチ⇒カチミシェーン（お書きになる）

　　タチュン⇒タチ⇒タチミシェーン（お立ちになる）

　　ウィージュン⇒ウィージ⇒ウィージミシェーン（お泳ぎになる）

　　ニンジュン⇒ニンジ⇒ニンジミシェーン（お眠りになる）

　　ウキーン⇒ウキ⇒ウキミシェーン（お起きになる）

　ラ行動詞で連用形が　**トゥイン⇒トゥイ、ナイン⇒ナイ**などのように-イになるものは、**イ**を取ってから-ミシェーンをつけます。

　　トゥイン⇒トゥ<u>イ</u>⇒トゥミシェーン（お取りになる）

　　コーイン⇒コー<u>イ</u>⇒コーミシェーン（お買いになる）

　なお、ナ行動詞は**シヌン**「死ぬ」の1語だけですが、人が死ぬ場合には婉曲

的に**マースン**「亡くなる（＜回す）」という動詞を使い、この敬語の形は**マーシミシェーン**（お亡くなりになる）となります。

2）不規則変化

　　スン⇒シミシェーン（される）、**'ユン（イーン）⇒イミシェーン**（言われる、おっしゃる）　※**イチュン**と**チューン**は特殊な尊敬動詞（⇨本課2節）

　-ミシェーンは多くの活用形において**-ミソーン**に変わり、否定形・命令形がラ行動詞、ティ形がカ行動詞に近い特殊な活用をします。

　　［否定形］**–ミソーラン**　　［否定形過去］**-ミソーランタン**　　［命令形］**-ミソーリ／-ミソーレー**　　［ティ形］**-ミソーチ**　　［過去形］**-ミソーチャン**　　［ショッタ形］**–ミシェータン**

　　1-1. シンシーヤ　チヌー　プール'ウティ　ウィージミソーチャン。　先生は昨日プールで泳がれた。

　　1-2. タナカカチョーヤ　ナマ　ショルイ　カチョーミシェーン。　田中課長は今、書類をお書きになっている。

　　1-3. ウンジョー　クヌ　スムチ　シッチョーミシェーミ。　あなたはこの本をご存知か。

　-ミシェーンの丁寧体**-ミシェービーン**は次のように活用します。

　　［否定形］**-ミシェービラン**　　［否定形過去］**-ミシェービランタン**　　［命令形］**-ミシェービリ／-ミシェービレー**　　［過去形］**-ミシェービタン**　　［ショッタ形］**-ミシェービータン**

　　1-4. シンシーヤ　ヤマトゥヌ　ブンガクン　ケンキュー　ソーミシェービーンナー＊。　先生は日本文学も研究されているんですか。

　　1-5. タナカサノー　スムチ　カチョーミシェービーン。　田中さんは本をお書きになっています。

2　特殊な尊敬動詞

　日本語の「いらっしゃる」は「いる」「行く」「来る」の意味を表す不規則な尊敬語です。沖縄語にも「いる、来る、行く」「食べる、飲む」「くれる」「見る」にはそれぞれ次のような特殊な尊敬動詞があります。

　　メンシェーン「いらっしゃる(いる、来る、行く)」　　**ウサガミシェーン**「召し上がる」　　**ウタビミシェーン**「くださる」　　**ウミカキーン**「ご覧になる」

　メンシェーンは以下のように活用します。

　　［否定形］**メンソーラン**　　［命令形］**メンソーリ／メンソーレー**　　［ティ形］

メンソーチ 　[ショッタ形] メンシェータン

それぞれの丁寧体は**メンシェービーン**「いらっしゃいます」、**ウサガミシェービーン**「召し上がります」、**ウタビミシェービーン**「くださいます」、**ウミカキヤビーン**「ご覧になります」となります。

2-1. シンシーヤ　クンドゥヌ　キンヨーベー　ケンキューシツンカイ　メンシェービーミ＊。 　先生は今度の金曜日に研究室にいらっしゃいますか。

2-2. シンジョーサノー　サキ　ウサガミソーラン。 　新城さんはお酒を召し上がらない。

2-3. ウスガナシーメーヤ　ウブノー　ムル　ウサガティ　ネーヤビランタン。王様はお食事を全部召し上がってしまいました。

2-4. シンシーヤ　ウンジュンカイ　ヌー　ウタビミシェータガ。 　先生はあなたに何をくださったか。

2-5. ウヌヨーナ　クトゥ　イミソーランケー。ワッター　ヤー　'ウトーティ　ウブン　ウサガティ　メンソーレー。 　そんなことおっしゃらないでください。うちでご飯を召し上がっていらしてください。

なお、これらの尊敬動詞に対応する-ミシェーンの形は用いません（ただし「あげる、くれる」の意では**クィーン**に-ミシェーンをつけた**クィミシェーン**と尊敬動詞の**ウタビミシェーン**の両方を用います）：✕**カミミシェーン**（お食べになる、食べられる）、✕**イチミシェーン**（行かれる）、✕**'ンージミシェーン**（見られる）

3 丁寧化接辞（ウ-）

日本語の「お(御)-」と同じように物事を美化して言う場合、名詞に**ウ-**をつけます。

3-1. ウシーミーネー　<u>ウファカンカイ</u>　イチャビーン。 　ウシーミーにはお墓に行きます。

3-2. ウフィグワー　<u>ウナレー</u>　シーブサル　クトゥヌ　アイビーシガ…＊。ちょっと質問したいことがあるんですけど…。

4 身内での敬語の用法

日本語（共通語）では身内には敬語を用いないのが普通ですが（「？父はテレビを見ておられます」）、沖縄語では身内であっても目上の人には敬語を使います。

4-1. タンメーヤ　テレビ　'ンーチ　ワラトーミシェービーン。　祖父はテレビを見てお笑いになっています。

4-2. ウキミシェービティー。　お起きになりましたか。　※家庭内で「おはようございます」に相当する挨拶

5 願望・依頼の副詞

「ぜひ」「どうか」など、願望や依頼、命令などと一緒に用いられる副詞が沖縄語にもあります。**ジフィ**「ぜひ」、**ドーディン**「どうか」、**チャーシン**「どうしても」などです。

5-1. <u>ドーディン</u>　ユタサルグトゥ　ウニゲーサビラ。　どうぞよろしくお願いします。

5-2. クヌ　クトゥドゥ　<u>チャーシン</u>　イチョーチブサイビール。　このことはどうしても言っておきたいのです。

5-3. <u>カンナジ</u>　ユドーチャビーサ。　必ず読んでおきますよ。

5-4. <u>ジフィ</u>　ユディ　'ンージブサイビーン*。　ぜひ読んでみたいです。

6 願望のナ

第25課で、否定形からンを取った形（志向形）で勧誘を表す表現を学びました：**イカン**「行かない」⇒**イカ**「行こう」。さらに、これにナをつけると願望を表す表現になります。

6-1. イチカ　ユスグニンカイ　ンジ　'ンーダ<u>ナ</u>。　いつか外国に行ってみたいなあ。

6-2. ウチナーグチッシ　ハナサ<u>ナ</u>。　沖縄語で話したいなあ。

萬葉集などの古代日本語では、いわゆる未然形に「な」をつけた形で願望を表したのですが、沖縄語にはこの言い方が残っているのです。

また、この形は次のように相手に誘いかける場合にも用いられます。

6-3. サキ　ヌディ　タヌシマ<u>ナ</u>。　酒を飲んで楽しもう。

6-4. クンドゥ　マジュン　ユディ　'ンーダ<u>ナ</u>*。　今度一緒に読んでみよう。

練習問題

練習1

1-1. 例にならって、次の動詞を尊敬語に変え、日本語に訳しなさい。

例）ウチュン⇒ウチミシェーン（お打ちになる）

ユムン⇒ユミミシェーン（お読みになる）

a. タチュン⇒　　b. ウィージュン⇒　　c. カチュン⇒　　d. イスジュン⇒
e. イリーン⇒　　f. トゥブン⇒　　g. ユブン⇒　　h.'イーン⇒　　i. チーン⇒　　j. ウムイン⇒　　k. スン⇒　　l. カンジュン⇒　　m. ワシリーン⇒
n. ケースン⇒　　o.'ユン（イーン）⇒

1-2. 絵を見て、例のように文を作り、日本語に訳しなさい。

例）シンシー、ケーイン⇒シンシーヤ　ヤーンカイ　ケーミシェーン（先生は
　　家にお帰りになった）。

1）シャチョー、ニントーン　　2）ウチャク、スムチ、コーイン　　3）カ
チョー、イチュナシク、シクチ、ソーン　　4）ウスガナシーメー、「'ンマンカ
イクーワ」、イチャン

＊ンメー（おばあさん）

練習2 例にならって、次の文の動詞を尊敬語に変え、日本語に訳しなさい。

例1）ティガミ　カチ、…⇒ティガミ　カチミソーチ、…（手紙をお書きになって）
例2）ジン　ウトゥチャン⇒ジン　ウトゥシミソーチャン　（お金を落とされた）
1）スムチ　ユマン⇒　　2）スバ　カディ、…⇒　　3）ティント　トゥダン⇒　　4）
アシドーン⇒　　5）スムチ　ユデーン⇒　　6）スムチ　ユムタン⇒　　7）ス
ムチ　ユマンタン⇒　　8）スムチ　ユデー'ウラン⇒

練習3 例にならって文を書き換え、日本語に訳しなさい。

例）タルーヤ　チン　アライン。（シンシー）⇒シンシーヤ　チン　アラミ
　　シェーン（先生は服を洗われた）。

1）ジルーヤ　シンブン　ユムン。（カチョー）⇒

2）カマドゥーヤ　サイフンカイ　ジン　イリーン。（センパイ）⇒

3) サンラーヤ　ガンチョー　カキヤビタン。（ウスガナシーメー）⇒

*ジルー（次郎；男子の名前）、カマドゥー（女子の名前）、サンラー（三郎；男子の名前）

練習4　例にならって文を書き換えなさい（普通体とビーン体の使い分けに注意）。

例）サンラーガ　ナーファンカイ　ンジャン。（シンシー）⇒シンシーガ　ナー
　　ファンカイ　メンソーチャン（先生が那覇にいらっしゃった）。

1) タルーガ　ナーファンカイ　チューン。（シャチョー）⇒
2) ジルーヤ　'ンマンカイ　'ウンドー。（センパイ）⇒
3) チルーヤ　クヮッチー　カマビーン。（ブチョー）⇒
4) サンラーヤ　サキ　ヌマビーン。（カチョー）⇒
5) タルーガ　クミウドゥイ　'ンージュン。（ウスガナシーメー）⇒

*クヮッチー（ご馳走）、クミウドゥイ（組踊；沖縄の古典劇）

練習5　例にならって文を書き換えなさい（普通体とビーン体の使い分けに注意）。

例）タルーヤ　ラジオ　チチ、ワラトーイビーン。（タンメー）⇒タンメーヤ
　　ラジオ　チチ、ワラトーミシェービーン。

1) タルーガ　ミチ　アッチャビタン。（ターリー）⇒
2) チルーガ　ユーバンヌ　シコーイ　サビーン。（アヤー）⇒
3) ジラーヤ　ナマ　トーキョーンカイ　ンジョーン。（ンメー）⇒

*ジラー（次郎；平民の名前）

練習6

6-1. 例にならって、次の動詞で**V ラナ**の形を作り、日本語に訳しなさい。

例）アシブン⇒アシバナ（遊びたい、遊ぼう）

a. ユムン⇒　　b. トゥブン⇒　　c. ハナスン⇒　　d. ビンチョー スン⇒
e. タチュン⇒　　f. ウィージュン⇒　　g. ニンジュン⇒　　h. トゥイン⇒

6-2. 例にならって下線部分を書き換え、全体を日本語に訳しなさい

例）メーニチ　シクチヌ　イチュナサン。マーガナンカイ　アシビーガ　イチュ
　　ン。⇒アシビーガ　イカナ。（毎日仕事が忙しい。どこかに遊びに行きた
　　いなあ。）

1) ヤーシク　ナトーン。ヌーガナ　カムン⇒
2) トーキョーヤ　フィーサン。ウチナーンカイ　ケーイン。
3) ニチヌ　アンヤー。チューヤ　クスイ　ヌディ、ニンジュン。
4) チュー　ネーネーズヌ　コンサートンカイ　イチャビーン。―ワンニン　チ
　　チーガ　イチュン。

*ネーネーズ（女性の音楽グループ）

第27課 カバン ムッチ ウサギヤビラ

ニジューシチ

🔊 28

フィジャ： アイ、シンシーサイ、マーカイ　メンシェービーガヤー。

クニシ： イフェー　ウチナーケンチョーマディ　ヤサ。

フィジャ： ワンニン　ウチナーケンチョーヌ　チンジュンカイドゥ　イチャ
ビークトゥ。シンシーサイ、ウンジュガ　カバン　ムッチ　ウサギ
ヤビラ。イッペー　ンブギサ　ソーイビークトゥ。

クニシ： カフーシドー。ヤシガ、アンスカ　ンブコー　ネーランクトゥ…。
'ヤーヤ　ヌー　シーガ　イチュガ。

フィジャ： ナマカラ　ウチナーグチヌ　シンシーヌ　ヤーンカイ　イチャ
ビーン。アマンジ　ドゥシヌ　タンメーカラ　ウチナーグチ　ナラ
トーイビーン。

クニシ： ウレー　'イークトゥ　ヤンヤー。

フィジャ： ニフェー　ウンヌキヤビーン。クニシシンシーサイ、シンシーン
ウチナーンチョー　アイビラニ。クンドゥ　ウチナーグチ　ナラー
チ　クィミソーレー。

クニシ： 'イー'イー、ワーガー　ウチナーグチェー　ナラーシユーサンサ。
ハチジューヤカ　ウィーヌ　ウチナーンチョー　アランネー、ウチ
ナーグチ　ピリンパラン　ハナシユーサンデーヤー。ナマ　ウチ
ナーグチ　ハナシユースル　ッチュヌチャーガ　シデーシデーニ
イキラク　ナティ　チョーサ。

フィジャ： ワンネー　クリカラン　ウチナーグチ　ウフィナーウフィナー　ビ
ンチョー　ッシ　イチャビーン。ウチナーグチヌ　シンシー　ナイ
シェー　ワー　ヌジュミ　ヤイビーン。

228

かばんをお持ちしましょう

比嘉：　あっ、先生、どこに行かれるんですか。

国吉：　ちょっと、沖縄県庁までね。

比嘉：　私も沖縄県庁の近くまで行きますから。先生のかばんをお持ちしましょう。とても重そうですから。

国吉：　ありがとう。だけど、そんなに重くないから…。君は何しに行くの。

比嘉：　今から沖縄語の先生のお宅に行くんです。あそこで友達のおじいさんに沖縄語を教わっているんです。

国吉：　それはいいことだね。

比嘉：　どうもありがとうございます。国吉先生、先生もウチナーンチュじゃないですか。今度沖縄語を教えてください。

国吉：　いや、私には沖縄語は教えられないよ。80歳以上のウチナーンチュじゃないと沖縄語をべらべら話せないようだね。今、沖縄語を話せる人たちがだんだん減ってきているんだよ。

比嘉：　僕はこれからも沖縄語を少しずつ勉強していきます。沖縄語の先生になるのが僕の夢なんです。

● 本課で学ぶ語句 ●

ムッチ ウサギヤビラ　お持ちしましょう

〜サイ　目上に対して男性が呼びかける際につける言葉：女性は**〜タイ**を使う。

〜カイ　〜へ(方向を表す)

チンジュ　近所

カフーシドー　ありがとう(目下に対して)

〜ンジ　〜で(場所を表す)

ニフェー　お礼

ウンヌキヤビーン　申し上げます

〜デーヤー　〜ようだね

ウフィナーウフィナー　少しずつ

ヌジュミ　夢(＜望み)

クーサン　小さい

チール　黄色

カイン　借りる

ネー　地震

ウハナシ　お話

● 文法解説 ●

1 敬語②：謙譲語

尊敬語は動作の主体（主語）を高める言い方でした：「先生が教室にいらっしゃった」「課長が書類をお書きになる」。では、次のような言い方はどうでしょうか。

　a. 私は先生にその本をお見せした。

　b. 私は田中さんにそのことを申し上げた。

これらも敬語なのですが、尊敬の対象は動作の主体ではなく、動作の向かう先（上の場合は見せる対象の「先生」、言う対象の「田中さん」）となっています。このような動作の向かう先を高める言い方は謙譲語と呼ばれています。

沖縄語では「動詞のティ形＋**ウサギーン**（ビーン体は**ウサギヤビーン**）」で謙譲を表します。

1-1. シンシーンカイ　サシン　ミシティ　ウサギヤビーン。　先生に写真をお見せします。

1-2. ターリーンカイ　カミムン　チュクティ　ウサギヤビタン。　お父さんにご飯をお作りしました。

1-3. シンシーサイ、ウンジュガ　カバン　ムッチ　ウサギヤビラ*。　先生のかばんをお持ちしましょう。

ウサギーンはラ行動詞で、以下のように活用します。

　［疑問形］**ウサギーミ／ウサギーガ**

　［命令形］**ウサギリ／ウサギレー**

　［意志・勧誘］**ウサギラ**

　［否定形］**ウサギラン**

　［否定形過去］**ウサギランタン**

　［ティ形］**ウサギティ**

　［過去形］**ウサギタン**

　［ショッタ形］**ウサギータン**

2 特殊な謙譲動詞

尊敬語と同様、よく用いられる動詞には不規則な謙譲動詞があります。日本語でも「申し上げる」「伺う」「差し上げる」などがありますね。前節では「動詞のティ形＋**ウサギーン**」で謙譲の意味を表す言い方を勉強しましたが、

ウサギーンはそれ自体で「差し上げる」という意味の謙譲動詞でもあります。謙譲動詞には以下のようなものがあります（'**ウガムン**（マ行）以外はラ行動詞です）。

　　ウンヌキーン(申し上げる)　　**ユシリーン**(伺う)　　　**ウサギーン**(差し上げる)
　　'**ウガムン**(拝見する)　　**ウミカキーン**(お見せする)

2-1. **ニフェー　ウンヌキヤビーン***。　　お礼申し上げます(ありがとうございます)。

2-2. **サシン　'ウガダル　クトゥヌ　アイビーン。**　　お写真を拝見したことがあります。

2-3. **アトゥカラ　デンワ　ウサギヤビーサ。**　　後でお電話差し上げますよ。

2-4. **ドゥークルッシ　カチャル　'イー　シンシーンカイ　ウミカキタン。**　　自分で描いた絵を先生にお見せした。

3 「〜には／〜にも」（助詞＋助詞）

　日本語の助詞「が」には、他の助詞を組み合わせた「がは」「がも」という形はありません。一方、沖縄語の主格を表わす助詞**ヌ／ガ**には、助詞ヤのついた形（日本語の「がは」に相当）があります（助詞**ヤ**がつくと音が変化してそれぞれ**Nノー／Nガー**となります）。これらは後ろに可能動詞が来て、日本語の「〜には（できる）」に対応する場合が多いようです。

3-1. **ワーガー　ウングトール　クトー　イーユーサン。**　　私にはそんなことは言えない。

3-2. **ワーガー　ウチナーグチェー　ナラーシユーサンサ***。　　私には沖縄語は教えられないよ。

　また、**ヌ／ガ**に助詞ンがついた形**Nヌン/Nガン**も可能動詞と結びつく場合が多く、日本語の「〜にも（できる）」と対応しやすいといえます。

3-3. **アリガン　リューキューダイガク　ゴーガク　サンドー。**　　あいつでも琉球大学に合格したんだよ。

3-4. **クヌ　クワーシェー　アカングヮヌン　カミユーサビーン。**　　このお菓子は赤ん坊でも食べられます。

3-5. **アンシ　クーサル　ワラビヌン　ドゥークルッシ　デンシャ　ヌイユースン。**　　あんな小さい子供でも自分で電車に乗れる。

4 人名詞の所有の表現

　助詞ヌが連体修飾（**チールヌ スムチ**「黄色の本」）だけではなく、主語にも用いられることは、第6課で学びました：**ナーンカイ キーヌ アン**「庭に木がある」、**インヌ ミチ アッチュン**「犬が道を歩く」。また、日本語の「が」は主語・補語という連用的な格にのみ用いられます（「私が行く」「水が飲みたい」）が、沖縄語の**ガ**は連体修飾でも用いられます。

　「が」は古代日本語で「わが家」「君が代」「おらが春」のように連体格として用いられていたのですが（主格を表すようになったのは後世のことです）、沖縄語でも次のように人名詞に限って**ガ**を連体格に用いることができます。

　　4-1. ウンジュガ　カバン　ムッチ　ウサギヤビラ*。　　あなたのかばんをお持ちしましょう。

　固有名詞の場合は、**ヌ**も**ガ**も使用しないで直接名詞を修飾することもできます。つまり、「次郎の本」という言い方としては次の3つが可能になるのです。それぞれの違いも説明しておきましょう。

　　1) **ジルーヌ スムチ**：客観的な表現
　　2) **ジルーガ スムチ**：次郎とやや親しい場合に用いられる。
　　3) **ジルー スムチ**：次郎ときわめて親しい場合に用いられる
　　4-2. ジルーヌ　スムチェー　カタル　クトゥヌ　アン。　　次郎の本は借りたことがある。
　　4-3. ジルーガ　スムチェー　トゥチドゥチ　カイサ。　　次郎の本は時々借りるよ。
　　4-4. ジルー　スムチェー　メーチチ　カトーサ。　　次郎の本は毎月借りているよ。

　ただし、客観性や親しさが絡み合うこのような言い方においては、地域差や個人差もかなりあるようです。

5 「～で」（場所を表す助詞）

　これまで動作の場所を表わす助詞として**'ウティ**を取りあげてきましたが、他に**'ウトーティ、ンジ**という助詞も用いられます。

　　5-1. チヌー　トーキョー 'ウトーティ　マギサル　ネーヌ　アイビータン。　　昨日東京で大きな地震がありました。

232

5-2. ワンネー　マイシュー　ダイガク˚ウトーティ　ウハナシ　ウンヌキトーイ
　　　ビーン。　私は毎週大学でお話をいたしております。

5-3. アマンジ　ドゥシヌ　タンメーカラ　ウチナーグチ　ナラトーイビーン＊。
　　　あそこで友達のおじいさんに沖縄語を教わっているんです。

5-4. アチャー　ヤキュージョーンジ　ヤキューヌ　スーブヌ　アイビーン。
　　　明日、野球場で野球の試合があります。

　˚**ウティ**は˚**ウン**（いる）、˚**ウトーティ**は˚**ウトーン**（いている：˚**ウン**「いる」
の継続形）のティ形、それに対して**ンジ**は**イチュン**（行く）のティ形に由来
するものですから、よりダイナミックな動きの時によく使われると言われて
います。しかし、3者にそれほどの大きな差異はないという見方もあります。
とりあえずは、これらが動作の場所を表すということがわかればいいでしょ
う。

練習問題
....

練習1

1-1. 例にならって動詞を謙譲語に変え、日本語に訳しなさい。

例）クワーシ ンジャスン⇒クワーシ　ンジャチ　ウサギーン（お菓子をお出し
　　する）。

a. ジン ケースン⇒　　b. クワッチー チュクイン⇒　　c. ティガミ カチュン⇒
d. ウチャ イリーン⇒　　e. ウタ ウタイン⇒　　f. クルマ ユブン⇒　　g. イユ
チーン⇒　　h. ウサラ アライン⇒

1-2. 例にならって動詞を謙譲語に変え、日本語に訳しなさい。

例1）ジー カチュン⇒ジー　カチ　ウサギーン（字をお書きします）

例2）ジー カチーネー⇒ジー　カチ　ウサギーネー（字をお書きしましたら）

a. スムチ ユムン⇒　　b. スムチ ユディ、…⇒　　c. スムチ ユダン⇒　　d.
スムチ ユミーネー⇒　　e. スムチ ユミギサン⇒　　f. スムチ ユマビーン⇒
g. スムチ ユマビティー⇒　　h. ヌー ユマビーガ⇒

1-3. 絵を見て、例のように謙譲語を含む理由の文と尊敬語の命令文を作り、日本語
に訳しなさい。

例） ウチャ　イリーン／ンマ、'イーン⇒ウチャ　イッティ　ウサギヤビークトゥ、
　　　ンマンカイ　'イミシェービレー（お茶をお入れしますので、そこにおかけ
　　　ください）。
1)　ジン　ワタスン／フートーヌ　ナーカ　タシカミーン⇒
2)　ユーバン　シコータン／カディ　イチュン⇒
3)　サーターアンダギー　コーティ　チューン／ジフィ、カムン⇒

＊タシカミーン（確かめる）

＜練習2＞

2-1. 次の動詞を謙譲動詞に変えなさい。

1)　'ンージュン⇒　　2)　イチュン⇒　　3)　クィーン⇒　　4)　'ユン⇒
5)　ミシーン

2-2. 例にならって動詞を謙譲語に変え、日本語に訳しなさい。

例） 'ヤーンカイ　ハナシ　スン⇒ウンジュンカイ　ウハナシ　ウンヌキヤビーン
　　　（あなたにお話しいたします）。
1)　'ヤー　ヤーンカイ　イチュン⇒　　2)　'ヤーンカイ　サシン　ミシーン⇒
3)　'ヤーンカイ　ナーギムン　クィーン⇒　　4)　'ヤー　ティガミ　ユムン⇒
5)　'ヤー　'イー　'ンージュン⇒

＜練習3＞ 絵を見て、例のように文を作り、日本語に訳しなさい。

例）ワッター ックヮ／ウブン、ニーン、-ユースン⇒ワッター　ックヮヌン　ウ
　　ブン　ニーユーサビーン（私の子でもご飯を炊けます）。
1）アヌ ワラビ／ドゥークルッシ、ニンジュン、-ユーサン⇒
2）ワン／ウングトーン、クトゥ、ナラン⇒
3）インスタントラーメン ヤン／ワン、チュクイン、-ユースン⇒
4）ディキヤーヌ ヤマダサン／リューキューダイガク、ウティティ ネーラン⇒
5）ヤマトゥンチュヌ スズキサン／ナットー カムン、-ユーサン

*ニーン（煮る、炊く）、ユーフル（風呂）、

練習4 例にならって、**ヌ／ガ**から（ ）に入る適切な助詞を選び、日本語に訳し
なさい（何も入れない場合は**φ**を書きなさい）。

例）タルーヤ ‘イードゥシ ヤクトゥ、イチ ヤティン タルー（φ）ヤーン
　　カイ イカリヤビーン（太郎は親友なのでいつでも太郎の家に行くこと が
　　できます）。
1）ジラーヤ シッチョールー ヤシガ、ユージュヌ ネーラン バソー ジ
　　ラー（ ）スマホンカイ ディンワ カキラリヤビラン。
2）ミサケー ワー ウムヤーグヮー ヤクトゥ、ミサキ（ ）ウヤトー
　　ユー イチャイビーン。
3）サンラーヤ ‘イキガウットゥ ヤシガ、サンラー（ ）ヤーンカエー
　　アッタニ イチャビラン。
4）ミユキトー イッシューカンメーニ イチャタクトゥ、マーダ ミユキ
　　（ ）メールアドレスン シチェー ‘ウイビラン。

*シッチョールー（知り合い）、ユージュ（用事）

練習5 次の沖縄語を日本語に訳しなさい。

1）アチャーヤ スタジアムンジ ヤキューヌ アイビーン。⇒
2）トーキョー‘ウトーティ ウフアミヌ フタンディサ。⇒
3）ヤーン アメリカ‘ウトーティ ダイトーリョーセンキョヌ アイビーン。⇒
4）ミチンジ ウタ ウタトール ニーシェーヌ ‘ウタン。⇒
5）ワー ジャシチンジ コーヒーンデー ヌマビラ。⇒

*ウフアミ（大雨）、ニーシェー（青年）

活用表

1) 動詞・普通体

			ナ行	マ行	バ行	サ行	
			死ぬ	読む	飛ぶ	話す	
現在（非過去）	終止	～する	シヌン	ユムン	トゥブン	ハナスン	
	肯否疑問	～するか	シヌミ	ユムミ	トゥブミ	ハナスミ	
	疑問詞疑問	～するか	シヌガ	ユムガ	トゥブガ	ハナスガ	
	疑念	～するかな	シヌラ	ユムラ	トゥブラ	ハナスラ	
	勧誘	～しよう	シナ	ユマ	トゥバ	ハナサ	
	命令1	～しろ	シニ	ユミ	トゥビ	ハナシ	
	命令2	～しなさい	シネー	ユメー	トゥベー	ハナセー	
	禁止	～するな	シヌナ	ユムナ	トゥブナ	ハナスナ	
過去	終止	～した	シジャン	ユダン	トゥダン	ハナチャン	
	肯否疑問	～したか	シジー	ユディー	トゥディー	ハナチー	
	疑問詞疑問	～したか	シジャガ	ユダガ	トゥダガ	ハナチャガ	
	ショッタ形	～しよった	シヌタン	ユムタン	トゥブタン	ハナスタン	
	テーン形	～したようだ	シジェーン	ユデーン	トゥデーン	ハナチェーン	
否定	終止	～しない	シナン	ユマン	トゥバン	ハナサン	
	肯否疑問	～しないか	シナニ	ユマニ	トゥバニ	ハナサニ	
	疑問詞疑問	～しないか	シナンガ	ユマンガ	トゥバンガ	ハナサンガ	
	過去	～しなかった	シナンタン	ユマンタン	トゥバンタン	ハナサンタン	
	肯否疑問過去	～しなかったか	シナンティー	ユマンティー	トゥバンティー	ハナサンティー	
	疑問詞疑問過去	～しなかったか	シナンタガ	ユマンタガ	トゥバンタガ	ハナサンタガ	
連体	現在	～するN	シヌル	ユムル	トゥブル	ハナスル	
	否定	～しないN	シナン	ユマン	トゥバン	ハナサン	
	過去	～したN	シジャル	ユダル	トゥダル	ハナチャル	
ティ形・条件形など	ティ形	～して	シジ	ユディ	トゥディ	ハナチ	
	アーニ形	～して	シナーニ	ユマーニ	トゥバーニ	ハナサーニ	
	同時形	～しながら	シジガチー	ユミガチー	トゥビガチー	ハナシガチー	
	タイ形	～したり	シジャイ	ユダイ	トゥダイ	ハナチャイ	
	ネー条件形	～したら	シニーネー	ユミーネー	トゥビーネー	ハナシーネー	
	エー条件形	～すれば	シネー	ユメー	トゥベー	ハナセー	
	ラー条件形	～するなら	シヌラー	ユムラー	トゥブラー	ハナスラー	
	逆条件形	～しても	シジン	ユディン	トゥディン	ハナチン	
	連用形（さまざまな形を作る）	～し-	シニ	ユミ	トゥビ	ハナシ	

カ行	タ行	ガ行	ダ行	ダ行特殊
書く	立つ	脱ぐ	寝る	見る
カチュン	タチュン	ヌジュン	ニンジュン	'ソージュン
カチュミ	タチュミ	ヌジュミ	ニンジュミ	'ソージュミ
カチュガ	タチュガ	ヌジュガ	ニンジュガ	'ソージュガ
カチュラ	タチュラ	ヌジュラ	ニンジュラ	'ソージュラ
カカ	タタ	ヌガ	ニンダ	'ソーダ
カキ	タティ	ヌギ	ニンディ	'ソーディ
カケー	タテー	ヌゲー	ニンデー	'ソーデー
カクナ	タチュナ	ヌグナ	ニンドゥナ	'ソードゥナ
カチャン	タッチャン	ヌジャン	ニンタン	'ソーチャン
カチー	タッチー	ヌジー	ニンティー	'ソーチー
カチャガ	タッチャガ	ヌジャガ	ニンタガ	'ソーチャガ
カチュタン	タチュタン	ヌジュタン	ニンジュタン	'ソージュタン
カチェーン	タッチェーン	ヌジェーン	ニンテーン	'ソーチェーン
カカン	タタン	ヌガン	ニンダン	'ソーダン
カカニ	タタニ	ヌガニ	ニンダニ	'ソーダニ
カカンガ	タタンガ	ヌガンガ	ニンダンガ	'ソーダンガ
カカンタン	タタンタン	ヌガンタン	ニンダンタン	'ソーダンタン
カカンティー	タタンティー	ヌガンティー	ニンダンティー	'ソーダンティー
カカンタガ	タタンタガ	ヌガンタガ	ニンダンタガ	'ソーダンタガ
カチュル	タチュル	ヌジュル	ニンジュル	'ソージュル
カカン	タタン	ヌガン	ニンダン	'ソーダン
カチャル	タッチャル	ヌジャル	ニンタル	'ソーチャル
カチ	タッチ	ヌジ	ニンティ	'ソーチ
カチャーニ	タチャーニ	ヌジャーニ	ニンジャーニ	'ソージャーニ
カチガチー	タチガチー	ヌジガチー	ニンジガチー	'ソージガチー
カチャイ	タッチャイ	ヌジャイ	ニンタイ	'ソーチャイ
カチーネー	タチーネー	ヌジーネー	ニンジーネー	'ソージーネー
カケー	タテー	ヌゲー	ニンデー	'ソーデー
カチュラー	タチュラー	ヌジュラー	ニンジュラー	'ソージュラー
カチン	タッチン	ヌジン	ニンティン	'ソーチン
カチ	タチ	ヌジ	ニンジ	'ソージ

			ラ行	ラ行特殊1	ラ行特殊2	ラ行特殊3	
			取る	着る	切る	入れる	
現在（非過去）	終止	～する	トゥイン	チーン	チーン	イリーン	
	肯否疑問	～するか	トゥイミ	チーミ	チーミ	イリーミ	
	疑問詞疑問	～するか	トゥイガ	チーガ	チーガ	イリーガ	
	疑念	～するかな	トゥイラ	チーラ	チーラ	イリーラ	
	勧誘	～しよう	トゥラ	チラ	チラ	イリラ	
	命令1	～しろ	トゥリ	チリ	チリ	イリリ	
	命令2	～しなさい	トゥレー	チレー	チレー	イリレー	
	禁止	～するな	トゥンナ	チンナ	チンナ	イリンナ	
過去	終止	～した	トゥタン	チチャン	チッチャン	イッタン	
	肯否疑問	～したか	トゥティー	チチー	チッチー	イッティー	
	疑問詞疑問	～したか	トゥタガ	チチャガ	チッチャガ	イッタガ	
	シヨッタ形	～しよった	トゥイタン	チータン	チータン	イリータン	
	テーン形	～したようだ	トゥテーン	チチェーン	チッチェーン	イッテーン	
否定	終止	～しない	トゥラン	チラン	チラン	イリラン	
	肯否疑問	～しないか	トゥラニ	チラニ	チラニ	イリラニ	
	疑問詞疑問	～しないか	トゥランガ	チランガ	チランガ	イリランガ	
	過去	～しなかった	トゥランタン	チランタン	チランタン	イリランタン	
	肯否疑問過去	～しなかったか	トゥランティー	チランティー	チランティー	イリランティー	
	疑問詞疑問過去	～しなかったか	トゥランタガ	チランタガ	チランタガ	イリランタガ	
連体	現在	～するN	トゥイル	チール	チール	イリール	
	否定	～しないN	トゥラン	チラン	チラン	イリラン	
	過去	～したN	トゥタル	チチャル	チッチャル	イッタル	
ティ形・条件形など	ティ形	～して	トゥティ	チチ	チッチ	イッティ	
	アーニ形	～して	トゥヤーニ	チヤーニ	チヤーニ	イリヤーニ	
	同時形	～しながら	トゥイガチー	チーガチー	チーガチー	イリガチー	
	タイ形	～したり	トゥタイ	チチャイ	チッチャイ	イッタイ	
	ネー条件形	～したら	トゥイネー	チーネー	チーネー	イリネー	
	エー条件形	～すれば	トゥレー	チレー	チレー	イリレー	
	ラー条件形	～するなら	トゥイラー	チーラー	チーラー	イリーラー	
	逆条件形	～しても	トゥティン	チチン	チッチン	イッティン	
	連用形（さまざまな形を作る）	～し・	トゥイ	チー	チー	イリ	

不規則1	不規則2	不規則3	不規則4	不規則5	不規則6
する	来る	行く	言う	ある	いる
スン	チューン	イチュン	'ユン	アン	'ウン
スミ	チューミ	イチュミ	'ユミ	アミ	'ウミ
スガ	チューガ	イチュガ	'ユガ	アガ	'ウガ
スラ	チューラ	イチュラ	'ユラ	アラ	'ウラ
サナ	クーヤー	イカ	イラ	—	'ウラ
シー	クーヨー	イキ	イリ	—	'ウリ
セー	クーワ	イケー	イレー	—	'ウレー
スナ	クーンナ	イクナ	'ユナ	—	'ウンナ
サン	チャン	ンジャン	イチャン	アタン	'ウタン
シー	チー	ンジー	イチー	アティー	'ウティー
サガ	チャガ	ンジャガ	イチャガ	アタガ	'ウタガ
スタン	チュータン	イチュタン	イータン	—	—
セーン	チェーン	ンジェーン	イチェーン	アテーン	'ウテーン
サン	クーン	イカン	イラン	ネーラン	'ウラン
サニ	クーニ	イカニ	イラニ	アラサニ	'ウラニ
サンガ	クーンガ	イカンガ	イランガ	ネーランガ	'ウランガ
サンタン	クーンタン	イカンタン	イランタン	ネーランタン	'ウランタン
サンティー	クーンティー	イカンティー	イランティー	ネーランティー	'ウランティー
サンタガ	クーンタガ	イカンタガ	イランタガ	ネーランタガ	'ウランタガ
スル	チュール	イチュル	'ユル	アル	'ウル
サン	クーン	イカン	イラン	ネーラン	'ウラン
サル	チャル	ンジャル	イチャル	アタル	'ウタル
ッシ	ッチ	ンジ	イチ	アティ	'ウティ
サーニ	チャーニ	イチャーニ	'ヤーニ	アヤーニ	'ウヤーニ
シーガチー	チーガチー	イチガチー	イーガチー	アイガチー	'ウイガチー
サイ	チャイ	ンジャイ	イチャイ	アタイ	'ウタイ
シーネー	チーネー	イチーネー	イーネー	アイネー	'ウイネー
セー	クーレー	イケー	'ヤレー	アレー	'ウレー
スラー	チューラー	イチュラー	イーラー	アラー	'ウラー
ッシン	ッチン	ンジン	イチン	アティン	'ウティン
シー	チー	イチ	イー	アイ	'ウイ

2) 動詞・ビーン体　例：カマビーン（食べます）

	非過去（現在）	過去	シヨッタ形	テーン形
終止	カマビーン	カマビタン	カマビータン	カマビテーン
肯否疑問	カマビーミ	カマビティー	カマビーティー	カマビテーミ
疑問詞疑問	カマビーガ	カマビタガ	カマビータガ	カマビテータガ
勧誘	カマビラ	―	―	―
命令1	（カマビリ）	―	―	―
命令2	（カマビレー）	―	―	―

	否定	否定過去
終止	カマビラン	カマビランタン
肯否疑問	カマビラニ	カマビランティー
疑問詞疑問	カマビランガ	カマビランタガ
勧誘	―	―
命令1	―	―
命令2	―	―

3) 形容詞　例：アチサン／アチサイビーン（暑い／暑いです）

		現在	過去	否定
普通体	終止	アチサン	アチサタン	アチコーネーラン
	肯否疑問	アチサミ	アチサティー	アチコーネーラニ
	疑問詞疑問	アチサガ	アチサタガ	アチコーネーランガ
ビーン体	終止	アチサイビーン	アチサイビータン	アチコーネーイビラン
	肯否疑問	アチサイビーミ	アチサイビーティー	アチコーネーイビラニ
	疑問詞疑問	アチサイビーガ	アチサイビータガ	アチコーネーイビランガ

4) 名詞述語　例：（ウチナー）ヤン／ヤイビーン（～だ／です）

		現在	過去	否定
		（ウチナー）	（ウチナー）	（ウチナーヤ）
普通体	終止	ヤン	ヤタン	アラン
	肯否疑問	ヤミ	ヤティー	アラニ
	疑問詞疑問	ヤガ	ヤタガ	アランガ
ビーン体	終止	ヤイビーン	ヤイビータン	アイビラン
	肯否疑問	ヤイビーミ	ヤイビーティー	アイビラニ
	疑問詞疑問	ヤイビーガ	ヤイビータガ	アイビラガ

5) さまざまな文型　例：カムン（食べる）※丸囲み数字は扱った課を示す

		●終止形（Vン）をもとに作る形		●連体形（Vル）をもとに作る形	
		～するつもりだ	～するようだ	～するだろう	～するので/のに
		Vンディチ ヤン	Vンネー スン	Vル ハジ ヤン	Vル ムンヌ
		意志⑧	様態⑲	推量⑨	理由/逆接㉕
普通体	現在	ユムンディチ ヤン	ユムンネー スン	ユムル ハジ ヤン	ユムル ムンヌ
	過去	ユムンディチ ヤタン	ユムンネー スタン	ユムル ハジ ヤタン	ユダル ムンヌ
	否定	ユムンディチェー アラン	ユムンネーヤ サン	ユムル ハジェー アラン	ユマン ムンヌ
ビーン体	現在	ユムンディチ ヤイビーン	ユムンネー サビーン	ユムル ハジ ヤイビーン	ユマビール ムンヌ
	過去	ユムンディチ ヤイビータン	ユムンネー サビータン	ユムル ハジ ヤイビータン	ユマビタル ムンヌ
	否定	ユムンディチェー アイビラン	ユムンネーヤ サビラン	ユムル ハジェー アイビラン	ユマビラン ムンヌ

		●連用形（V連）をもとに作る形		
		～したい	～られる	～しそうだ
		V連ブサン	V連ユースン	V連ギサン
		希望⑩	能力可能⑰	様態⑮
普通体	現在	ユミブサン	ユミユースン	ユミギサン
	過去	ユミブサタン	ユミユーサンタン	ユミギサタン
	否定	ユミブ（シ）コーネーラン	ユミユーサン	ユミギサコーネーラン
ビーン体	現在	ユミブサイビーン	ユミユーサビーン	ユミギサイビーン
	過去	ユミブサイビータン	ユミユーサビータン	ユミギサイビータン
	否定	ユミブ（シ）コーネーイビラン	ユミユーサビラン	ユミギサコーネーイビラン

		～すべきだ	お～になる
		V連ビチー ヤン	V連ミシェーン
		当為㉓	尊敬㉖
普通体	現在	ユミビチー ヤン	ユミミシェーン
	過去	ユミビチー ヤタン	ユミミソーチャン
	否定	ユミビチェー アラン	ユミミソーラン
ビーン体	現在	ユミビチー ヤイビーン	ユミミシェービーン
	過去	ユミビチー ヤイビータン	ユミミシェービタン
	否定	ユミビチェー アイビラン	ユミミシェービラン

		●否定形（Vﾗﾝ）をもとに作る形		
		～しなければならない	～られる	～られる
		Vﾗﾝダレー ナラン	Vﾗリーン	Vﾗリーン
		義務⑪	条件可能⑫	受身㉒
普通体	現在	ユマンダレー ナラン	ユマリーン	ユマリーン
	過去	ユマンダレー ナランタン	ユマリータン	ユマッタン
	否定	（ユマンティン シムン）	ユマラン	ユマリラン
ビーン体	現在	ユマンダレー ナイビラン	ユマリヤビーン	ユマリヤビーン
	過去	ユマンダレー ナイビランタン	ユマリヤビタン	ユマリヤビタン
	否定	（ユマンティン シマビーン）	ユマリヤビラン	ユマリヤビラン

		～させる	～させる
		Vﾗスン	Vﾗシミーン
		使役1㉔	使役2㉔
普通体	現在	ユマスン	ユマシミーン
	過去	ユマチャン	ユマシミタン
	否定	ユマサン	ユマシミラン
ビーン体	現在	ユマサビーン	ユマシミヤビーン
	過去	ユマサビタン	ユマシミヤビタン
	否定	ユマサビラン	ユマシミヤビラン

		●ティ形（Vティ）をもとに作る形			
		～している	～しておく	～してください	～してもいい
		Vティオーン	Vティオーチュン	Vティ クィミソーレー	Vティン シムン（ユタサンも可）
		継続⑭	処置⑳	依頼⑬	許可⑯
普通体	現在	ユドーン	ユドーチュン	ユディ クィミソーレー	ユディン シムン
	過去	ユドータン	ユドーチャン	—	ユディン シダン
	否定	ユデー 'ウラン	ユデー ウカン	ユマンティ クィミソーレー	（ユマンデー ナラン）
ビーン体	現在	ユドーイビーン	ユドーチャビーン	ユディ クィミシェービレー	ユディン シマビーン
	過去	ユドーイビタン	ユドーチャビタン	—	ユディン シマビタン
	否定	ユデー 'ウイビラン	ユデー ウチャビラン	ユマンティ クィミシェービレー	（ユマンデー ナイビラン）

		～してはいけない	～してみる	～してさしあげる
		Vテー ナラン	Vティ 'ンージュン	Vティ ウサギーン
		不許可⑯	試み⑮	謙譲㉗
普通体	現在	ユデー ナラン	ユディ 'ンージュン	ユディ ウサギーン
	過去	ユデー ナランタン	ユディ 'ンーチャン	ユディ ウサギタン
	否定	（ユディン シムン）	ユディ 'ンーダン	ユディ ウサギラン
ビーン体	現在	ユデー ナイビラン	ユディ 'ンージャビーン	ユディ ウサギヤビーン
	過去	ユデー ナイビランタン	ユディ 'ンージャビタン	ユディ ウサギヤビタン
	否定	（ユディン シマビーン）	ユディ 'ンージャビラン	ユディ ウサギヤビラン

		●尾略形（V略）をもとに作る形		
		～した方がいい	～するので	～するが
		V略シェー マシ ヤン	V略クトゥ	V略シガ
		忠告⑱	理由⑧	逆接④
普通体	現在	ユムシェー マシ ヤン	ユムクトゥ	ユムシガ
	過去	ユムシェー マシ ヤタン	ユダクトゥ	ユダシガ
	否定	ユムシェー マシェー アラン	ユマンクトゥ	ユマンシガ
ビーン体	現在	ユムシェー マシ ヤイビーン	ユマビークトゥ	ユマビーシガ
	過去	ユムシェー マシ ヤイビータン	ユマビタクトゥ	ユマビタシガ
	否定	ユムシェー マシェー アイビラン	ユマビランクトゥ	ユマビランシガ

自動詞と他動詞

沖縄語の自動詞／他動詞の対応には以下のようなものがあります。

1) **-aiN** ／ **-iiN** (日本語の **-aru** ／ **-eru** に対応)

tum<u>aiN</u> トゥマイン「とまる」／ tum<u>iiN</u> トゥミーン「とめる」

ag<u>aiN</u> アガイン「あがる」／ ag<u>iiN</u> アギーン「あげる」

mic<u>aiN</u> ミチャイン「閉まる」／ mic<u>iiN</u> ミチーン「閉める」

ciwam<u>aiN</u> チワマイン「決まる」／ ciwam<u>iiN</u> チワミーン「決める」

hazim<u>aiN</u> ハジマイン「始まる」／ hazim<u>iiN</u> ハジミーン「始める」

tam<u>aiN</u> タマイン「貯まる」／ tam<u>iiN</u> タミーン「貯める」

2) **-(i)iN** ／ **-(a)suN** (日本語の **-eru** ／ **-asu** に対応)

mee<u>iN</u> メーイン「燃える」／ mee<u>suN</u> メースン「燃やす」

nz<u>iiN</u> ンジーン「出る」／ nj<u>asuN</u> ンジャスン「出す」

kar<u>iiN</u> カリーン「借りる」／ kar<u>asuN</u> カラスン「貸す」

s<u>iiN</u> シーン「知る」／ sir<u>asuN</u> シラスン「知らす」

noo<u>iN</u> ノーイン「直る」／ noo<u>suN</u> ノースン「直す」

uk<u>iiN</u> ウキーン「起きる」／ uk<u>usuN</u> ウクスン「起こす」

3) **-uN** ／ **-iiN** (日本語の **-u** ／ **-eru** に対応)

narab<u>uN</u> ナラブン「並ぶ」／ narab<u>iiN</u> ナラビーン「並べる」

ac<u>uN</u> アチュン「開く」／ ak<u>iiN</u> アキーン「開ける」

cic<u>uN</u> チチュン「付く」／ cik<u>iiN</u> チキーン「付ける」

4) **-riiN** ／ **-iN** (日本語の **-eru** ／ **-u** に対応)

cir<u>iiN</u> チリーン「切れる」／ c<u>iiN</u> チーン「切る」

ur<u>iiN</u> ウリーン「降りる」／ u<u>iN</u> ウイン「降ろす」

5) その他

<u>iiN</u> イーン「入れる」／ ir<u>iiN</u> イリーン「入れる」

日本語との対応だけではなく、3母音化、口蓋化、**r** 音の脱落などによって説明できるところもあります。すべてがルールで割り切れるわけではないのですが、日本語の知識が活用できるところはそれを援用しながら覚えていくとよいでしょう。なお、自動詞**アッチュン**「歩く」や他動詞（**ムヌ**）**カムン**「（ご飯を）食べる」など、対応する他動詞や自動詞がない動詞も多数あります。

語彙集

・動詞と形容詞はビーン体（丁寧体）で挙げてあります。
・表記については「沖縄語の発音と表記」（p.10〜）を参照してください。

ア行

アーケージュー　トンボ
アイ　あれっ、そうだ！
アイビーン　あります
アガー！　いたっ！
アカーク　赤く
アガイビーン　上がります
アガイビーン　揚がります
アカイル　赤色
アカガイ　灯り
アカサイビーン　赤いです
アカングヮ　赤ん坊
アギール バソー　揚げる時は
アキサミヨー　えっ、あれっ、ああ
アギタイ　揚げたり
アキヤビーン　開けます
アギヤビーン　揚げます、（揚げものを）作ります
アサニ　朝寝、朝寝坊
アサバン　昼食
アシバビーン　遊びます
アシビーガ チャービラニ　遊びに来ませんか
アタイ　ほど、くらい
アタイメー ヤサ　もちろんだよ
アチコーコー　あつあつ
アチサイビーン　暑いです
アチャ　明日
アッタニ　急に
アッチ　歩いて
アトゥ　跡
アヌ ッチョー　あの人は
アビヤビーン　大声を出します、鳴きます

アマ　あそこ
アマクマ　あちこち
アマサイビーン　甘いです
アミ　雨
アヤー　お母さん
アライビーン　洗います、（歯を）磨きます
アラン　そうではない、ちがう
アリ　あれ
アレー　あれは
アン ヤイビーン　そうです
アンシ　そして
アンシェー　では、そうなら
アンシドゥ　だから（こそ）
アンダ　油
イー　うん（同等・目下に対する肯定の返事）
'イー〜　良い〜
'イーッチュ ヤイビーン　親切です
'イー　絵
'イー'イー　ううん（同等・目下に対する否定の返事）
'イーアンベー ヤイビーン　最高です
'イーカーギー　美人
'イードゥシ　親友
'イーヌ スムチ　絵本
'イーヤビーン　もらいます
'イーリムン　おもちゃ
'イーヤビーン　酔います
'イキガウットゥ　弟
イキラサイビーン　少ないです
イクサ　戦争
イクタイ　何人

イクチ　いくつ、何歳
イサ　医者
イサガナシー　お医者さん
イサヌ ヤー　医院
イシガチ　石垣島
イチカ　いつか
イチチ　5つ
イチデージ　大変なこと、一大事
イチバン　一番
イチビチー　行くべき
イチムシ　生き物
イチャイビーン　会います
イチャビーン　行きます
イチュター　ちょっと
イチュナサイビーン　忙しいです
イチュン　行く
イッチン　一番
イッペー　とても
'イナグングヮ　娘
'イナグ　女性
'イナグドゥシ　女友達
'イナグワラビ　女の子
'イヌ〜　同じ〜
イバサイビーン　狭いです
イファ フユー　伊波普猷(人名)
イフィ　少し
イフーナ　変な
イマイユ　新鮮な魚
イヤビーン　入ります
'イヤビーン　座ります
イユ　魚
イラーサビン　貸します
イリヨー　必要
イル　色
イルイル　いろいろ
イルンナ　いろいろな
イン　犬
イングヮー　小犬

インチャサイビーン　短いです
ウィー　上
ウィーチキヤビーン　追いかけます
ウィーリキサイビーン　面白いです(興
　味深い)
ウー　はい
'ウー 'ウー　いいえ
ウェンチュ　ねずみ
ウカーサイビーン　危ないです
ウキヤビーン　起きます
ウク　奥
ウクイビーン　送ります
ウグシク　首里城
ウクリヤビーン　起こります
ウサギムン　贈り物
ウサラ　お皿
ウシーミー　清明祭
ウジニー　栄養のあるもの
ウジラーサイビーン　かわいいです
ウスガナシーメー　王様
ウタイビーン　(鶏が)歌います、鳴きま
　す
'ウタイビーン　疲れます
ウタサー　歌手
ウタジニ　質問
'ウタトーン　疲れている
ウチナーグチ　沖縄語
ウチナーシバイ　沖縄芝居
ウチナーンチュ　沖縄の人
ウチナサビーン　終わらせます
ウチャク　お客
ウチャビーン　浮く
ウチャビーン　置きます
ウッサ ソーイビーン　嬉しそうにして
　います
ウットゥ　年下のきょうだい(弟／妹)
〜'ウティ　〜で(存在の場所)
ウティヤビーン　落ちます

ウトゥ　音　18課
'ウトゥ　夫
'ウドゥイ　踊り
'ウドゥイビーン　踊ります
ウトゥサビーン　落とします
ウトゥサビーン　うつします
ウトゥスイ　お年寄り
ウトーイビーン　売っています
〜'ウトーティ　〜で(動作の場所)
ウニジリ　おにぎり
ウヌ　この／その
ウヌヨーナ　そのような
ウネ　ほら(注意を促す時にいう)
ウハナシ　お話
ウファカ　お墓
ウフアミ　大雨
ウフィ　少し
ウフイクサ　大きな戦争
ウフィグヮー　ちょっと
ウフィナーウフィナー　少しずつ
ウフォーク　たくさん
ウフカジ　台風
ウフサイビーン　多いです
ウフッチュ　大人
ウフネー　大地震
ウブン　ご飯
ウミハマティ　一生懸命に
ウムイビーン　思います
ウムッサイビーン　面白いです(可笑し
　い)
ウムムチ　趣味
ウムヤーグヮー　恋人
ウメーシ　お箸
ウヤ　親
ウユウェー　お祝い
ウリ　それ／これ
ウリカー　このあたり
ウリヤビーン　降ります

ウレー　それ／これは
ウワイグル　終わり頃
ウワイビーン　終わります
ウングトゥ　そのように
ウングトール　そのような
ウンヌキヤビーン　申し上げます
'エーマ　八重山
オーエー　喧嘩
オモロソーシ　おもろさうし(沖縄の古
　謡集)

カ行

〜ガ　〜が(動作・状態の主体)
〜ガ　疑問箇所を強調する係助詞
カーキヤビーン　渇きます
カーマ　遠く
カーラチャビーン　乾きます
〜カイ　〜に(方向)
カイビーン　借ります
ガエーガエー　ブーブー
カカイビーン　かかります
カキヤビーン　掛けます
カクイ　檻
カジ　風／台風
カジャ　匂い
ガジャン　蚊
カタジキヤビーン　片づけます
カチェーン　書いた(書いてある)
カチャビーン　書きます
カチューユー　鰹汁
カティムン　おかず
カドゥ　角
ガニ　蟹
カバサイビーン　香ばしいです
カビ　紙
カフーシドー　ありがとう(目下に対して)
カマドゥー　女子の名前
カマビーン　食べます

247

カミムン　食べ物
カメーイビーン　探します、見つけます
〜カラ　〜から（出発点）／〜で（移動手段）
カラサイビーン　辛いです
カラサビーン　貸します
カラスン　貸す
カラタ　体
カワイビーン　変わります
〜カンゲー　ヤイビーン　〜するつもりです
カンゲーイビーン　考えます
カンジャビーン　かぶります
ガンチョー　眼鏡
カンナジ　必ず
カンヌーナ　大事な
キー　木
キッサ　さっき
キラマ　慶良間諸島
クィー　声
クィミシェービレー　ください
クィミシェーミ　ください（ますか）
クィヤビーン　あげます、くれます
クー　粉
クーサイビーン　小さいです
クーワ　来い、来なさい
クェーイン　太る
クガニ　黄金
ククヌチ　9つ
ククリヤビーン　気をつけます
クサリヤビーン　腐ります
クシ　後ろ
クジュ　去年
クスイ　薬
クスイムン　栄養のある食べ物
グスーヨー　皆さん
クタチチ　先月
クチサイビーン　苦しいです

グトゥ　ように
〜クトゥ　〜ので、〜から（理由）
クトゥシ　今年
〜クトゥヌ　アン　〜ことがある
クヌ ウェーダ　この間
クヌグル　最近、この頃
クネーダ　この間
クビ　壁
グブリー ヤイビーシガ　失礼ですが
クマ　ここ
クマビーン　履きます
グマンエン　5万円
クミ　米
クミウドゥイ　組踊：沖縄の古典劇
クムイ　池
クメーキヤビーン　丁寧にします
クユミ　カレンダー
クラサビーン　暮らします
クラシガタ スン　生活する
クリ　これ
グリージ　お礼
グルクン　タカサゴ（沖縄の県魚）
クルサイビーン　黒いです
クルジャーター　黒砂糖
クレー　これは
クワーシ　お菓子
クワッチー　ごちそう
クワフー　幸せ
クンダサラリヤビーン　取りやめられます
クンチチ　今月
クンドゥ　今度
ケーイビーン　帰ります
ケーイビーン　替えます
ケーサビーン　返します
ケーティ チャービーン　帰ってきます
ケーテー　かえって、むしろ
コーイビーン　買います

248

コーイムン　買い物
ゴーヤー　ニガウリ
コーレーグス　泡盛に唐辛子を漬けた調
　味料

サ行

サーター　砂糖
サーターアンダギー　丸い形をした揚げ
　菓子（＜砂糖油揚げ）
～サーニ　～で
～サイ　目上に対して男性が呼びかける
　際につける言葉（女性は～タイを使う）
サシン　写真
サチジャチ　将来
サチャビーン　咲きます
サックイ　咳
～サノー　～さんは
サバ　草履
サビーン　します
サビッサイビーン　さびしいです
サンシン　三線
～サンター　～さんたち、～さんの
サンティン　シマビーン　しなくてい
　いです
サンラー　三郎；男子の名前
ジー　字
シートゥ　生徒、学生
ジーブ　儀保（地名）
～シガ　～が（逆接）
シカタ　やり方、仕方
シガタ　姿
シカン　嫌いだ、好きでない
シグ　すぐ
シケー　世界
ジコー　非常に、ひどく
シコーイ　準備
シコーイビーン　準備します
シシ　肉

シダサイビーン　涼しいです
シチ　季節
シチ　好き
ジチェー　実は
シチャ　下
シッタイビーン　びしょびしょに濡れま
　す
シッチョーイビーン　知っています
シッチョールー　知り合い
シティヤビーン　捨てます
シデーシデーニ　だんだんと（＜次第次
　第に）
ジテン　辞書
シナムン　品物
シバイシー　役者
ジフィ　ぜひ
シマサビーン　済まします
シマビーン　いいです
シメートーイビーン　住んでいます
ジャシチ　部屋
シヤワシ　幸せ
ジューグヮチ　10月
～ジョーグー　～（特に食べ物）が好きな
　人
ジョージ　上手
ジラー　次郎；男子の名前
シラシ　知らせ
シル　だし汁
シワ　心配
ジン　お金
ジンカニ　金銭
シンシー　先生
ジンムチ　金持ち
スイ　首里（地名）
スージューサイビーン　塩辛い
スーブ　試合、勝負
スーマンボース　沖縄の梅雨期
スグイビーン　殴ります

~スシェー　～するのは
~スシェー　マシ　ヤイビーン　した方が
　　いいです
ストゥミティムン　朝食
スバ　沖縄そば
スバヤー　そば屋
スムチ　本
スリー　集まり
ソーイラー　賢い人
ソーミシェービーン　していらっしゃい
　　ます
ソーミンタシヤー　ソーメン炒め
ソーラーサイビーン　しっかりしていま
　　す、賢いです

タ行

ター　誰、誰の
ターチ　2つ
ターリー　お父さん
タイ　二人
~タイ　目上に対して女性が呼びかける
　　際につける言葉(男性は~サイを使う)
ダイガクシー　大学生
タカサイビーン　高いです
タシカミヤビーン　確かめます
タチチ　来月
タチャビーン　立ちます
タティムン　建物
ダテーン　大きく、大いに、うんと
タヌシマビーン　楽しみます
タヌマビーン　頼みます
タバク　タバコ
タマイビーン　貯まります
タマグ　卵
タミ　ため
タミヤビーン　貯めます
タンメー　おじいさん
チー　チキヤビーン　気をつけます

チーク　練習
チール　黄色
チカイビーン　使います
チガイビーン　違います
チカグル　最近
チカジチャビーン　近づきます
チカナイビーン　飼います
チキヤビーン　つけます
チゴー　都合
チチジチ　月々
チチャビーン　聞きます
チチャビーン　着きます
チヌ　昨日
チブル　頭
チミトゥガ　犯罪
チムジュラサイビーン　心が美しいです
チャー　いつも
チャー　ヤイビーガ　どうですか
チャーイビーン　消えます
チャーサビーン　消します
チャービーン　来ます／行きます
チャッサ　いくら
チヤビーン　切ります
チヤビーン　釣ります
チヤビーン　着ます
チャングトール　どんな
チュイ　一人
チュー　今日
チュー　'ウガナビラ　こんにちは
チュクイビーン　作ります
チュケートゥナイ　近所
チュケーン　1度
チュラウミ　きれいな海
チュラサイビーン　美しいです
チュラジン　きれいな服
チラ　顔
チラリヤビーン　着られます
チリ　ごみ

チリシティ　ゴミ捨て場
チリヤビーン　切れます
チルー　鶴(女性の名前)
チワマイビーン　決まります
チワミヤビーン　決めます
チン　服
チンジュ　近所
チンペー　唾
ックワ　(自分の)子ども
～ッシェー　ナランサ　～してはだめだ
　　よ
ッチュ　人
ティーダ　太陽
ティーチ　1つ
ティガネー　手伝い
ティガミ　手紙
ディキヤー　よくできる人
～ディチ　ヤイビーン　～するつもりで
　　す
ティマ　給料
ティン　空
デー　値段
テーシチ　大切
デーダカサイビーン　高価です
～ドゥ　～こそ(強調)
～トゥ　～と
トゥイ　鳥
トゥイナシ　紹介
トゥイビーン　取ります
トゥー　10(とお)
ドゥー　体、自分
トゥーイビーン　通ります
トゥーイビーン　尋ねます
ドゥークルシ　自分自身で
ドゥーチュイッシ　自分一人で
ドゥーヤッサイビーン　易しいです
～トゥカ　～や
トゥクル　ところ

トゥジ　妻
ドゥシ　友達
トゥシグル　年頃
トゥジミヤビーン　仕上げます
トゥチー　時計
トゥチドゥチ　時々
トゥバサビーン　飛ばします
トゥバビーン　飛びます
トゥマイビーン　泊まります
トゥマイビーン　止まります
トゥミグシク　豊見城(地名)
トゥミヤビーン　止めます
トゥラシェー　(ティ形に接続して)(～
　　して)くれ
トー　さあ(相手に動作を促す時にいう)
トーリヤビーン　倒れます

ナ行

ナー　庭
ナーカ　中
ナーギムン　土産
ナーク　宮古
ナーダ　まだ(マーダの別の形)
ナーダカサイビーン　有名です
ナービ　鍋
ナーファ　那覇(地名)
ナイビーン　なります
～ナカイ　～に(時間)
ナガサイビーン　長いです
ナゲー　ナトーイビーン　古いです
ナダ　涙
ナチ　夏
ナチカサイビーン　悲しいです
ナチャビーン　泣きます
ナナチ　7つ
ナマ　今
ナラーサビーン　教えます
ナライビーン　習います

~ニ　～に(時間)
ニー　荷物
ニーケー　2階
ニーシェー　青年
ニーシェーター　若い人たち
ニービチ　結婚
ニービチ ウユウェー　結婚式
ニジリ　右
ニチ　熱
ニッカ　(時刻が)遅く
ニフェー　お礼、感謝の気持ち
ニフェーデービル　ありがとうございます
ニホンジン　日本人(ヤマトゥンチュと
　ウチナーンチュを合わせて)
ニムチ　荷物
ニヤビーン　煮ます
ニンジン　人間
~ヌ　～の(所有・所属など)
~ヌ　～が(動作・状態の主体)
ヌイウクリヤビーン　乗り遅れます
ヌイビーン　乗ります
ヌイビーン　塗ります
ヌー　何
ヌーガナ　何か
ヌーガンディ ヤレー　どうしてかとい
　えば
ヌーディー　のど
ヌーヤカン　何よりも
ヌーヤティン　何でも
ヌーン　何も
ヌーンチ　なぜ、どうして
ヌクタマイン　暖かくする
ヌクトーイビーン　残っています
ヌジュミ　夢、希望、望み
ヌスドゥ　泥棒
ヌスマビーン　盗みます
ヌチ　命

ヌヌ　布
ヌブイビーン　登ります
ヌマビーン　飲みます
ヌミムン　飲み物
ヌラーリヤビーン　叱られます
ネー　地震
ネーイビラン　ありません、ないです
~ネー サビーン　～ようです

ハ行

ハー　歯
ハーイサ　歯医者
ハイサイ　こんにちは(男性が用いる)
ハイタイ　こんにちは(女性が用いる)
ハカイビーン　測ります
ハク　箱
ハサン　ハサミ
ハジ ヤイビーン　でしょう、はずです
ハジマイビーン　はじまります
ハジミティ 'ウガナビラ　はじめまして
ハチャビーン　履きます
バッペー　間違い
バッペーイビーン　間違えます
ハティルマ　波照間(地名)
ハナサビーン　話します
ハナシ サビーン　話をします
ハナシチ　風邪
ハライビーン　払います
ハリヤビーン　晴れます
~ビケーン　～ばかり
ビチ　他、別
ピリンパラン　ぺらぺら
ビンチョー　勉強
ビンリ　便利
フィー　日
フィー　火／火事
フィーサイビーン　寒いです
フィートゥ　イルカ

252

フィクサイビーン　低いです
フィジャイ　左
フィタ　下手
フィチャビーン　弾きます
フィッチー　一日中
フィッチーナカイ　一日に
フイビーン　降ります
フィマ　ひま
フィラサイビーン　平たいです
フィル　にんにく
フィルサイビーン　広いです
フィルマシームン　珍しいもの
フージ　様子
フェーイビーン　流行します
フェーサイビーン　早いです
フェームティ　南の方、南部
フカ　外
フサイビーン　欲しいです
フサビーン　干します
フシ　星
フチャビーン　吹きます、（タバコを）吸
　います
フドゥ　背、身長
フニ　船
フミヤビーン　ほめます
フユ　冬
フルサイビーン　古いです
フントー　本当
ホーチカチ　掃除
ホーチャー　包丁
ホーチュー　料理

マ行

マー　どこ
マーウマーウ　ニャーニャー
マーガナ　どこか
マーサ～　おいしい～
マーサビーン　亡くなります　（cf. シヌ

ン）
マーサムン　おいしいもの
マーサン　おいしい
マース　塩
マースニー　塩煮
マーダ　まだ
マーンカイン　どこにも
マガイビーン　曲がります
マギサイビーン　大きいです
マジェー　まず（は）
マシヤイビーン　いいです
マチ　市場
マチガタ　街
マチギ　まつ毛
マチヤ　商店
マチャビーン　待ちます
～マディ　～まで
マドゥ　窓
マドゥ　（何かをするための）時間
マヤー　猫
マルケーティ　たまに
マルケーティナー　たまに
マルサイビーン　丸いです
～ッサー　～なんだよ
ミー～　新しい～
ミージン　新しい着物
ミーチ　3つ
ミートゥンダ　夫婦
ミームン　新しいもの
ミーヤビーン　見えます
ミグイビーン　めぐります、回ります
ミグトゥ　見事
ミシヤビーン　見せます
ミジラサイビーン　珍しいです
ミチャイビーン　閉まります
ミチヤビーン　閉めます
ミッタンガ　めったに
ムーチ　6つ

253

ムーチー　鬼餅(旧暦の正月前に作って
　食べる月桃の葉で包んだ餅)
ムシ　もし
ムチカサイビーン　難しいです
ムッチ イチャビーン　持っていきます
ムッチ チャービーン　持って来ます
ムヌ　もの；食べ物、ご飯
ムヌカチャー　作家
ムリ　無理
ムル　全部
メーアサ　毎朝
メーシ　箸
メージチ　毎月
メーニチ　毎日
メームッティ　前もって
メーユル　毎晩
メンシェービーミ　いらっしゃいますか
メンソーレー　いらっしゃい
モーイビーン　踊ります

ヤ行

'ヤー　お前
ヤー　家
ヤーウチー　引っ越し
ヤーサイビーン　空腹です
ヤーシク ナティ チョーイビーサ　お腹
　が空いてきましたよ
ヤーチ　8つ
ヤーニンジュ　家族
ヤーン　来年
ヤイビーッサー　ですよー
ヤイビーン　です
～ヤカ　～よりも
ヤキヤビーン　焼けます
ヤクス　役所
ヤクスク　約束
ヤクトゥ　だから
ヤサ　そうだ！

ヤシェー　野菜
ヤシェームン　野菜
ヤシガ　しかし
ヤシミ　休み、休暇
ヤチャビーン　焼きます
ヤッチー　兄
ヤナ～　悪い～
'ヤビーン　言います
ヤマ　山
ヤマトゥ　日本
ヤマトゥグチ　日本語
ヤマトゥンチュ　ヤマトの人
～グリサイビーン　～しにくいです
ヤミヤビーン　やめます
～ ヤル ムンヌ　～だから
ヤレー　であるなら
ヤンジャビーン　壊します
ヤンバル　沖縄本島北部の山間地域
ヤンメー　病気
ヤンメームン　病人
ユー　よく
ユーチ　4つ
ユーバン　夕飯
ユービ　ゆうべ
ユーフル　風呂
ユカイ　かなり
ユクイビーン　休みます
ユサンディ　夕方
ユスグニ　外国
ユスタニン　他の人
ユタサイビーン　いいです
ユタサルグトゥ ウニゲーサビラ　よろ
　しくお願いします
ユチ　雪
ユマビーン　読みます
ユル　夜
ユルサビーン　許します
ユンフン　4本

ヨーガリヤビーン　やせます
ヨーフクヤー　洋服屋
ヨーンナー　ゆっくり

ラ行・ワ・ン
___

リューチュー　琉球
ルクグヮチ　6月
ルクジ　6時
ワー　私の
'ワー　豚
ワウワウ　ワンワン
ワカイビーン　わかります
ワカリヤビーン　別れます
ワキヤビーン　分けます
ワチャビーン　湧きます
ワッサイビーン　悪いです
ワッター　私たち
ワライビーン　笑います
ワラビ　子供
ワラビジブン　子供の頃
～ワル ヤル　　　～なければならない
ワンニン　私も
ワンニンカイ　私に
ワンネー　私は

～ン　～も
～ンカイ　～に(着点)
'ンカシ　昔
～ンジ　～で(動作の場所)
'ンジャサイビーン　苦いです
ンジヤビーン　出ます
ンジャル　去る(この間の)
'ンチャ　土
～ンディ　～と
～ンディ 'ユシェー　～というのは
～ンディ 'ユル　～という
～ンデー　～など(例示)
'ンナ　みんな
'ンナガラ　からっぽ
'ンナトゥ　港
ンブサイビーン　重いです
ンマ　そこ／ここ
ンマガ　孫
ンマリジマ　故郷
ンマリビー　誕生日
ンマリヤビーン　生まれます
ンミブシ　うめぼし
ンメー　おばあさん
'ンージャビーン　見ます

あとがき

　勉強を始めてはみたものの、なかなか進まない沖縄語の上達のためには自分が長年携わっている日本語教育の方法論で沖縄語の教科書を作ればいいのではないかと思いついたのが本書が生まれる端緒となりました。

　沖縄語学習を始めた当初からお世話になっている国吉朝政さんはいつも惜しみない協力をくださっています。国吉さんと一緒に検討会を開いて会話文をチェックしてくださった会話吹込み者の大道好子さん、西里カツ子さん、善平朝信さん、ほかにも渡名喜勝代さん、山田美枝子さん、林京子さんたち「首里言葉のつどい」の方々からさまざまなご教示を受けました。

　西岡敏さんと仲原穣さんは沖縄語の勉強を始めた時から門外漢だった筆者を温かく迎え、さまざまなご教示をくださっています。今回の監修も快くお引き受けくださり、出版への後押しをしてくださいました。

　岡葉子さん（帝京大学准教授）には日本語教育の観点からアドバイスをいただきました。角井暁さん、木村真悠子さん（共に東京外国語大学卒業生）は本書を楽しいイラストで飾ってくれました。最終段階のチェックでは陶天龍君（東京外国語大学大学院生）の緻密な作業に助けられました。

　さまざまな方との不思議なご縁や出会いと、ご教示・ご協力のもとに本書は出来上がりました。お名前をあげられなかった人たちをも含め本書にかかわってくださったすべての方々にお礼を述べたいと思います。

　イッペー　ニフェー　デービタン。

2020年3月
花薗　悟

主要参考文献

内間直仁・野原三義『沖縄語辞典－那覇方言を中心に』研究社、2006年

国立国語研究所『沖縄語辞典』大蔵省出版局、1963年

スリーエーネットワーク編『みんなの日本語　初級Ⅰ・Ⅱ　第2版　本冊』スリーエーネットワーク、2012年

津波古敏子「沖縄語中南部方言」河野・亀井他編『言語学大辞典4』三省堂、1992年

東京外国語大学留学生日本語教育センター編『初級日本語』凡人社、2010年

西岡敏・仲原穣『沖縄語の入門　―CD付改訂版―』白水社、2006年

船津好明『沖縄口さびら』琉球新報社、2010年

吉屋松金『実践うちなぁぐち教本』南謡出版、1999年

花薗　悟（はなぞの　さとる）
1967 年三重県生まれ。東京外国語大学教授。日本語学専攻。

国吉朝政（くによし　ともまさ）
1940 年沖縄県首里儀保町生まれ。首里高校卒業。首里言葉のつどい会員。

西岡　敏（にしおか　さとし）
1968 年奈良県生まれ。沖縄国際大学教授。琉球語学専攻。

仲原　穣（なかはら　じょう）
1969 年沖縄県久米島町生まれ。琉球大学他非常勤講師。琉球語学専攻。

初級沖縄語

2020 年 3 月 31 日　初版発行　　2023 年 2 月 28 日　2 刷発行

著　者　**花薗　悟**
　　　　©Satoru Hanazono, 2020

発行者　**吉田尚志**

発行所　**株式会社　研究社**

〒 102-8152　東京都千代田区富士見 2-11-3
電話　営業 03-3288-7777㈹　編集 03-3288-7711㈹
振替　00150-9-26710
http://www.kenkyusha.co.jp/

KENKYUSHA
〈検印省略〉

会話吹込み　**大道好子　国吉朝政　西里カツ子　善平朝信**

イラスト　**角井暁　木村真悠子**

装丁・本文デザイン　**亀井昌彦**

印刷所　**図書印刷株式会社**

この本の印税収入は那覇市社会福祉協議会を通じて、沖縄の子ども食堂などを支援する団体「糸」に寄付されます（著者・協力者・監修者）。

ISBN 978-4-327-38483-8 C0081　Printed in Japan